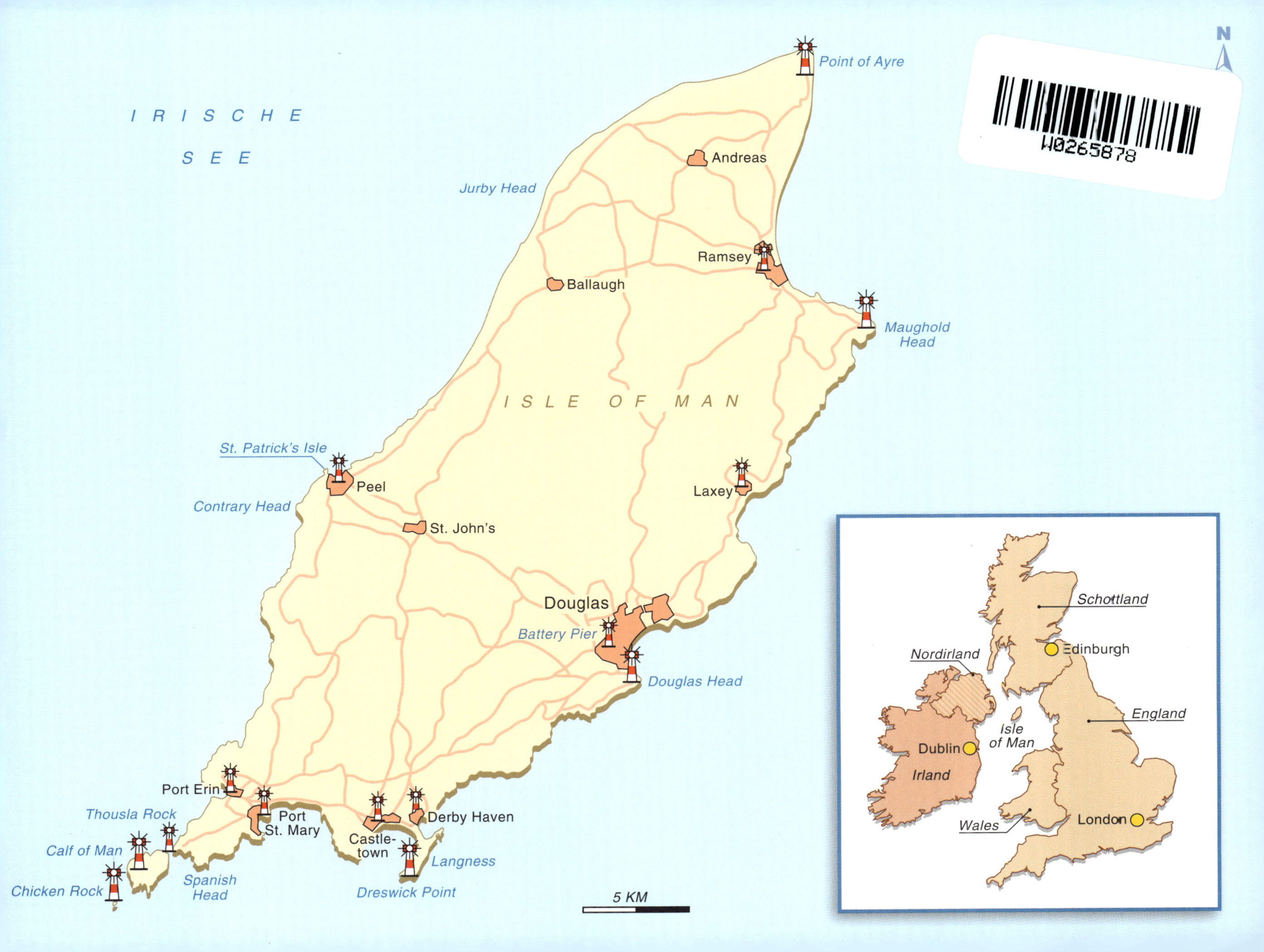

IRISCHE SEE
Point of Ayre
Jurby Head
Andreas
Ramsey
Ballaugh
Maughold Head
ISLE OF MAN
St. Patrick's Isle
Peel
Laxey
Contrary Head
St. John's
Douglas
Battery Pier
Douglas Head
Port Erin
Thousla Rock
Port St. Mary
Derby Haven
Castle-town
Calf of Man
Langness
Spanish Head
Chicken Rock
Dreswick Point
5 KM
N
Schottland
Nordirland
Edinburgh
England
Isle of Man
Dublin
Irland
London
Wales

Edition Maritim

Jürgen Tronicke

FEUER ÜBER DER SEE

Leuchttürme Irlands und der Isle of Man

Edition Maritim

Für meine Babs
und meine Kinder
Marlena, Marie und Felix

Inhalt

Alle Reisen haben eine heimliche Bestimmung, die der Reisende nicht ahnt.
Martin Buber

Douglas Head (siehe Seite 10)

Vorwort

Ich möchte Leuchtturm sein
in Nacht und Wind –
für Dorsch und Stint
für jedes Boot
und ich bin doch selbst
ein Schiff in Not.

Wolfgang Borchert

Als ich vor rund 20 Jahren begann, mich für Leuchttürme zu interessieren, konnte ich nicht ahnen, wohin mich diese Beschäftigung mit den Wegweisern der Meere führen würde.

Immer wieder werde ich gefragt, was mich denn so an diesen Bauwerken fasziniert. Sind denn nicht alle Leuchttürme gleich? Was ist an ihnen denn so etwas Besonderes?

Angefangen hat damals alles ganz unspektakulär und ungerichtet. Da war zunächst einfach die Freude am Anblick dieser herrlichen Türme, die zum Teil an den schönsten und aufregendsten Küstenabschnitten unserer Erde stehen. Da war aber auch so etwas wie ein Stück Romantik und Nostalgie, das Bewusstsein um das Zuendegehen eines bedeutenden Kapitels der Seefahrtgeschichte, ja vielleicht der Geschichte der Menschheit. Die Mühen und Opfer, unter denen diese Leuchttürme, oft entgegen den Urgewalten der Natur, errichtet worden sind, das einsame und entbehrungsvolle Leben der Hüter des Lichts – der Leuchtturmwärter – und die Verbindung von Natur und Technik öffneten ein spannendes Buch für mich, in dem ich lesen wollte.

Je mehr ich mich mit „meinen" Leuchttürmen befasste, je tiefer ich in dieses aufregende Thema eintauchte, desto mehr neue Facetten konnte ich entdecken. Es ist die Vielseitigkeit, unter der die Wegmarken der Schifffahrt im wahrsten Sinne des Wortes beleuchtet werden können. Ein buntes Geflecht aus historischen, kulturellen, technisch-physikalischen, architektonischen und geografischen Aspekten zeichnet für jeden Leuchtturm sein eigenes Bild, seinen eigenen Charakter. Leuchtturm ist eben nicht gleich Leuchtturm.

Das Licht eines Leuchtturms ist nicht nur eine nüchterne physikalische Erscheinung mit einer exakten nautischen Bedeutung. Es ist viel mehr. Das charakteristische, rhythmisch wiederkehrende Lichtsignal strahlt auch ein Gefühl von Sicherheit und Ordnung aus. Das Licht, sein Licht, sein Leuchten an seinem ganz speziellen Ort und das Bewusstsein, dass dieses Licht Menschen vor Schaden bewahrt und rettet, das ist das eigentlich Faszinierende für mich an einem Leuchtturm. Leuchttürme sind auch Symbole für Freiheit, Meer und Weite. Letztendlich ist der Leuchtturm auch ein Symbol für das eigene Leben, denn wir Menschen suchen nach Orientierung, und auch wir schauen in der Dunkelheit nach dem Licht.

Als Mitglied in verschiedenen nationalen und internationalen Vereinen und Gesellschaften wie der Interessengemeinschaft Seezeichen e. V., dem Förderverein „Rettet den Roten Sand e. V.", der Association of Lighthouse Keepers (ALK) oder der United States Lighthouse Society (USLHS) habe ich über die Jahre zahlreiche Freundschaften gewonnen und wertvolle Kontakte aufgebaut. Auch wenn Leuchttürme zu verschiedenen Nationen gehören, sind sie doch Teil eines weltweiten Navigationssystems. Sie umspannen unsere Erde wie eine Lichterkette, ohne Anfang und ohne Ende. Ihre Lichtstrahlen wirken über Grenzen hinaus.

Realistisch betrachtet verlieren Leuchttürme und Feuerschiffe immer mehr an Bedeutung. Satelliten- und Funknavigation übernehmen zunehmend ihre Aufgaben. Die meisten Leuchtfeuer rund um den Globus sind mittlerweile automatisiert und die letzten Leuchtturmwärter abgezogen. Viele Leuchttürme sind für immer verlöscht, und aufgrund der hohen Unterhaltungs- und Renovierungskosten laufen manche wahren Meisterwerke der Baukunst Gefahr zu verfallen oder vollends zu verschwinden. Gemeinsam mit einigen Leuchtturmenthusiasten und -experten aus verschiedenen Ländern führte diese Erkenntnis schließlich im September 2002 zur Gründung der World Lighthouse Society (WLS), die sich dem wichtigen Ziel und der großen Herausforderung verschrieben hat, weltweit einen Beitrag zum Schutz und Erhalt des bedeutenden maritimen Kulturerbes zu leisten.

Auf der Suche nach immer neuen Leuchttürmen habe ich auch vier Reisen nach England, Wales, Schottland, Irland und Nordirland unternommen – Länder, die besonders von der Seefahrt geprägt sind – und dabei beide Inseln an ihren Küsten einmal komplett umrundet. Auf insgesamt rund 20 000 Kilometern habe ich auf diesen „Leuchtturm-Safaris" über 350 Leuchttürme und kleinere Leuchtfeuer besucht. Eine dieser Reisen führte mich 1999 auf die Isle of Man und anschließend auf die Grüne Insel Irland.

Beide Inseln halten nicht nur für den Leuchtturmfreund eine reichhaltige Palette an unterschiedlichen und faszinierenden Leuchtfeuern bereit, sie sind auch für sich alleine gesehen schon eine Reise wert. Eine abwechslungsreiche und wunderschöne Landschaft, insbesondere aber auch die lebensfrohen und stets freundlichen Menschen, die mir mit ihrer Offenheit und Herzlichkeit begegneten, haben diese Reise zu einem einzigartigen und unvergesslichen Erlebnis gemacht.

Das vorliegende Buch ist daher nicht nur ein reines Leuchtturmbuch geworden, sondern es soll als eine Art Reisebericht auch Lust machen, die beiden Inseln selber kennenzulernen und zu erforschen.

Jürgen Tronicke
Rheinbach, im März 2007

Danksagung

Wenn Du eines Tages traurig bist,
suche einen Leuchtturm und
lass Dich von seinem Licht wärmen
und Du wirst die Nacht lieben.

Lorraine Fouchet

Bei der Arbeit an meinem Buch wurde ich von zahlreichen Leuchtturmexperten und Leuchtturmfreunden unterstützt, die mich im Verlauf der letzten Jahre unermüdlich mit technischen Details, historischen Fakten und vielfältigen Hintergrundinformationen zu den einzelnen Leuchtfeuern versorgt haben und ohne die dieses Buch nicht hätte entstehen können.

Mein ganz besonderer Dank gilt dabei drei Personen:

Zum einen *Egbert Koch*, einem Freund und Leuchtturmexperten, für seine zahlreichen Recherchen, seinen fachlichen Rat und nicht zuletzt für seine unermüdliche und konstruktiv-kritische Hilfe bei der Überarbeitung des Manuskriptes.

Zum anderen dem Information Officer der Commissioners of Irish Lights, *David Bedlow*, der mir in nicht zu übertreffender Art und Weise immer wieder meine bohrenden Fragen beantwortet, mich mit Quellen und Informationen aus dem Archiv der irischen Seezeichenbehörde versorgt und mir zahlreiche neue Kontakte vermittelt hat.

Last but not least *Fred Fox*, dem Ex-Lighthouse Keeper des Northern Lighthouse Board und heute zuständigen Retained Lighthouse Keeper der Isle of Man, der meine wertvollste Informationsquelle für die Lichter der Isle of Man war.

Darüber hinaus bedanke ich mich bei
P. Bowen (Commissioners of Irish Lights)
John Bradley (Commissioners of Irish Lights)
Colin Day (Commissioners of Irish Lights)
Gerry Douglas-Sherwood (England, Ex-Lighthouse Keeper Trinity House)
John Eagle (Irland, www.JohnEaglePhotography.com)
Kim Fahlen (Vereinigte Staaten von Amerika)
John Hellowell (Isle of Man)
Lorna Hunter (Schottland, Information Officer Northern Lighthouse Bord)
Iris Klempau (Deutschland)
Katrin und Klaus Napp (Deutschland, www.pharologie.de)
Daniel Schroff (Deutschland)
Peter Williams (Wales, Leading Lights)
für ihre Unterstützung in Form von Informationen, fachlichem Rat oder die Bereitstellung von Literatur und Fotos.

Begleitwort der Commissioners of Irish Lights

Für viele Menschen sind Leuchttürme ganz besondere Bauwerke. Ihre Funktion, Architektur und ihre oft sehr einsame Lage machen sie zu etwas Außergewöhnlichem.
Über Jahrhunderte hat sich die Leuchtfeuertechnologie weiterentwickelt, von einfachen Kohle- und Holzfeuern bis hin zu mit Solarenergie betriebenen elektrischen Glühlampen. Und dabei ist die Bestimmung der Leuchttürme immer gleich geblieben – der Schutz des Lebens auf den Meeren.
Nun, da die Ära der bemannten Leuchttürme, in der die Leuchtturmwärter wachsam das Feuer in den Stunden der Dunkelheit gehütet haben, ihrem Ende entgegengeht, ist das Interesse der Öffentlichkeit an den Leuchttürmen sprunghaft angestiegen. Ein Beweis dafür ist auch die 2002 gegründete World Lighthouse Society.
Ich begrüße daher ausdrücklich das Buch von Jürgen Tronicke, Chairman dieser internationalen Vereinigung, über die Leuchttürme Irlands und der Isle of Man. Ein Buch, das Leuchtturmenthusiasten mit Sicherheit zu schätzen wissen.

Dr. Stuart Ruttle
Chief Executive
Commissioners of Irish Lights

Dublin 2006

Isle of Man

Kameraden, vorbei ist das Fasten,
Ich seh den Leuchtturm durchs Glas
Schon flattern um unsere Masten
die Möwen. Im Wasser schwimmt Gras.
Joachim Ringelnatz

Douglas – Laxey

Nachdem ich mit dem Autozug „Le Shuttle" von Calais in Frankreich nach Folkstone den Ärmelkanal durch den Tunnel unterquert und so das Mutterland des Vereinigten Königreichs erreicht hatte, führte mich mein Weg nonstop an die englische Westküste. Hier begann dann meine eigentliche Leuchtturmreise. Von den verschiedenen möglichen Fährverbindungen hatte ich mich für die Strecke Heysham – Douglas entschieden, um mein erstes Reiseziel, die Isle of Man, zu erreichen. In Heysham findet man in der Nähe des Hafens die traurigen Überreste von zwei vergessenen alten steinernen Leuchttürmen. Auf der Südmole steht der 6 m hohe rot-weiße Molenturm aus Metall, **Heysham South Pier Head** (A 4863), den ich mir vor dem Ablegen anschauen wollte.
Aus Angst vor möglichen Terroranschlägen ist das gesamte Hafengelände zum Sperrgebiet erklärt worden. Es gab kein Durchkommen auf die Mole. Überall Sicherheitskräfte und Warntafeln mit der

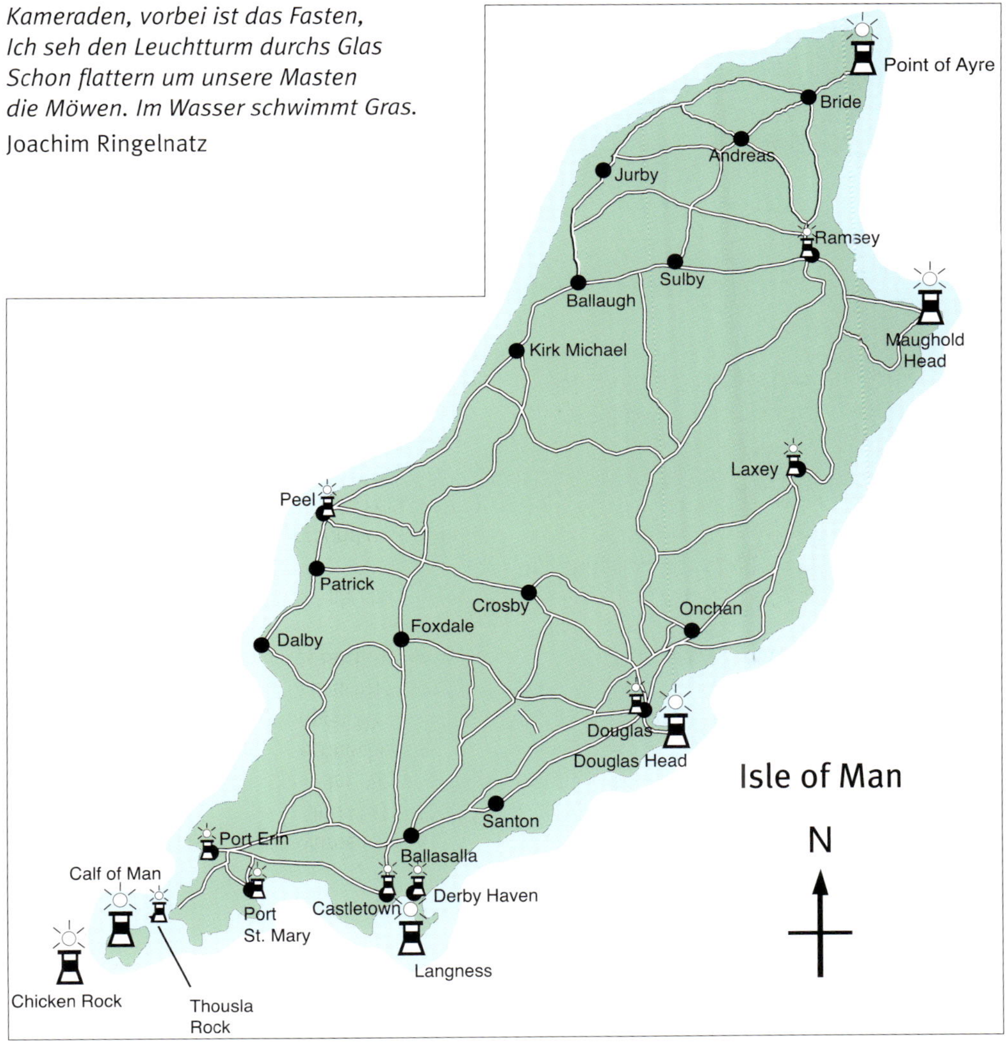

Heysham South Pier Head

Aufschrift: „Restricted Area – No entrance !“, und so musste ich mich mit einem flüchtigen Blick beim Auslaufen begnügen.
Die Irische See war angenehm ruhig an diesem Tag, und nach 3,5 Stunden Überfahrt tauchte in der Ferne, zunächst noch verschwommen, die Insel vor uns auf. Bereits aus großer Entfernung war das Leuchtfeuer von **Douglas Head** (A 4770) zu erkennen, dem ersten der vier großen Leuchttürme

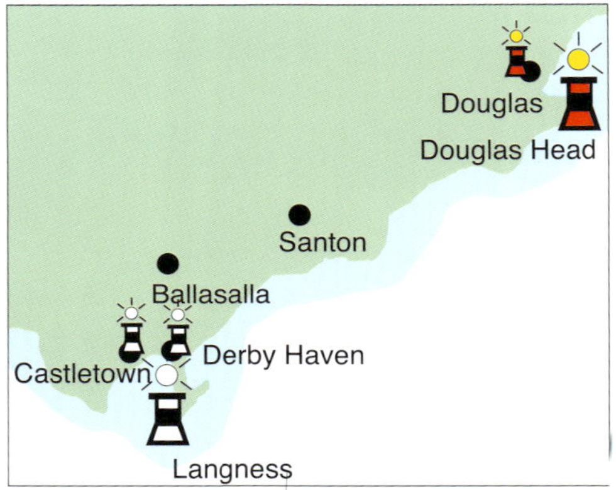

der Insel. Ein weißer Blitz alle 10 Sekunden. Hauptaufgabe des Leuchtturms hier an der Südspitze der Douglas Bay ist es, die ankommenden Schiffe sicher in den geschäftigen Hafen der heutigen Hauptstadt der Isle of Man zu leiten.
Direkt an der Einfahrt des Hafens steht seit 1879 ein zweites Leuchtfeuer, das **Battery Pier-Molenfeuer** (A 4772), ein weißer, 12 m hoher gemauerter Molenturm mit einem roten Band und einer silberfarbenen Laterne. Er zeigt ein rotes Funkelfeuer.
Bereits im 17. Jahrhundert standen an der Hafeneinfahrt von Douglas verschiedene Molenfeuer, doch erst 1832 entschloss man sich zum Bau eines

Douglas Head und das Molenfeuer Douglas Battery Pier beim Einlaufen der Fähre

Das Molenfeuer Douglas Battery Pier

Der Leuchtturm Douglas Head, nach den Plänen von David A. und Charles Stevenson 1892 erbaut

großen Leuchtturms am heutigen Standort. Im Auftrag der Hafenbehörde, der Douglas Harbour Commissioners, entwarfen die Brüder David (1815–1886) und Thomas (1818–1887) Stevenson, Söhne der berühmten schottischen Leuchtturm-Architektenfamilie, den Turm. Rund um Schottlands Küste haben sich die Stevensons mit dem Bau der unterschiedlichsten Leuchttürme und in teilweise architektonischen Meisterstücken ihre Denkmäler gesetzt. Nur ein Stevenson war sozusagen aus der Art geschlagen und wollte nicht den Bau von Leuchttürmen zu seiner Lebensaufgabe machen. Nachdem er zunächst von seinem Vater Thomas in die Familientradition gezwungen worden war, ging Robert Louis Stevenson (1850–1894) dann doch zielstrebig seiner wahren Berufung nach: Er wurde Schriftsteller, und aus seiner Feder stammen so berühmte Werke wie „Die Schatzinsel" oder „Dr. Jekyll und Mr. Hyde".

Die optische Einrichtung des ersten Leuchtturms am Douglas Head, 1832 erbaut, bestand aus acht versilberten Reflektoren. Zunächst mithilfe einer Öl- und später einer Petroleumlampe wurde ein festes weißes Feuer mit einer Tragweite von fast 15 Seemeilen gezeigt. Da die Hafenbehörde das Douglas Head-Leuchtfeuer nicht mehr unterhalten konnte, wurde es 1857 vom Northern Lighthouse Board übernommen, der Seezeichenbehörde, die auch heute noch für alle Leuchttürme Schottlands einschließlich der Isle of Man zuständig ist und ihren Hauptsitz in Edinburgh in der George Street 84 hat.

Nachdem zunächst die bestehende Station ausgebaut worden war, u. a. um mehr Leuchtturmwärterfamilien angemessene Wohn- und Lebensverhältnisse zu bieten, wurde dann 1892 nach den Plänen von zwei weiteren Stevensons, David A. (1854–1938) und Charles (1855–1950), innerhalb von nur zehn Monaten der heutige neue Turm gebaut. Eine gewaltige Leistung, denn alles Baumaterial musste von See aus antransportiert und müh-

sam die Felsen hinaufgeschafft werden, da kein Weg oder gar eine Straße direkt zur Leuchtfeuerstation führte.
Heute kann man zwar mit dem Auto über die Zufahrt zu einer Gasfabrik hinter dem Battery Pier zumindest zu einem Parkplatz auf die Anhöhe fahren, doch dann geht's auch hier nur zu Fuß über viele Stufen zunächst bergab und dann wieder bergauf zum Leuchtturm hinauf.
Wie bei den meisten Leuchttürmen des Northern Lighthouse Board ist auch am Douglas Head die Leuchtfeuerstation überwiegend weiß gestrichen. Schmale gelbe Bänder verzieren die einzelnen Gebäude. Die Laterne, Kuppel und Galerie des Leuchtturms sind typischerweise in Gelb-Schwarz gehalten.
Aus Stein gebaut, ist der Leuchtturm selber 20 m hoch, doch seine Feuerhöhe liegt aufgrund seiner exponierten Lage bei 32 m über dem Meeresspiegel. 71 ausgetretene Stufen führen hinauf in den Turm.
Als erste optische Einrichtung wurde auf dem neuen Douglas Head Leuchtturm eine über zwei Tonnen schwere dioptrische Optik I. Ordnung der Firma Barbier & Cie aus Frankreich verwendet. Als Lichtquelle dienten mehrere Öllampen. Diese alte Optik ist heute im Manx National Heritage Museum in Douglas ausgestellt. An ihre Stelle trat zwischenzeitlich eine katadioptrische 200-mm-Optik, zunächst mit einer 50-mm-Chance-Brothers-Petroleum-Glühstrumpflampe und ab 1981 mit einer 250-Watt-Quecksilberdampflampe. Heute wird das Licht von einer modernen AGA-PRB-21A-Scheinwerferbatterie mit zwei übereinander angeordneten und jeweils in entgegengesetzter Richtung strahlenden Reihen von jeweils zwölf 30-Volt-/ 200-Watt-Reflektorlampen produziert. Das Feuer, ein weißer Blitz alle 10 Sekunden, leuchtet bis zu 24 Seemeilen weit hinaus auf die Irische See. Als Reservefeuer ist auf der Galerie eine zusätzliche 200-mm-Laterne vom Typ ZP 20 mit einer 60-Watt-/10,3-Volt-Glühlampe installiert.

1908 wurde auf Betreiben der Kaufleute und Seefahrer der Insel unmittelbar an der Leuchtfeuerstation ein Nebelhorn, im Volksmund „Moaning Minnie" genannt, installiert, um bei dem an dieser Stelle häufig tief hängenden Nebel eine zusätzliche Warnung für die einlaufenden Schiffe zu geben.
30 Jahre später hatte man dann ein Einsehen mit den lärmgeplagten Wärterfamilien und versetzte das Nebelhorn um ca. 250 m von der Station. Betrieben wurde die Nebelsignalanlage mithilfe von Listard-Dieselgeneratoren und Druckluftkompressoren der Firma Reavall & Co. Ltd. Engineers aus Ipswich, bis sie 1975 endgültig außer Betrieb genommen und durch eine moderne Nebelsirene auf der Hafenmole ersetzt wurde. Auch sie ist heute nicht mehr in Betrieb. Douglas Head ist 1986 automatisiert worden und wird seit dieser Zeit durch einen Attendant betreut. Die eigentliche Kontrolle erfolgt, wie bei allen anderen großen Leuchttürmen der Insel, von der Schaltzentrale des Northern Lighthouse Board aus Edinburgh.
Bei meiner Ankunft wurde ich am Anleger von meinem persönlichen „Inselführer" John Hellowell, einem Freund der Leuchttürme und Autor des Buches „A Tour of Manx Lighthouses" empfangen. Im Laufe der Jahre hat John die Geschichte der Manx-Leuchttürme systematisch erforscht und ist mittlerweile zum Leuchtturmexperten der Insel geworden. Von Port St. Mary aus habe ich mit einer von ihm für mich vorbereiteten Karte in den folgenden zwei Tagen die wunderschöne Insel in Richtung Norden entgegen dem Uhrzeigersinn umrundet.
Die Isle of Man liegt in der Irischen See vor der Küste Nordwest-Englands. Einer irischen Sage nach hatte der Riese Fionn MacCumhail nach einer heftigen Auseinandersetzung mit seinem schottischen Gegner Fingal in einem Anfall von Wut ein großes Stück Land aus dem Herzen Irlands gerissen und weit hinaus in die Irische See geschleudert. Als Isle of Man ist es dort gelandet.
Über den Ursprung des Namens der „Isle of Man" streiten sich bis heute die Historiker. So soll Caesar im Jahre 54 vor Christus den Namen „Mona" verwendet haben, walisische Dokumente verzeichnen um 1154 die Insel als „Manaw", und in skandinavischen Erzählungen tauchen immer wieder die Namen „Mon" oder „Maon" auf. In ihrer wechselvollen Geschichte, mit immer neuen Eroberern und Herrschern, wurde die Insel über mehrere Jahr-

Douglas Head

Int. No.:	A 4770
Position:	54°08,6'N 004°27,9'W
Baujahr:	1892/1832
In Betrieb:	1892
Turmhöhe:	20 m
Feuerhöhe:	32 m
Kennung:	Fl.W.10s
Tragweite:	24 sm
Optik:	AGA-PRB-21A-Scheinwerferbatterie
Ingenieur(e):	David A. u. Charles Stevenson 1892, David u. Thomas Stevenson 1832

hunderte besonders von Kelten und Wikingern geprägt.

Was die Isle of Man an Größe vermissen lässt, dass macht sie durch ihre Schönheit und Vielfalt wieder wett. Man findet weite Moorlandschaften, Strände, dichte Wälder und Seengebiete. Die höchste Erhebung bildet mit 621 m der Snaefell. Ein altes Sprichwort sagt, dass man von dort an einem klaren Tag vier Königreiche sehen kann: England, Schottland, Irland und das Königreich Gottes.

Durch den Golfstrom herrscht hier ein mildes Klima, das selbst tropische Pflanzen wachsen lässt. 40 Prozent der Insel sind unbewohnt, insgesamt leben ca. 75 000 Menschen auf der Isle of Man.

Als sogenanntes Kronlehensgut genießt die Insel einen rechtlichen Sonderstatus im Vereinigten Königreich. Ausdruck hierfür sind u. a. eine weitgehend eigene Gesetzgebung und ein eigenes Parlament. Nur in außenpolitischen Angelegenheiten wird die Isle of Man durch die Britische Regierung vertreten. Mit dem „Tynwald" hat sie das älteste Parlament der Welt, das auf eine ununterbrochene tausendjährige Geschichte zurückblicken kann.

Nationalsymbol der Isle of Man sind die „Three Legs of Man" mit der Inschrift „Quocuaque Jeceris Stabit". Es bedeutet sinngemäß: „Wohin du mich auch immer wirfst, ich werde stehen!" Diese Worte symbolisieren die stolze Haltung und Standhaftigkeit der Inselbewohner, die keine Briten sein wollen, sondern Manx-People. Fast so berühmt wie das Wappen sind auch die Manx-Katzen, die aufgrund einer eigenartigen Laune der Natur ohne Schwanz geboren werden.

Startpunkt meiner Rundreise war Port St. Mary im Südwesten der Insel. Von dort führt die A 5 ostwärts in Richtung Castletown, der ehemaligen Hauptstadt der Isle of Man. Wahrzeichen von Castletown ist das vor 1200 erbaute Castle Rushen, eine der am vollständigsten erhaltenen Burgen der britischen Inseln. Über Jahrhunderte war es Sitz der Könige und Lords der Isle of Man.

Auf dem neuen Pier steht **Castletown New Pier Head** (A 4760), ein 1819 gebauter, 8 m hoher „dickbauchiger" weißer Molenturm mit einem roten Band unterhalb der Laterne. Die Kuppel ist weiß.

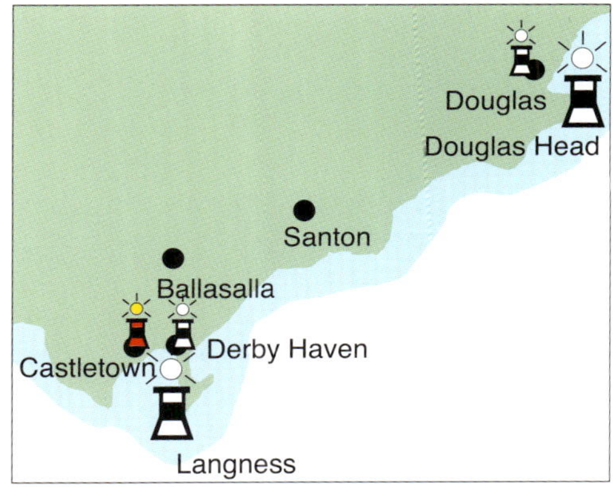

Castletown Irish Quay, im Hintergrund der New Pier Head (links); Castletown New Pier Head

Sein unterbrochenes rotes Feuer hat eine Tragweite von 5 Seemeilen. Auf dem **Irish Quay** (A 4761) befindet sich ein etwas kleineres weißes Leuchtfeuer (4 m). Sein Feuer ist ebenfalls rot und unterbrochen, und es hat auch eine Tragweite von 5 Seemeilen. Die Kuppel ist silberfarben. Beide Leuchtfeuer sind nur während der Heringsfang-Saison regelmäßig in Betrieb. Ansonsten nur bei Bedarf, wenn ein Schiff erwartet wird. Bereits im 16./17. Jahrhundert entwickelte sich in Castletown ein geschäftiger Hafen. Im 19. Jahrhundert war es dann der Heimathafen einer größeren Fischereiflotte, und auch die Isle of Man Steam Packet Company lief den Hafen regelmäßig an.

Ungefähr fünf Kilometer weiter ostwärts erreicht man auf der A 12 **Derby Haven**. Auf einer „blinden" unzugänglichen Mole steht das 1946 errichtete unscheinbare kleine weiße und 5 m hohe

Derby Haven

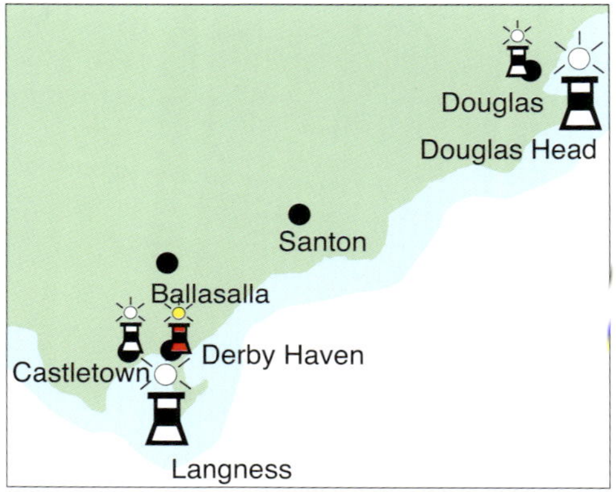

Molenfeuer (A 4764) mit einem grünen Band. Es zeigt ein grünes Gleichtaktfeuer mit einer Tragweite von 5 Seemeilen.

Von Derby Haven kommend, folgt man der Beschilderung zum „Golf Link Hotel", und dann geht's direkt durch den Golfplatz hinaus auf eine flache Landzunge, die Halbinsel Langness. An ihrer Spitze, am Dreswick Point, steht der zweite große Leuchtturm der Isle of Man, **Langness** (A 4762). Der landschaftlich reizvolle Standort an der Castletown Bay täuscht darüber hinweg, dass hier an diesem Küstenstrich verborgene Gefahren für die Schiffe und Seefahrer lauern, die schon viele Opfer gefordert haben.

Aus diesem Grund hatte bereits 1801 der junge Ingenieur Robert Stevenson an dieser Stelle ein Leuchtfeuer für erforderlich gehalten. Robert Stevenson (1772–1850) ist der Gründervater der erfolgreichen Architektenfamilie, die über viele Jahre in sieben Generationen für das Northern Lighthouse Board gearbeitet hat. 1811 ließ die britische Regierung zunächst einen Turm, den „Hering Tower", als unbefeuertes Tagessichtzeichen errichten, der jedoch bei schlechtem Wetter und Nebel nur wenig Hilfe bot. 1850 wurde deshalb auf Fort Island bei Derby Haven ein Leuchtfeuer eingerichtet. Nachdem das Feuer zunächst ganzjährig brannte, wurde es später aus Kostengründen nur noch während der Heringsfang-Saison gezündet, um die Fischerboote sicher durch die gefährlichen Gewässer vor Langness zu führen.

Doch immer wieder kam es in den Folgejahren zu Schiffsunglücken, und die Rufe nach einem größeren Leuchtturm wurden lauter. 1877 schickte dann ein Mr. McMeikan, Agent der „Shipwrecked Mariners Society of Casletown", ein Memorandum an die schottische Seezeichenbehörde, in dem er ausführlich die Schiffsunglücke und die Verluste im Seegebiet vor dem Dreswick Point beschrieb. Als Konsequenz forderte er ein Leuchtfeuer. Sein

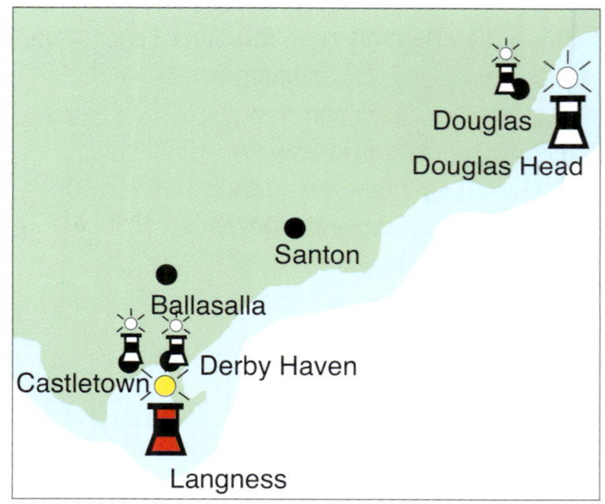

Langness-Leuchtfeuerstation am Dreswick Point

Papier wurde befürwortet und an Trinity House zur Entscheidung weitergeleitet, wo es ebenfalls auf Zustimmung traf. 1878 war es dann doch so weit. Dem Northern Lighthouse Board wurde aus London die Erlaubnis zum Bau einer Leuchtfeuerstation und eines Nebelsignals am Dreswick Point erteilt. Nach den Plänen von David und Thomas Stevenson und unter der Aufsicht eines Mr. Matheson begannen die Bauarbeiten im Jahre 1879. Ein Jahr später, am 1. Dezember 1880, wurde das Leuchtfeuer Langness erstmals gezündet. Nach weiteren drei Jahren hatte dann das Leuchtfeuer auf Fort Island endgültig ausgedient und wurde gelöscht.

Der Leuchtturm Langness ist 19 m hoch und hat eine Feuerhöhe von 23 m. Zur Spitze des runden weißen Backsteinturms führen 77 Stufen. Die erste leuchtfeuertechnische Einrichtung bestand aus zehn sogenannten „holophotal lenses", einer Kombination von katoptrischen Spiegeln (Parabolspiegeln aus Metall oder katadioptrischen Prismen) und Linsen. Jeweils zwei dieser Optiken waren übereinander in fünf Gruppen installiert. Als Lichtquelle dienten zehn Argand'sche Lampen. Diese optische Einrichtung wurde von der Firma Chance Brothers gefertigt und kostete zur damaligen Zeit 33 Pfund Sterling und 10 Schilling. Ursprünglich war die Optik für den Leuchtturm Chicken Rock vorgesehen.

1937 wurde die Optik durch katoptrische Spiegel der Firma Parsons & Co. ersetzt und die Tragweite auf 21 Seemeilen erweitert. Die Lichtquelle bestand nun aus einer 55-mm-Chance-Brothers-Petroleum-Glühstrumpflampe, die in den 1980er-Jahren dann durch eine 250-Watt-Quecksilberdampflampe ersetzt wurde. Seit 1995 besitzt Langness zwei übereinander stehende Tideland-ML-300-Laternen, die das Licht mit einer Stärke von 200 000 Candela in Form von zwei weißen Blitzen alle 30 Sekunden übers Wasser schicken.

Als Lichtquelle werden pro Laterne 60-Watt-/10,3-Volt-Tungston-Glühlampen in 2-fach-Wechselvorrichtungen verwendet. Die erforderliche Energie wird von einem redundanten Batteriesystem bereitgestellt, das an das örtliche Stromnetz angeschlossen ist. Der alte Ersatzgenerator ist nicht mehr vorhanden. Im Zuge der Umwandlung von einem „Major Light" zu einem „Minor Light" im Jahre 1996 wurde die Tragweite des Leuchtfeuers von 21 auf 12 Seemeilen reduziert. Die Station wird durch ein ozonfreundliches Feuerwarn- und

Langness

Int. No.:	A 4762
Position:	54°03,3'N 004°37,4'W
Baujahr:	1879
In Betrieb:	1880
Turmhöhe:	19 m
Feuerhöhe:	23 m
Kennung:	Fl(2)W.30s
Tragweite:	21 sm
Optik:	Zwei Tideland-ML-300-Laternen
Ingenieur(e):	David u. Thomas Stevenson 1832

Langness-Nebelhorn, seit 1987 außer Dienst

Bekämpfungssystem des Typs FM 2000 geschützt. Die Überwachung erfolgt von der Hauptzentrale in Edinburgh.
Während der beiden Weltkriege war Langness, wie die meisten Leuchttürme Großbritanniens, nur auf Befehl der Britischen Admiralität in Betrieb, um Schiffen feindlicher Nationen keine Orientierungshilfe zu bieten.
Das circa 70 m in Richtung See stehende imposante Nebelhorn der Firma Messrs. Edmundson & Co. aus Dublin wurde 1880 in Betrieb genommen und über 100 Jahre betrieben, bevor man es 1987 außer Dienst stellte. Bis dahin wurde die benötigte Druckluft zunächst mithilfe von zwei gasbetriebenen, 3,5 PS starken Otto-Kompressoren und ab 1937 durch Kelvin-Zweizylinder-Dieselmotoren an der Leuchtfeuerstation erzeugt und über eine am Boden liegende Rohrleitung transportiert. Die akustische Kennung des Nebelsignals waren zuletzt zwei Schallsignale pro Minute.

Blick auf die Langness-Optik: zwei Tideland-ML-300-Laternen

Langness wurde im März 1996 als letzter Leuchtturm auf der Isle of Man automatisiert. Mit Ausnahme des Turmes ist die Leuchtfeuerstation mittlerweile in Privatbesitz.
Ich verließ die Halbinsel Langness und fuhr zunächst wieder zurück nach Castletown. Auf der A 5 ging es weiter über Ballasalla vorbei am Ronaldsway Airport, dem einzigen Flugplatz der Isle of Man, zur Hauptstadt der Insel, Douglas.
In Douglas leben ca. 23 000 Einwohner. Ihr Hafen ist der einzige der acht Inselhäfen, der nicht von den Gezeiten abhängig ist. 1830 wurde hier der regelmäßige Fährverkehr von und nach Liverpool aufgenommen.
Auf der A 2 erreichte ich mein nächstes Ziel, **Laxey**.

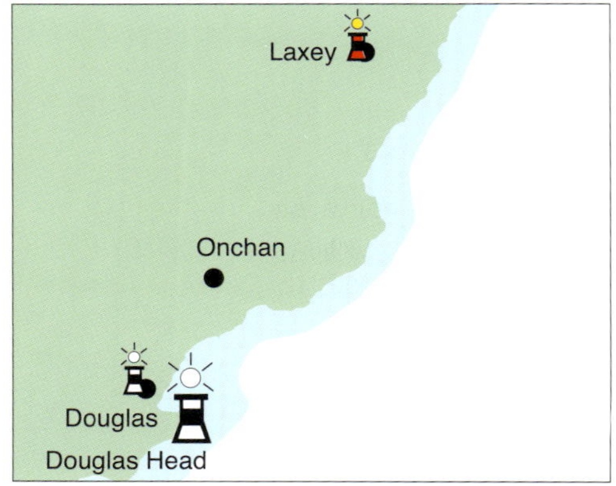

Das Städtchen liegt am Nordende einer weiten Bucht und erstreckt sich von den Hügeln hinunter bis zum Hafen.
Mit dem Abbau der großen Blei-, Kupfer und Zinkvorkommen in den Minen oberhalb der Stadt erlangte Laxey Mitte des 19. Jahrhunderts industrielle Bedeutung, bis dann 1929 die Minen ausgeschöpft waren und aufgegeben wurden.
Das abgebaute Blei, Kupfer und Zink wurde mit Fuhrwerken und auf Schienen hinunter zum Hafen transportiert, um von dort meist zum britischen Festland hinüber verschifft zu werden. Zur Markierung des Hafens wurden 1941 mit dem **Breakwater Head-Molenfeuer** (A 4785) auf dem äußeren Damm und dem **Pier Head-Molenfeuer** (A 4784) auf der Hafenmole zwei 4 m hohe Molenfeuer errichtet. Ob und seit wann andere Leuchtfeuer in Laxey geleuchtet haben, ist in den Stadtarchiven nicht verzeichnet. Beide Türme sind weiß gestrichen und haben ein rotes bzw. grünes Band unter-

Laxey Breakwater

Laxey Pier Head

halb einer silberfarbenen und zur Landseite fast vollständig verdunkelten Laterne. Auf der Rückseite der Laterne ist jedoch ein kleines kreisrundes Fenster eingebaut, damit der Hafenmeister von seinem Büro aus jederzeit kontrollieren kann, ob das Leuchtfeuer funktioniert. Aus fünf Seemeilen Entfernung leuchtet den einlaufenden Schiffen auf der Backbordseite des Hafens ein rotes und auf der Steuerbordseite ein grünes festes Feuer entgegen.
Für mindestens sechs der attraktiven Hafen- und Molenfeuer der Isle of Man hat John Conrad Brown, von 1933–1959 Ingenieur des Isle of Man Harbour Board, die Entwürfe geliefert.

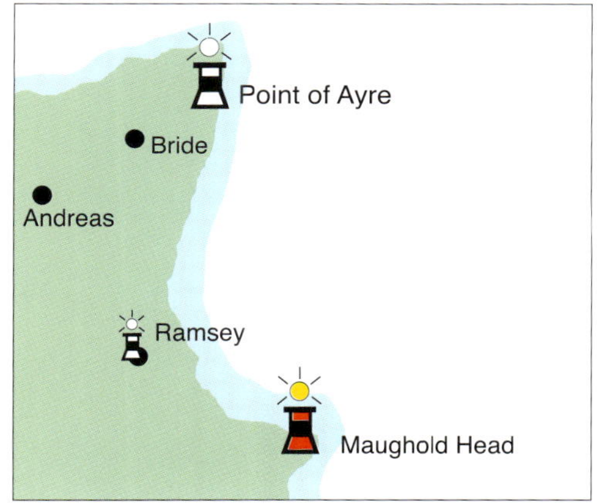

Maughold Head – Port St. Mary

Der A 2 weiter in nördlicher Richtung folgend, bog ich in Höhe Ballagilley auf die A 15 nach Maughold ab. Zwischen der Bulgham Bay und Laxey im Süden und der Ramsey Bay im Norden steht am Kap von **Maughold Head** (A 4786) der gleichnamige dritte Leuchtturm der Insel. Maughold, heute ein kleiner unscheinbarer Ort, gehörte zu den bedeutendsten Zentren des keltischen Christentums. Von dieser längst vergangenen Zeit zeugt heute noch ein unter Denkmalschutz stehendes historisches keltisches Kreuz.
Viele Jahre existierte hier an diesem Küstenstrich ein Leuchtfeuer auf der Whitestone Sandbank, und 1842 wurde darüber hinaus durch die englische Seezeichenbehörde Trinity House das Feuerschiff BAHAMA BANK als Orientierungshilfe in den gefährlichen Gewässern stationiert. Die BAHAMA BANK war ein rotes zweimastiges Feuerschiff und lag eine Seemeile vor der Südostspitze der Untiefe. Es zeigte zwei weiße Festfeuer mit einer Tragweite von 10 Seemeilen. Tagsüber wurde in jedem Mast ein Ball als Tagessichtzeichen geheißt. Die Zuverlässigkeit der Feuer wurde jedoch von den Handels- und Schifffahrtsorganisationen immer wieder beanstandet, und so kam es dann auch am 9. Februar 1842 erneut zu einem Schiffsunglück. Das Dampfschiff VICTORIA, vom englischen Fleetwood kommend, lief auf seiner Fahrt nach Belfast bei dichtem Nebel auf Grund und brach auseinander. Glücklicherweise konnten alle Passagiere gerettet werden, doch ein Besatzungsmitglied kam dabei ums Leben. Der Verlust der VICTORIA führte wiederum zur Forderung nach einem Leuchtturm und einem Nebelsignal zwischen dem Point of Ayre und Douglas. Trinity

Das Wappen von Trinity House in der Zentrale am „Tower Hill“ in London

Der Leuchtturm Maughold Head (23 m) und die 1987 stillgelegte Nebelsirene

House in London sah aber die Notwendigkeit für einen Leuchtturm immer noch nicht ein, denn man hatte ja das Feuerschiff Bahama Bank gerade erst mit hohem Kostenaufwand vor Ort stationiert.
Der Streit um Zuständigkeiten, Formalismus und Bürokratie zwischen London und Edinburgh sowie die Finanzierungsfrage standen, wie auch anderenorts, dem Fortschritt und der Sicherheit entgegen. Leidtragende waren die Seeleute und Schiffseigner. Es dauerte noch fast 70 Jahre und forderte weitere Opfer, bis endlich dem Bau eines Leuchtturms aus London zugestimmt wurde.
Nach den Konstruktionsplänen von David Alan und Charles Stevenson begann die Firma D. & J. MacDoughall aus dem schottischen Oban Anfang 1911 mit dem Bau des Turmes von Maughold Head. Das Laternenhaus sowie die Galerie wurden von der Firma A. C. Westwood gefertigt. Die Bauaufsicht über die gesamte Station hatte ein Mr. James MacBeth. Das Vorhaben stellte sowohl für die Architekten als auch für die Bauunternehmer eine große Herausforderung dar und war nicht ungefährlich, denn der Leuchtturm sollte auf halber Höhe einer Steilklippe gerade unterhalb der Nebelgrenze erbaut werden. Drei Jahre nach Baubeginn waren die Arbeiten glücklich abgeschlossen, und das Leuchtfeuer konnte in Betrieb genommen werden.
Die Unterkunftsgebäude für die Leuchtturmwärter sowie die Geräte- und Maschinenräume wurden oben auf den Klippen gebaut. Von dort führen 128 Stufen hinunter zum 23 m hohen Leuchtturm. Durch seinen Standort in der Felswand hat er eine imposante Feuerhöhe von 65 m. Maughold Head ist aus Stein gemauert und rund. Sein strahlendes Weiß geht nach oben in das Gelb-Schwarz der Laterne und der Galerie über. Innerhalb des Leuchtturms mussten die Leuchtturmwärter bei jedem Gang in den Laternenraum 87 Stufen hinaufsteigen.
Am 15.4.1914 wurde das Leuchtfeuer durch den ersten Principal Keeper, William Quine, gezündet. Die optische Einrichtung wurde von der Firma

Die 920-mm-Optik von Maughold Head

Maughold Head

Int. No.:	A 4786
Position:	54°13,5'N 004°23,2'W
Baujahr:	1911–1914
In Betrieb:	1914
Turmhöhe:	23 m
Feuerhöhe:	65 m
Kennung:	Fl(3)W.30s
Tragweite:	21 sm
Optik:	Katadioptrische Optik I. Ordnung
Ingenieur(e):	David A. u. Charles Stevenson

Chance Brothers in Birmingham hergestellt und geliefert. Bis aus 21 Seemeilen Entfernung ist sein Lichtsignal mit 3 weißen Blitzen alle 30 Sekunden zu erkennen. Die Lichtstärke auf Maughold Head wird vom Northern Lighthouse Board mit 569 000 Candela angegeben. Die Optik ist katadioptrisch und gehört mit ihren 920 mm Brennweite zur I. Ordnung. Die anfänglich verwendete 55-mm-Petroleum-Glühstrumpflampe wurde 1983 durch eine 250-Watt-Quecksilberdampf-Glühlampe und diese wiederum 1993 durch zwei moderne 250-Watt-Halogen-Glühlampen in einem NALC-89-Lampenwechsler ersetzt. Auf dem Geländer der Galerie des Laternenhauses ist eine Orga-250-mm-Laterne (Typ FML 302 SA) mit einer 60-Watt-/10,3-Volt-Glühlampe als Reservefeuer angebracht.

Am 16. April 1914 wurde die von der Firma Dove & Co. hergestellte Nebelsirene am Maughold Head zum ersten Mal in Betrieb genommen. Von 1930 bis 1940 wurde mit Kelvin-Zweizylinder-Dieselgeneratoren und Alley & Maclellan-Sentinel-Kompressoren gearbeitet. Bis das Nebelsignal 1987 stillgelegt wurde, war es bei schlechter Sicht alle 90 Sekunden einmal zu hören.

Kurz nach Indienststellung des Leuchtturms am Maughold Head wurde das Feuerschiff BAHAMA BANK überflüssig und konnte abgezogen werden. Das Schiff sollte später noch auf mehreren anderen Stationen eingesetzt werden. Im Rahmen der Modernisierungsarbeiten ist die Leuchtfeuerstation 1947 an das Stromnetz der Insel angeschlossen worden, und in den frühen 1990er-Jahren verließ dann mit der Automatisierung (1993) der letzte Leuchtturmwärter Maughold Head. Heute sind die gesamten Gebäude in Privatbesitz.

Den Leuchtturm, der heute in regelmäßigen Abständen vom Attendant der Insel betreut wird, kann man auf zwei Wegen erreichen. Vom Ort Maughold führt ein schöner, etwa halbstündiger Wanderweg hinauf zum Aussichtspunkt am Leuchtturm. Für Autos führt kurz vor Maughold ein asphaltierter, aber sehr schmaler Wirtschaftsweg direkt bis zur Leuchtfeuerstation. Beim Betreten der brüchigen Klippen ist große Vorsicht geboten. Die zahlreichen Warntafeln stehen hier nicht ohne Grund, auch wenn eine Kletterpartie über die mit leuchtend gelbem Stechginster überzogenen Felsen noch so reizvoll erscheint.

Circa fünf Kilometer weiter nördlich liegt **Ramsey**, die zweitgrößte Stadt der Insel. Lange Zeit war diese Küstenstelle Ankerplatz, aber auch zugleich Einfallstor für friedliche und weniger friedliche Invasionen der Wikinger gewesen. Die weite Bucht und die breiten flachen Strände boten nahezu ideale Landeplätze für ihre berühmt-berüchtigten Langboote. Der beeindruckende Ramsey Pier wurde in der Viktorianischen Zeit gebaut. Mitte des 19. Jahrhunderts war Ramsey führend im Schiffbau, und in den letzten Jahren hat es sich zu einem blühenden Wirtschaftsstandort auf der Isle of Man entwickelt.

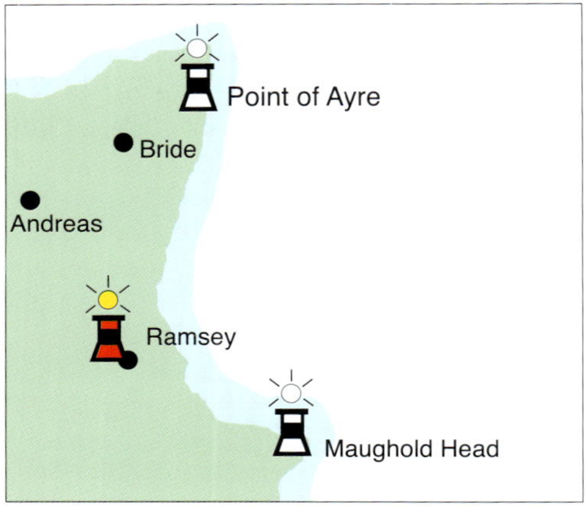

Als erstes Hafenfeuer wurde im November 1844 auf der Südpier ein provisorischer Holzturm errichtet, der ein Jahr später von einem etwa 7 m hohen runden Steinturm ersetzt wurde. Nach dem weiteren Ausbau der Pier entstand das heutige Leuchtfeuer **South Pier Head** (A 4796), ein 9 m hoher Eisenturm der Firma Messrs. Bellham aus Manchester. Bis Mitte der 1990er-Jahre war auch eine gusseiserne Nebelglocke in Betrieb.

Das gegenüberliegende Hafenfeuer **North Pier Head** (A 4798), ebenfalls ein Eisenturm, wurde im Dezember 1864 gebaut. Die beiden hübschen, 8 m hohen Türme sind achteckig und weiß mit jeweils schwarzem Fundament. Das südliche Feuer trägt zusätzlich ein rotes Band, ca. 1 m unterhalb der Laterne. Ramsey North Pier Head zeigt ein unterbrochenes rotes und Ramsey South Pier Head ein unterbrochenes grünes Feuer, bei einer Wiederkehr von jeweils 5 Sekunden.

Ramsey South Pier Head

Am nördlichsten Punkt der Insel steht der vierte und gleichzeitig älteste Leuchtturm der Insel, **Point of Ayre** (A 4720). Vor dem Point of Ayre ist die Strömung besonders stark. Immer wieder ist sie Schiffen zum Verhängnis geworden. Eigentlich sollte der Leuchtturm schon 1814 gebaut werden, doch nachdem der Duke of Athol als Landeigentümer seine Erlaubnis zum Bau erteilt hatte, musste zunächst erst einmal das erforderliche Geld für die Verwirklichung des Projekts aufgebracht werden. Ein schwieriges Unterfangen, zumal der

Ramsey North Pier Head

Leuchtturm gleichzeitig mit einem weiteren Turm auf dem Calf of Man gebaut werden sollte. So wurden u. a. Anleihen in Höhe von 1500 Pfund Sterling bei der „West India Association", der „Shipowner Association Liverpool" und der „Trade Association of the Clyde" aufgenommen. Die Aufgabe des „Geldsammlers" wurde Sir William Rae, dem Sheriff von Edinburgh, übertragen.

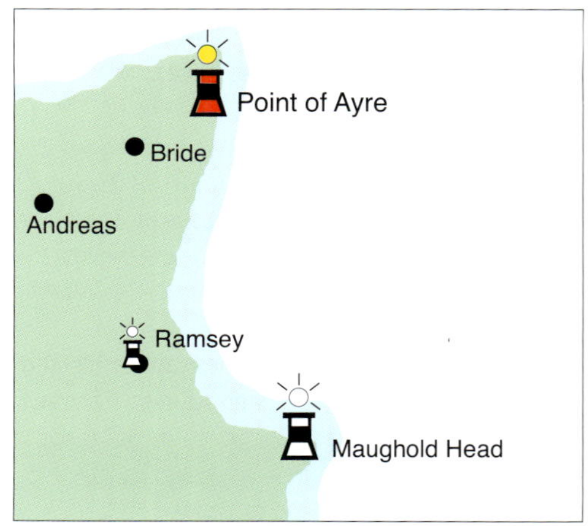

Leuchtfeuerstation Point of Ayre

1817 konnte das Northern Lighthouse Board den Startschuss für die Bauarbeiten geben, die Finanzierung war gesichert. Robert Stevenson (1772–1850) hatte die Baupläne geliefert. Ein Problem beim Bau des Point of Ayre war der lose Untergrund an diesem Küstenstreifen. Es waren zahlreiche Probebohrungen erforderlich, um sicher zu sein, dass man nicht im wahrsten Sinne des Wortes auf Sand baute.

Nachdem Stevenson seine Studien abgeschlossen hatte, entschied er sich für einen runden Turm aus Stein. Die Turmhöhe wurde mit 30 m berechnet, um dem Leuchtfeuer die hier an dieser Stelle erforderliche Feuerhöhe von 32 m über dem Meeresspiegel zu geben. Auf den Turm führen 124 Stufen. Die Leuchtfeuerstation erhielt darüber hinaus die üblichen Wohnungen für die Wärter und ihre Familien, Maschinen-, Arbeits- und Lagerräume. In den von Steinmauern umgrenzten Gärten hatten die Leuchtturmwärterfamilien früher Obst und Gemüse angebaut, um sich weitgehend selbst versorgen zu können, denn die Bezahlung der Leuchtturmwärter war trotz der harten und viele Entbehrungen fordernden Arbeit nicht gerade üppig. Mittlerweile sind die Gärten mehr oder weniger verwildert und mit bunten Blumen überzogen. Aufgrund des milden Klimas wachsen sogar zahlreiche Palmen um den Leuchtturm herum.

Im November 1818 waren die Bauarbeiten abgeschlossen, und nachdem die optischen Apparaturen installiert worden waren, wurde der Leuchtturm Point of Ayre vermutlich am 1. Februar 1819 zum ersten Mal durch den Principal Keeper M. Burnett gezündet. Das exakte Datum der Inbetriebnahme ist nicht in den Archiven des Northern Lighthouse Board verzeichnet.

Point of Ayre-Optik

Point of Ayre

Int. No.:	A 4720
Position:	54°24,9'N 004°22,1'W
Baujahr:	1817–1819
In Betrieb:	1819
Turmhöhe:	30 m
Feuerhöhe:	32 m
Kennung:	Fl(4)W.20s
Tragweite:	19 sm
Optik:	Katadioptrische Optik I. Ordnung
Ingenieur(e):	Robert Stevenson

Die erste leuchtfeuertechnische Einrichtung bestand aus 14 rotierenden Parabolspiegeln mit Argand'schen Öllampen. Im Zuge der Erneuerung der gesamten Leuchtfeuerstation im Jahre 1890 wurde diese optische Einrichtung durch eine katadioptrische Optik I. Ordnung der Firma Messrs. Barbier & Bérnard ersetzt. Bis 1978 wurde als Lichtquelle ein 85-mm-Chance-Brothers-Petroleum-Glühstrumpflampe und danach eine Quecksilberdampflampe genutzt. 1991 wurde die Optik zu einer dioptrischen umgestaltet. Hierzu wurden die oberen Prismen mit Blechplatten abgedeckt. Ein Entfernen dieser Prismen hätte die gesamte Optik aus dem Gleichgewicht gebracht. Nach Auskunft des Northern Lighthouse Board war diese Umgestaltung erforderlich, um unkorrekte Blitze zu vermeiden. Als Lichtquelle dient seit dieser Zeit eine 400-Watt-MBI-Halogenlampe in einem NALC-89-Lampenwechsler. Die Kennung ist in den internationalen Verzeichnissen mit vier weißen Blitzen alle 20 Sekunden und einer Tragweite von 19 Seemeilen angegeben. Zur Identifizierung bei Tage trägt der weiße Turm zwei weithin sichtbare leuchtend rote Bänder. Als Reservefeuer ist in nördlicher und östlicher Richtung auf der Galerie des Leuchtturms Point of Ayre je eine Tideland-ML-300-Laterne mit einer 60-Watt-/10,3-Volt-Glühlampe installiert.

Point of Ayre (30 m): Der Leuchtturm ist vermutlich seit 1. Februar 1819 in Betrieb.

1993 wurde die Leuchtfeuerstation automatisiert und zunächst durch einen ortsansässigen Attendant betreut. Ende 2003 wurden dann die einzelnen Attendants des Northern Lighthouse Board im Zuge weiterer Rationalisierungsmaßnahmen durch sogenannte Retained Lighthouse Keeper (RLK) ersetzt, die jeweils für mehrere Leuchttürme in einem Küstenabschnitt zuständig sind. Seit 1. September 2004 ist Fred Fox, ein ehemaliger Leuchtturmwärter, für alle Leuchttürme auf der Isle of Man verantwortlich.

Auch wenn mit dem Bau des Point of Ayre ein großes Stück mehr an Sicherheit für die Schifffahrt erreicht worden war, so kam es doch auch weiter immer wieder zu Unglücken. Nachdem in den Jahren 1873 und 1874 in kurzer Zeit zwei weitere Schiffe bei Nebel verunglückt waren, forderten die Seefahrer ein Nebelsignal, das aber erst im Herbst 1890 zusammen mit einem zusätzlichen Leuchtfeuer realisiert werden sollte.

Das gewaltige Doppel-Nebelhorn steht ca. 200 m in Richtung Strand. Durch Heide und Stechginster, der einen leichten Duft von Kokos ausströmt, führt dorthin ein schmaler Fußweg.

Auf einem ca. 5 m hohen Betonsockel sind zwei große bewegliche Trompeten angebracht, die bei Bedarf geschwenkt werden konnten. Ursprünglich verfügte das Nebelhorn nur über eine Trompete, die zweite wurde 1939 ergänzt. Kelvin-Dreizylinder-Dieselmotoren und Sentinel-Druckluftkompressoren lieferten die erforderliche Druckluft, um bei schlechter Sicht alle 90 Sekunden drei ohrenbetäubende Schallsignale abgeben zu können. 1982 wurde das Nebelhorn außer Betrieb gestellt und

Altes Nebelhorn am Point of Ayre

durch eine Nebelsirene auf der Galerie des Laternenhauses ersetzt. Seit 1992 wurden die Schiffe vor dem Point of Ayre vergleichsweise leise, aber dennoch wirkungsvoll durch einen elektrischen Emitter (Typ ELG 300) mit drei 2,5 Sekunden langen Schallsignalen alle 60 Sekunden gewarnt. Das Nebelsignal wurde durch eine videografische Nebeldetektorenanlage (Typ VF-500-1105) der Firma Impulstechnik aus Hamburg-Schenefeld aktiviert. Heute ist das Nebelsignal außer Betrieb.
Weitere 150 m entfernt am Kiesstrand steht das **Unterfeuer Point of Ayre** (A 4722), das von den Leuchtturmwärtern liebevoll „The Winky" genannt wird, weil sein Licht wie ein blinzelndes Auge aussieht. Ursprünglich stand der achteckige Turm (10 m) weiter landeinwärts, aber es kam durch die starke Brandung ständig zu wandernden Kies- und Geröllablagerungen. Ein neuer Standort musste gesucht und der Turm erhöht werden.

„The Winky", Unterfeuer Point of Ayre

Das erste Leuchtfeuer wurde 1889 von James Dove & Co. aus Edinburgh gebaut und 1891 gezündet. Von ihm stammt noch die rote obere Hälfte des neuen Turmes. Die untere weiße Hälfte und das schwarze Fundament sind 1950 entstanden. 1891 verfügte das Unterfeuer Point of Ayre über eine katadioptrische Optik V. Ordnung, vermutlich zunächst mit einer einfachen Petroleumlampe, die dann durch einen Azetylen-Gasbrenner ersetzt wurde, der bis 1993 in Betrieb war. Seit dieser Zeit wird das Licht von einer modernen Tideland-ML-300-Laterne mit einer 60-Watt-/10,3-Volt-Glühlampe produziert.
Neben der eigentlichen Seezeichenfunktion werden am Point of Ayre auch wichtige Wetterdaten für das Meteorologische Institut von Ronaldsway gesammelt. Sämtliche Häuser der Leuchtfeuerstation sind in Privatbesitz übergegangen.
Vom Point of Ayre aus fuhr ich hinüber an die Westküste. Mein Weg führte mich über Andreas, Sulby und Kirk Michael nach **Peel**.

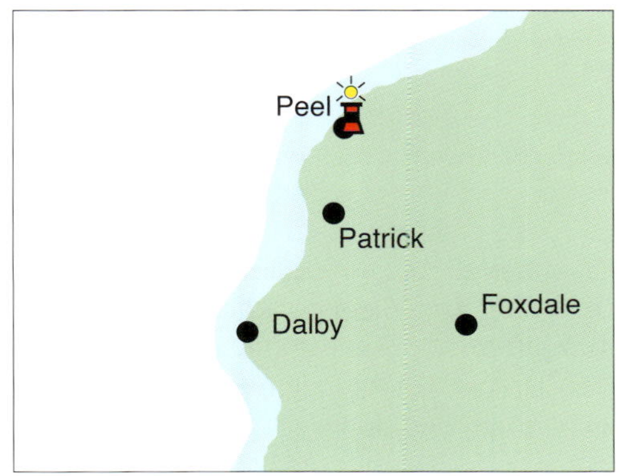

Für Kenner der Isle of Man ist Peel die wohl ursprünglichste Stadt der Insel. Ihr Hafen war über lange Zeit das Zentrum der Manx-Fischindustrie, und auch heute stellt die Fischerei noch einen wichtigen Wirtschaftsfaktor dar.
Peel und sein Hafen, der einzige geschützte Hafen an der Westküste, werden von der historischen St. Patrick's-Insel mit den Ruinen der alten Festung und der St. Germna's-Kathedrale beherrscht.
Natürlich hat auch dieser Hafen seine eigene Befeuerung. Auf der sogenannten „Burg-Mole", dem **Castle Jetty** (A 4732), steht ein runder weißer Turm (4 m) mit drei grünen Bändern, die Kuppel ist silberfarben. Das Leuchtfeuer zeigt bei einer Wiederkehr von 7 Sekunden ein unterbrochenes grünes Feuer.
Auf dem Kopf des südlich der Hafeneinfahrt 1897 gebauten, 200 m langen Wellenbrechers befindet sich auf einem schwarzen Fundament das weiße, achteckige und 8 m hohe **Peel Breakwater-Molenfeuer** (A 4734). Im Gegensatz zum Molenfeuer Castle Jetty zeigt es ein unterbrochenes weißes Feuer mit einer Wiederkehr von ebenfalls 7 Sekunden. Unter der Laterne hängt eine von der aggressiven Seeluft oxidierte Nebelglocke aus Kupfer, die bei Bedarf alle 11 Sekunden viermal geschlagen wurde. Sie ist nicht mehr in Betrieb.
Ein drittes Hafenfeuer, das Pier Head Light (A 4730), befindet sich in 8 m Höhe auf dem Gebäude des Hafenmeisters, das auf einer weiteren Mole steht. Mithilfe einer mit Sonnenenergie betriebenen Tideland-ML-300-Laterne und einer 60-Watt-/10,3-Volt-Glühlampe zeigt es in Ergänzung der beiden anderen Leuchtfeuer ein unterbrochenes rotes Feuer mit einer Wiederkehr von wiederum 7 Sekunden.

Peel Castle Jetty Light

Nächste Station auf meiner Rundtour war **Port Erin** im Südwesten. Die nahezu vor jedem Wetter geschützte Bucht bietet einen idealen Platz für einen Hafen. Sie wird nördlich durch das Kap Barra Head und südlich durch die Halbinsel Mull begrenzt.
Seit der Viktorianischen Zeit ist Port Erin besonders wegen seines weißen Sandstrandes ein beliebter Ferienort. Oberhalb der Bucht stehen – meist in

Peel Breakwater Light

Peel Pier Head

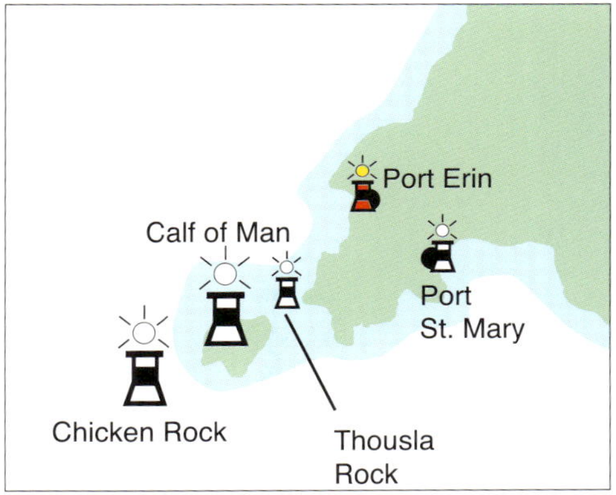

strahlendem Weiß und wie auf einer Perlenschnur aufgereiht – zahlreiche Hotels und Ferienhäuser an der Strandpromenade.

Das Oberfeuer Port Erin

Das Unterfeuer Port Erin

Der Hafen von Port Erin ist eher unbedeutend und klein, aber dennoch ist auch an dieser Stelle der Insel eine entsprechende Befeuerung erforderlich. Bei ruhiger See und gutem Wetter kann man von hier mit kleinen Ausflugsbooten hinüber zum Calf of Man fahren. Im Hafen liegt ein Rettungsboot der Königlichen Gesellschaft zur Rettung Schiffbrüchiger.

Port Erin Raglan-Pier

Direkt am Sandstrand unterhalb der Promenade steht ein achteckiger weißer Turm (11 m) mit einem roten Band, das **Port Erin-Unterfeuer** (A 4740). Sein rotes Feuer bildet zusammen mit dem 39 m entfernten **Port Erin-Oberfeuer** (A 4740.1), das sich auf einer 4 m hohen weißen Metallsäule mit rotem Band befindet, eine Richtfeuerlinie von 099°06′.

Auf dem **Raglan Pier** (A 4744), an der Hafeneinfahrt, steht als Ergänzung ein runder weißer Turm (7 m) mit einem grünen Band. Er zeigt ein grünes unterbrochenes Feuer.

Gerade rechtzeitig zum „Five o'clock tea" erreichte ich, auf der A 31 über Cregneash kommend, den beliebten Ausflugspunkt „Land's End of Man" am Calf Sound, dem südwestlichsten Punkt der Isle of Man.

Scheinbar nur einen Katzensprung entfernt, kann man von hier aus den unbewohnten Felsen Kitterland und die Insel Calf of Man sehen, die durch den Calf Sound von der Hauptinsel getrennt werden. Ein Blick auf die drei Leuchttürme des Calf of Man ist allerdings von dieser Stelle nicht möglich, da sie auf der entgegengesetzten südlichen Seite stehen. Die Gewässer hier am Calf Sound sind aufgrund ihrer unberechenbaren Strömungen und zahlreicher Felsen äußerst gefährlich. Davon zeugt auch das Denkmal, ein weißes Steinkreuz, das zur Erinnerung an den französischen Schoner Jeanne St. Charles und die Opfer errichtet worden ist, die 1858 auf dem **Thousla Rock** (A 4745) ihr tragisches Ende gefunden hatten. Heute markiert diese Gefahrenstelle eine achteckige und 9 m hohe Betonsäule mit einem roten Blinkfeuer.

Vom Calf Sound war es nicht mehr weit zum achten und letzten Hafen der Insel. Auch **Port St. Mary** lebte früher hauptsächlich vom Fischfang, und mehrere Netzfabriken gaben darüber hinaus vie-

Thousla Rock

Port St. Mary – Alfred Pier (unten)

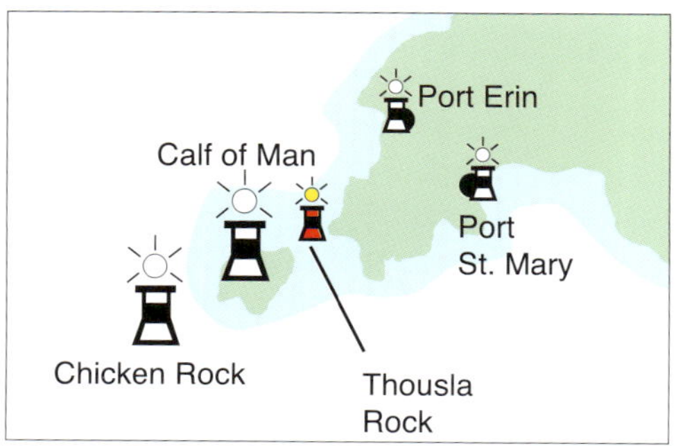

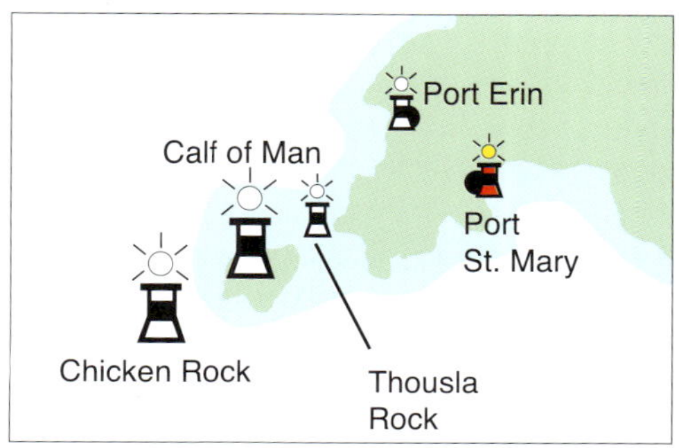

Port St. Mary – Inner Pier Head

len Familien Arbeit und Brot. Heute leben die Menschen vom Segeltourismus, denn „Purt-Le Moirrey", wie der romantische Fischerort im Gälischen heißt, hat sich aufgrund seines ruhigen Hafens zum beliebten Anker- und Liegeplatz für Segelyachten und Motorboote entwickelt. Sein weiter Sandstrand lädt außerdem zum Baden und Sonnen ein. In Port St. Mary befindet sich eine weitere Station der Königlichen Seenotrettungsgesellschaft, von der an anderer Stelle noch zu sprechen sein wird.

Das erste Hafenfeuer wurde hier um 1812 erbaut. Die beiden heute existierenden Molentürme, das **Inner Pier Head-Molenfeuer** (A 4756) und das **Alfred Pier-Molenfeuer** (A 4754) der Firma E. T. Bellham & Co. aus Manchester, sind jeweils achteckig und weiß und haben ein rotes Band. Unter der Laterne des Alfred Pier Light hängt eine eiserne Nebelglocke, die allerdings nur in Betrieb war, wenn ein Schiff erwartet wurde. Heute gibt es auch in Port St. Mary keine Nebelschallsignale mehr.

Mit Port St. Mary war die Erkundung aller Leucht- und Molentürme auf der Hauptinsel abgeschlossen. Ich hatte die Isle of Man einmal komplett umrundet und dabei insgesamt 19 der unterschiedlichsten Leuchtfeuer erkundet.

Calf of Man

Am nächsten Tag, die See war ruhig und die Sonne brannte heftig, ging es mit dem Boot von Castletown aus zunächst zum Calf of Man. Mit 35 Knoten flogen wir in John Hellowells Motorboot Sir James, das er nach einem alten Versorgungsschiff des Northern Lighthouse Board getauft hat, über das Wasser. Sowohl für die Landung auf dem Calf als auch für die Rückkehr in den Hafen ist eine genaue Berechnung der Gezeiten erforderlich, und es blieb uns nur ein schmales Zeitfenster. Nach einer Fahrzeit von ca. 30 Minuten im Windschatten der Insel machten wir Johns Boot an der kleinen Anlegestelle im Süden des Calf of Man fest. Dann begann der fünfzehnminütige Aufstieg zu den drei Leuchttürmen der Insel. Mit jedem Schritt nach oben konnte man sich ausmalen, wie früher auf diesem Weg sämtliche Versorgungsgüter von den Leuchtturmwärtern mühsam hinauftransportiert werden mussten.

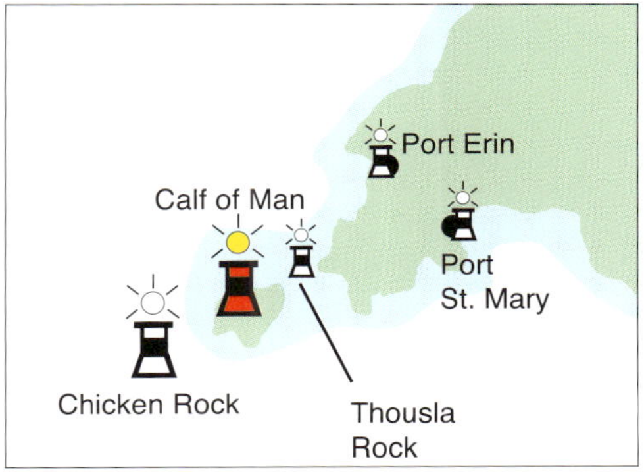

Aufstieg zu den drei Leuchttürmen auf dem Calf of Man

Das alte Unterfeuer von Calf of Man

Das Wort „Calf" wird aus dem Altskandinavischen „Kalfr" hergeleitet, was so viel wie „kleine Insel neben einer größeren" bedeutet. Andere Quellen sehen mit „Colbha", ein gebräuchlicher Beiname für kleinere vorgelagerte Inseln, einen gälischen Ursprung. Bis 1939 war der Calf of Man in wechselndem Besitz privater Eigentümer. Seit dieser Zeit steht die Insel unter der Verwaltung des Manx National Trust. Hierbei handelt es sich um eine staatliche Behörde, die 1951 gegründet wurde und sich als Ziel den Schutz, den Erhalt und die Förderung des kulturellen und historischen Erbes der Isle of Man gesetzt hat.

Die Insel beherbergt ein international renommiertes Vogelschutzreservat, das außerhalb der Brutzeiten für die Öffentlichkeit zugänglich ist. Wer kein eigenes Boot hat, kann von Port Erin und zeitweise auch von Port St. Mary ein Ausflugsschiff buchen. Einziger ständiger Bewohner der Insel von März bis Oktober ist zurzeit der Vogelschutzwart Tim Bagworth, der ziemlich spartanisch in einem alten Bauernhaus lebt.

Da der Schiffsverkehr um den Südwesten der Isle of Man schon in frühen Jahren sehr rege war und weil dort mit den „Chicken Rocks" eine besonders gefährliche Bedrohung lauert, hatte der junge

Calf of Man – altes Unterfeuer

Int. No.:	
Position:	54°03,2'N 004°49,6'W
Baujahr:	1818–1819
In Betrieb:	1819–1875
Turmhöhe:	17 m
Feuerhöhe:	85 m
Kennung:	
Tragweite:	22 sm
Optik:	Parabolspiegel
Ingenieur(e):	Robert Stevenson

Robert Stevenson bereits bei seinem ersten Besuch um 1811 auf dem Calf den Bedarf für eine Befeuerung dieser Insel erkannt. Doch erst 1814 wurden konkrete Pläne in Angriff genommen. Nachdem der damalige Besitzer der Insel, der Duke of Athol, 1817 Land für die Errichtung eines Leuchtturms und der notwendigen weiteren Gebäude zur Verfügung gestellt hatte, musste jedoch erst noch der Widerstand des Farmers überwunden werden, der das umliegende Land gepachtet hatte. Bis zuletzt versuchte er den Bau sogar per Gerichtsbeschluss zu verhindern. Zum Glück war er nicht erfolgreich, und 1818 konnten die Bauarbeiten beginnen. Robert Stevenson war im Laufe seiner Planungen zu der Erkenntnis gelangt, dass es notwendig sein würde, zwei Leuchttürme zu errichten. Beide Türme sollten in einer Linie und in Verlängerung der „Chicken Rocks" auf der Westseite des Calf errichtet werden.

Blick vom alten Oberfeuer über das alte Unterfeuer auf Chicken Rock

Im Sommer 1818 wurden 300 Arbeiter auf die Insel geholt, um die beiden Türme, das **Unter-** und das **Oberfeuer**, möglichst schnell fertigzustellen. Das Baumaterial wurde mit Schiffen von der Hauptinsel Isle of Man antransportiert und anschließend mühsam, zum Teil mithilfe von Pferdefuhrwerken, die Anhöhe hinaufgeschafft.

Stevensons Leuchttürme sind beide aus braunen Steinen gemauert. Kunstvolle Schmiedearbeiten verzieren die eisernen Geländer der Galerien und Laternen. Knapp acht Monate nach dem ersten Spatenstich wurde dann in beiden Türmen vermutlich am 1. Januar 1819 die Feuer gezündet.

Auch wenn die Aufzeichnungen in den Archiven des Northern Lighthouse Board hier sehr lückenhaft sind, so bestand die leuchtfeuertechnische Einrichtung beider Leuchttürme wahrscheinlich aus rotierenden Parabolspiegeln. 14 Argand'sche Öllampen mit Walöl als Brennstoff bildeten die Lichtquelle. Das weiße Licht war alle zwei Minuten sichtbar. Das Unter- und das Oberfeuer bildeten bereits sehr früh ein Richtfeuer.

Die Sichtbarkeit und Zuverlässigkeit des Feuers litt von Anfang an darunter, dass das Oberfeuer ca. 115 m über der Meeresoberfläche lag und die Tragweite sehr oft durch Nebel reduziert wurde. Auf Druck der Handels- und Schifffahrtsgesellschaften in Liverpool und Belfast wurde deshalb der Bau eines eigenen neuen Leuchtturms auf den „Chicken Rocks" in Angriff genommen. Parallel mit seiner Fertigstellung und Inbetriebnahme am 1. Januar 1875 wurden die Leuchtfeuer auf dem Calf of Man gelöscht.

Die seinerzeit modernen und zuverlässigen Argand-Lampen wurden aus beiden Laternen ausgebaut, um sie an der Westküste Schottlands im Leuchtturm Stoer Head weiterzuverwenden. Noch einmal sollte aber einer der Stevenson-Türme reaktiviert werden, als am 23. Dezember 1960 ein verheerendes Feuer auf dem Leuchtturm Chicken Rock ausbrach und sein Leuchtfeuer für mehrere Monate ausfiel. Über die Weihnachtstage installierten Techniker des Northern Lighthouse Board ein provisorisches Leuchtfeuer in der Laterne des alten Unterfeuers.

Heute sind die beiden schönen und historisch wertvollen Türme leider in einem sehr beklagenswerten Zustand. Das gilt besonders für das Oberfeuer, das nicht mehr ohne Gefahr betreten werden kann. Mein Leuchtturmfreund John Hellowell hat sich zum Ziel gesetzt, daran etwas zu ändern. In einem ersten Schritt will er in Zusammenarbeit mit dem Manx National Trust das zerbrochene Laternenglas im Unterfeuer ersetzen. Um dieses Vorhaben zu finanzieren, wird u. a. daran gedacht, die Scherben der historischen Laterne in Plexiglas zu gießen und als Souvenir an Leuchtturmliebhaber zu verkaufen.

Mit der Außerbetriebnahme der beiden Stevenson-Leuchttürme war das Licht auf dem Calf of Man jedoch nicht für immer gelöscht, denn in Ergänzung zum Felsenleuchtturm Chicken Rock wurde im März 1967 mit dem Bau des modernen, dritten Leuchtfeuers auf dem **Calf** (A 4746) begon-

Von Robert Stevenson 1819 erbaut: das alte Unterfeuer (links) und das alte Oberfeuer

nen. Der achteckige weiße Betonturm ist 11 m hoch und steht auf halber Höhe zwischen den beiden alten Leuchttürmen.

Die U-förmige Leuchtfeuerstation wurde von den Ingenieuren P. H. Hyslop und R. J. Mackay entworfen und gebaut. Nüchtern und funktional wirkt der neue Turm im Vergleich zu seinen beiden schönen Vorgängern, den Seefahrern ist das aber wohl egal. Diesmal konnten die Errungenschaften der modernen Technik genutzt werden, und so wurde der größte Teil des benötigten Baumaterials mit

Calf of Man – altes Oberfeuer

Int. No.:	
Position:	54°03,2'N 004°49,6'W
Baujahr:	1818–1819
In Betrieb:	1819–1875
Turmhöhe:	21 m
Feuerhöhe:	115 m
Kennung:	
Tragweite:	24 sm
Optik:	Parabolspiegel
Ingenieur(e):	Robert Stevenson

Helikoptern auf die Insel transportiert. Insgesamt sind ca. 870 Tonnen eingeflogen worden.

Aus Landschaftsschutzgründen wurde auf den Anschluss der Station an das Stromnetz der Hauptinsel Isle of Man verzichtet, denn man wollte das herrliche Stück Natur nicht mit den dazu erforderlichen Strommasten und Leitungen überziehen. So sorgen drei herkömmliche 18-Kilowatt-Generatoren für die Energieversorgung des Leuchtfeuers. Die erste optische Apparatur bestand aus sechzehn 200-Watt-/30-Volt-Reflektorlampen, die eine Lichtstärke von 2 000 000 Candela produzierten. Calf of Man war damit das lichtstärkste Leuchtfeuer an der gesamten Irischen See. 1994 erhielt

Die Leuchtfeuerstation von Calf of Man

Calf of Man	
Int. No.:	A 4746
Position:	54°03,2'N 004°49,6'W
Baujahr:	1967
In Betrieb:	1968
Turmhöhe:	11 m
Feuerhöhe:	93 m
Kennung:	Fl.W.15s
Tragweite:	28 sm
Optik:	Katadioptrische Optik IV. Ordnung
Ingenieur(e):	P. H. Hyslop u. R. J. Mackay

der Turm dann die alte doppelte katadioptrische Optik IV. Ordnung des vor der Westküste Schottlands auf den Hebriden stehenden Leuchtturmes Barra Head. Als Lichtquelle dient heute eine 250-Watt-Metall-Halogenlampe in einem NALC-89-Lampenwechsler. Das Licht strahlt auf einer Höhe von 93 m 28 Seemeilen weit, und sein weißer Blitz ist alle 15 Sekunden zu sehen. Sollten die drei Generatoren einmal ausfallen, kann das Leuchtfeuer mithilfe von Batterien noch ca. 30 Stunden lang mit einer verminderten Stärke von immerhin noch 176 000 Candela betrieben werden. Als Reservefeuer wird eine Tideland-ML-300-Laterne mit einer 60-Watt-/10,3-Volt-Glühlampe vorgehalten.
Am 24. Juli 1968 nahm der Gouverneur der Isle of Man, Sir Peter Stallard, den Leuchtturm offiziell in Betrieb. Auf dem Calf of Man brannte nun wieder ein Leuchtfeuer. Als erster Principal Keeper wurde Mr. Bertram Bragg bestimmt. Am 22. März 1995 wurde die Station automatisiert, und die letzten Wärter verließen den Calf.
Zeitgleich mit dem Leuchtturm wurde direkt neben dem alten Unterfeuer eine mit Druckluft betriebene Nebelsignalanlage gebaut. Im Rahmen der Automatisierung der Leuchtfeuerstation wurde jedoch auch die Sirene im März 1995 außer Dienst gestellt und durch einen direkt am Leuchtturm stehenden modernen ELG-300-Doppel-Emitter mit einer Reichweite von 2 Seemeilen ersetzt. Bei entsprechend schlechter Sicht war er bis 2005 alle 45 Sekunden für 2,5 Sekunden zu hören.

Leuchtturm Calf of Man mit der Nebelsignalanlage von 1995

Optik Calf of Man

Im Rahmen eines breit angelegten Modernisierungs- und gleichzeitig Einsparungsprogramms war beim Northern Lighthouse Board auch 2005 wieder die Außerdienststellung einzelner Leuchtfeuer vorgesehen. Hierzu zählte auch das Calf of Man-Leuchtfeuer. Gleichzeitig ist geplant, dafür die Tragweite des Chicken Rock von 15 auf 20 Seemeilen zu erhöhen. Bei den Umrüstungsarbeiten auf dem Chicken Rock wurde jedoch ein Arbeiter von den Felsen gespült und musste von einem Boot der Lebensrettungsgesellschaft geborgen werden. Bis zum Abschluss der Untersuchungen dieses Unfalls wurden zunächst alle Arbeiten auf dem Chicken Rock unterbrochen.

Chicken Rock

Gerne wären wir noch länger an diesem idyllischen Ort geblieben, doch John mahnte zur Eile. Wir mussten den Calf verlassen, um noch rechtzeitig vor Niedrigwasser den Hafen von Castletown zu erreichen. Doch zunächst stand mir noch ein ganz besonderer Höhepunkt bevor: eine Fahrt zum berühmtem Leuchtturm **Chicken Rock** (A 4748), dem Inbild eines Felsenleuchtturms.

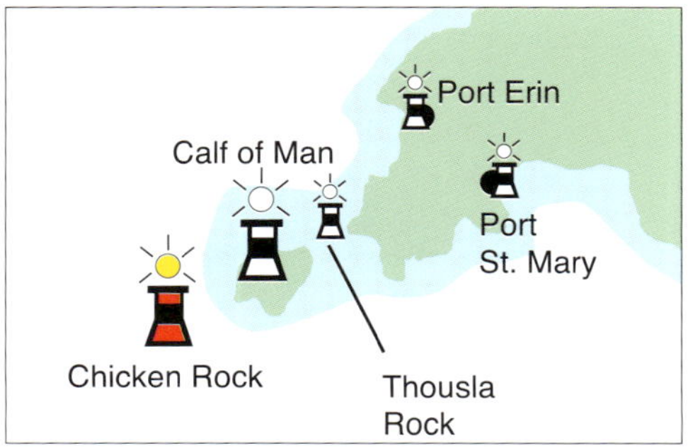

Sturmvögel, die die Felsen als Ruhe- und Nistplatz benutzen, werden im Volksmund „Mother Carey's Chicken" genannt, da sie mit ihren ständig pickenden Bewegungen Hühnern ähneln. Was lag da näher, als die gefährliche Felsenformation „Chicken Rocks" zu nennen.

Eine Mischung aus drei tödlichen Gefahren lauert an diesem Ort und machte es dringend erforderlich, einen Leuchtturm zum Schutz der Seefahrer zu errichten. Ähnlich wie bei den beiden anderen schottischen Felsentürmen Bell Rock und Skerryvore existiert an den Chicken Rocks eine extrem starke Strömung mit Strudeln, das Hochwasser verdeckt die 743 Quadratmeter großen spitzen und scharfen Felsen, und oft herrscht darüber hinaus dichter Nebel. Mit Regelmäßigkeit fanden hier über viele Jahrzehnte hinweg Schiffe und ihre Besatzungen das nasse Grab, und man erkannte, dass die Leuchtfeuer auf dem Calf keinen ausreichenden Schutz bieten konnten. Mit ihrer Hilfe ließ sich zwar die Richtung erkennen, in der die Gefahrenstelle liegen musste, aber die genaue Position konnte nicht bestimmt werden.

Der Chicken Rock gehört zu der Kategorie von Leuchttürmen, die von den Wärtern selber als die „Hölle" bezeichnet wird. Dort, inmitten der weiten See, auf einem einsamen Felsen, führen sie in ihrem Turm ein klösterliches Leben. Eingeschlossen in steinernen Mauern sind sie dem endlosen Toben des Wassers und der Urgewalt der Natur hilflos ausgesetzt, die scheinbar immer wieder den Leuchtturm hinwegzufegen drohen. Wenn die gewaltigen Stürme aufziehen, dann rollen Wellen von atemberaubender Höhe heran, um gegen den Fuß des Turmes und die eiserne Eingangstür zu schlagen und ihre weiße Gischt oft bis hoch zu der Laterne zu jagen.

Chicken Rock

Int. No.:	A 4748
Position:	54°02,3'N 004°50,1'W
Baujahr:	1868–1874
In Betrieb:	1875
Turmhöhe:	44 m
Feuerhöhe:	38 m
Kennung:	Fl.W.5s
Tragweite:	15 sm
Optik:	Zwei Tideland-ML-300-Laternen
Ingenieur(e):	David u. Thomas Stevenson

Leuchtturm Chicken Rock

Optik Chicken Rock vor 1999; Blick aus dem Laternenhaus auf den Calf of Man

Als wir uns dem majestätischen Riesen näherten, spürten wir sehr schnell, wie gefährlich dieses Seegebiet ist. Die Felsen sind größtenteils überspült, und John hatte alle Mühe, sein Boot auf Kurs zu halten. Wir blieben in respektvollem Abstand und bewunderten den gigantischen Turm. Man kann sich vorstellen, wie schwierig und gefährlich früher die Ablösungen der Leuchtturmwärter waren, als es noch keine Helikopterplattform gab. Nicht selten machte der eine oder andere Wärter Bekanntschaft mit dem salzigen Nass.

Sechs Jahre (1868–1874) dauerte der Bau des „Chicken", und wiederum waren zwei Stevensons die verantwortlichen Architekten. Zeitgleich leiteten David und Thomas Stevenson auch den Bau von Dubh Artach, einem weiteren Felsenturm, circa 160 Meilen weiter nördlich. Beide Leuchttürme gleichen sich nicht umsonst wie ein Ei dem anderen. Als die Arbeiten am Leuchtturm vor dem Calf of Man begannen, war Dubh Artach erst zur Hälfte fertiggestellt. Das Doppelprojekt stellte eine ganz besondere Herausforderung für die beiden schottischen Brüder dar, doch es sollte gelingen. Die Stevensons veranschlagten die Kosten für den Bau des neuen Leuchtturms mit 64 559 Pfund Sterling.

Als Baumaterial verwendeten sie Granitblöcke aus dem schottischen Dalbeathie in Dumfrieshire. In Port St. Mary, ca. 4,5 Meilen von den Chicken Rocks entfernt, wurde ein Bauhof errichtet, in dem über 100 Arbeiter, Maurer, Steinmetze und Schmiede beschäftigt waren. Dort schnitten Steinmetze die Granitblöcke exakt zu und nummerierten sie nach dem Bauplan durch, bevor sie dann mithilfe eines Dampfschleppers, der Terrible, zur Baustelle hinaustransportiert wurden.

Ein wesentliches Problem beim Bau war, dass die Arbeiten zweimal am Tag eingestellt werden mussten, wenn das Hochwasser die Felsen überspülte. Bei schwerer See befanden sich die 35 Arbeiter in ständiger Lebensgefahr. Es gab nur wenig Halt auf den rutschigen Felsen. Ein Wunder, dass während der langen und gefährlichen Bauarbeiten niemand zu Schaden kam. Die eigentliche Arbeitssaison ging von April bis September, bevor die Zeit der Herbststürme begann. Mit ihrem Enthusiasmus spornten die Stevensons die Arbeiter zu Höchstleistungen an und trieben so das ehrgeizige Projekt stetig voran. In der ersten Saison wurde das Fundament fertiggestellt. Im Winter gingen die Arbeiten im Bauhof jedoch weiter. Die nächsten Granitblöcke wurden vorgefertigt. Dann ging es Jahr für Jahr ein Stück höher. In der zweiten Saison wurden neun Reihen der gewaltigen Granitblöcke gelegt, 1871 waren es noch einmal 14 Reihen, womit der untere Schaft des Leuchtturms fertigge-

Chicken Rock mit Helikopterplattform rechts bei Niedrigwasser

stellt war. 1872 folgten die restlichen 42 sich nach oben zur Galerie verjüngenden Reihen. Die einzelnen Granitblöcke wurden miteinander verzahnt und mit Zement befestigt. Am 6. Juni 1873 konnte der letzte Stein in den Turm eingesetzt werden. Die restlichen Arbeiten im Inneren, an der Laterne und das Anbringen der riesigen Nebelglocke sollten noch das ganze nächste Jahr dauern.
Nach Abschluss der Bauarbeiten war der Turm 44 m hoch. Zur Eingangstür führt eine bronzene Leiter hinauf. Von dort geht es über sieben Stockwerke, in denen sich die Betriebs-, Lager- und Schlafräume und natürlich auch das Herzstück aller Räume für die Wärter, die Küche, befinden, hoch bis zum Laternenraum. Als erster Principal Keeper wurde Thomas Dawson auserkoren, der zuletzt mit seinen drei Hilfsleuchtturmwärtern Dienst auf dem Calf of Man geleistet hatte. Am 1. Januar 1875 wurde Chicken Rock in Betrieb genommen.
Als erste Optik hatte der Leuchtturm eine dioptrische Gürteloptik I. Ordnung, zunächst mit einer Öllampe und Rapsöl als Lichtquelle. Ihr folgte 1878 eine einfache Petroleumlampe und später ein 85-mm-Chance-Brothers-Petroleumdampfbrenner.
Im Zuge einer ersten Umbaumaßnahme wurde 1911 die Nebelglocke abgebaut und durch ein modernes Nebelhorn ersetzt.
Am 23. Dezember 1960 wurde der Leuchtturm gegen 10.30 Uhr durch eine Explosion in den unteren Stockwerken erschüttert. Die genaue Ursache hierfür konnte nicht ermittelt werden. Unmittelbar danach brach ein Feuer aus, das den Leuchtturmwärtern den Weg nach unten versperrte. Das Feuer breitete sich so schnell aus, dass an ein Löschen nicht zu denken war. Es blieb nur die Flucht nach oben in den Laternenraum und auf die Galerie. Mithilfe einer Nebelkanone gelang es den drei diensthabenden Leuchtturmwärtern, ihren dienstfreien Kollegen in Creg Neish auf der Isle of Man zu alarmieren, der daraufhin unverzüglich eine dramatische Rettungsaktion einleitete.
Aus Port St. Mary lief das Rettungsboot R. A. Colby Cubbin No. 2 zur Unglücksstelle aus. Mittlerweile hatten sich die Wärter mithilfe von Leinen aus der Notausrüstung im Laternenraum vom Leuchtturm abgeseilt. Die drei Männer klammerten sich nun an den kalten, glitschigen Felsen fest und warteten verzweifelt auf ihre Rettung. Die Felsen verschwanden zunehmend im Wasser. Ein Rettungsversuch mit einem ebenfalls alarmierten Hubschrauber der Royal Air Force scheiterte, da der Helikopter nicht nahe genug an den Turm herankam, ohne ihn mit seinen Rotorblättern zu berühren. Die ganze Hoffnung der Leuchtturmwärter ruhte also nur auf den Rettungsbooten. Inzwischen war aus Port Erin auch das zweite Boot Matthew Simpson vor Ort eingetroffen. Immer wieder versuchten die Rettungsboote, nahe genug an

die Wärter heranzukommen, doch die raue See ließ dies nicht zu. Schließlich gelang es dann doch, den ersten verletzten und im Schockzustand befindlichen Wärter mithilfe einer Hosenboje an Bord zu bekommen. Nach einer ersten Begutachtung des Verletzten entschloss sich der verantwortliche Retter, sofort nach Port St. Mary zurückzufahren, da eine ärztliche Behandlung dringend angeraten schien. Die MATTHEW SIMPSON übernahm die Rettung der beiden anderen Wärter. Gerade noch rechtzeitig vor Einbruch der Dunkelheit gelang es schließlich, auch diese beiden Männer an Bord zu nehmen. Die See hatte sich zum Glück etwas beruhigt.

Für den ausgefallenen Leuchtturm wurde, wie bereits erwähnt, vorübergehend ein provisorisches Feuer im unteren alten Leuchtturm auf dem sechs Kabellängen (1111,2 m) südwestlich gelegenen Calf of Man errichtet.

Nach Abschluss der Reparaturarbeiten wurde das Leuchtfeuer automatisiert. Als neue optische Einrichtung erhielt der Chicken eine katadioptrische Optik IV. Ordnung mit einer AGA-Glühstrumpflampe. Als Leuchtmittel wurde Propangas verwendet. Die alte Gürteloptik fand 1964 auf dem Bell Rock Lighthouse an der schottischen Ostküste eine neue Verwendung. 1968 wurde das Nebelhorn erneuert. Bei Bedarf gab es alle 60 Sekunden zwei kräftige Schallsignale ab.

1999 begann im Rahmen eines umfangreichen Modernisierungsprogramms des Northern Lighthouse Board die Umstellung auf Solarenergie. Die hierfür erforderlichen Solarkollektoren wurden auf der Galerie installiert. Die katadioptrische

Optik wurde im Zuge dieser Umbauarbeiten durch zwei übereinander angebrachte Tideland-ML-300-Laternen mit 35-Watt-Halogenglühlampen in einem 6-fach-Lampenwechsler ersetzt. Mit einer Lichtstärke von mehr als 7000 Candela und einer Tragweite von 15 Seemeilen zeigt der Chicken Rock alle 5 Sekunden einen weißen Blitz.

Bis Ende 2003 kam einmal im Monat der Attendant Normal Quillan heraus, um nach dem Rechten zu sehen. Nach den neuen Richtlinien des Northern Lighthouse Board werden Felsentürme heute nur noch von Technikern zu Wartungsarbeiten besucht.

Im Jahre 2005 wurden die letzten zwölf Nebelsignale des Northern Lighthouse Board außer Betrieb genommen. Zuletzt auf dem Leuchtturm Skerryvore am 4. Oktober 2005. Damit ging die Ära der schottischen Nebel-signale zu Ende, die 1876 mit dem Nebelsignal am Leuchtturm St. Abb's Head an der schottischen Ostküste begonnen hatte.

Die neue Optik (zwei Tideland-ML-300-Laternen) im Laternenhaus und die Sonnenkollektoren auf der Galerie

Irland

Wohltätig ist des Feuers Macht,
wenn sie der Mensch
bezähmt, bewacht.

Friedrich Schiller

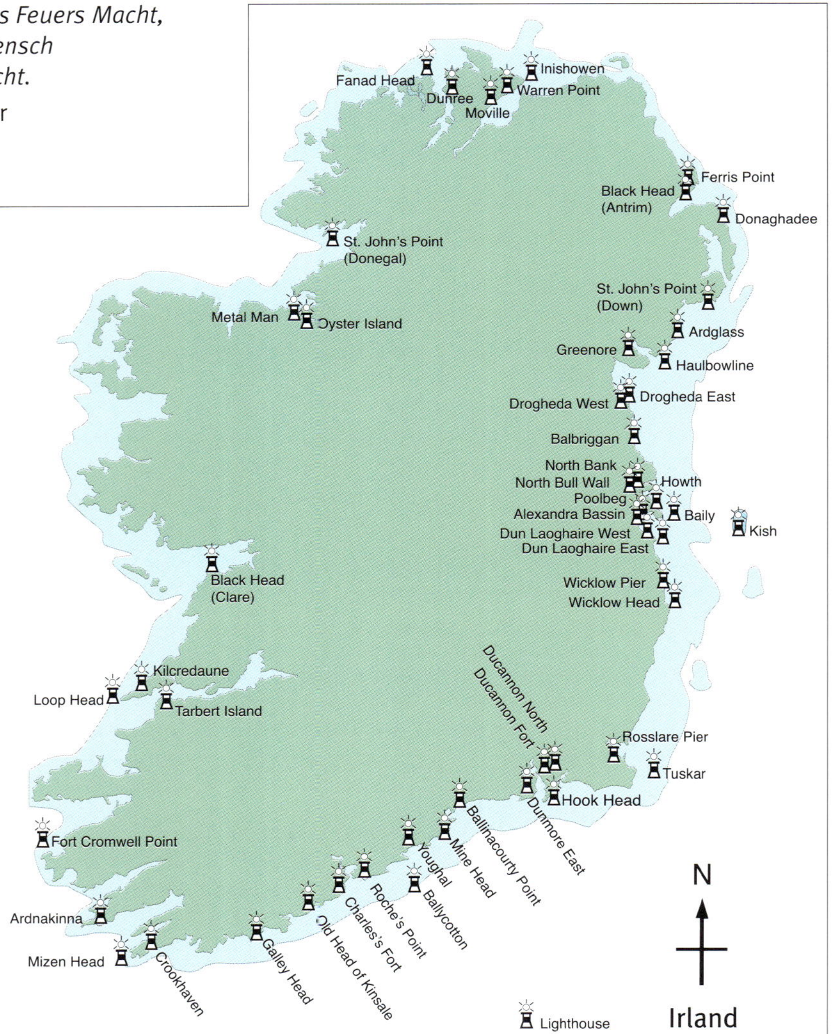

Dublin – Baily

Nach vier Tagen auf der Isle of Man hieß es Abschied nehmen von meinen Leuchtturmfreunden, den Hellowells, und der schönen Isle of Man. Irland, mein nächstes Reiseziel, rief, und nach einem kräftigen „Manx Breakfast" nahm ich von Douglas aus die Schnellfähre SEACAT der Irish Ferries.
Das Bordrestaurant verwandelte sich schnell in einen irischen Pub, und trotz der frühen Morgenstunden floss bereits reichlich Guinness durch die durstigen Kehlen der Mitreisenden. Eine Gruppe junger Leute bot mit ihren Geigen, Gitarren, der typischen Tin Whistle und Liedern wie „When Irish Eyes are smiling" eine romantische Einstimmung auf die bevorstehende zweite Etappe meiner

Die Originalkarte der Commissioners of Irish Lights wurde dahingehend reduziert, dass sie nur die von mir besuchten Leuchtfeuer zeigt. Andererseits wurde sie um diejenigen Leuchtfeuer ergänzt, die in der Verwaltung anderer, regionaler Seezeichenbehörden liegen oder aber bereits nicht mehr in Betrieb sind.

Leuchtturmreise. Die fröhliche Stimmung der jungen Menschen steckte an, und so vergingen die drei Stunden Überfahrt wie im Flug.
In der Ferne tauchte die „Grüne Insel" auf. Morgendunst lag über der See, und bei der Einfahrt in die Dublin Bay passierten wir den berühmten Leuchtturm Baily, seit Jahrzehnten Wahrzeichen für Ein- und Auswanderer, Abschieds- oder Willkommensgruß – und auch mir leuchtete sein Licht nun den Weg nach Irland.
Auch für Irland hatte ich mir ein ehrgeiziges Programm vorgenommen. So wollte ich einmal das gesamte irische Festland umrunden und dabei möglichst alle auf dem Festland stehenden Leucht- und größeren Molentürme besuchen. Im Vorfeld der Reise nahm ich Kontakt zur irischen Seezeichenbehörde, den Commissioners of Irish Lights, auf, deren Informationsoffizier, Mr. David Bedlow, dankenswerterweise ein Rundschreiben an alle Leuchtfeuerstationen schickte, um den verrückten deutschen Leuchtturmfreund anzukündigen und zur Unterstützung aufzufordern. Wie ich auf meiner „Leuchtturm-Safari" dann feststellen konnte, wurde ich überall bereits erwartet.
Von den zahlreichen Hafenfeuern von Dublin passierten wir als Erstes das **Poolbeg-Molenfeuer** (A 5882), das auf der seeseitigen Spitze der südlichen Hafenmauer steht, die als eine der längsten in ganz Europa fast vier Meilen (!) hinaus in die Dublin Bay hinausragt. Der erste Turm wurde 1786 erbaut, nachdem bis 1782 ein gleichnamiges Feuerschiff vor der Hafeneinfahrt stationiert gewesen war. Der heutige 20 m hohe runde Turm aus Granit wurde dann 1820 von George Halpin Senior entworfen und gebaut. Als erste optische Einrichtung wurden 26 Argand'sche Lampen mit versilberten Kupferreflektoren verwendet. 1877 erhielt der Leuchtturm eine Optik mit 500 mm Brennweite. Als aktuelle Lichtquelle wird seit der Elektrifizierung 1964 eine 1500-Watt-/100-Volt-Glühlam-

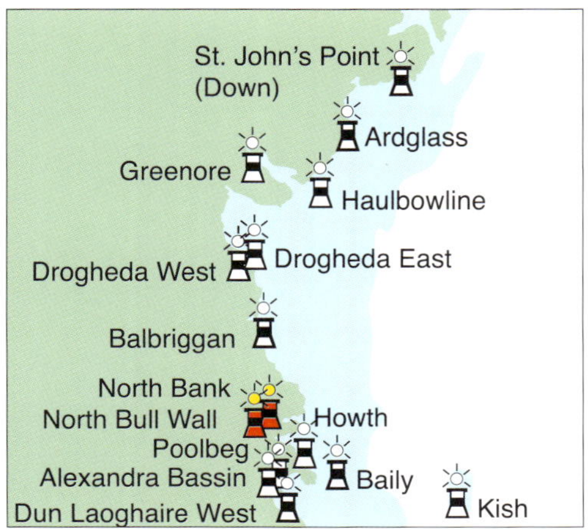

Das Molenfeuer Poolbeg wird von einem Lotsenboot passiert.

pe genutzt. Im Laufe seiner Geschichte wechselte Poolbeg mehrfach seine Farbe, von Weiß über Schwarz bis zum heutigen knalligen Rot.
Am 1. Januar 1969 wurde der Leuchtturm automatisiert und der letzte Keeper abgezogen. Seit dem 2. Februar 2005 beträgt die Reichweite des roten Blitzfeuers 10 Seemeilen. Zusätzlich verfügt der stattliche Molenturm über ein Nebelhorn. Die Kennung ist bei einer Wiederkehr von 60 Sekunden zwei Schallsignale von jeweils 4 Sekunden. Wie alle Leuchtfeuer im Hafen von Dublin steht Poolbeg unter der Verwaltung des „Dublin Port and Docks Board", dennoch findet eine jährliche Inspizierung durch die Commissioners of Irish Lights statt.

Poolbeg-Molenfeuer am Kopf der südlichen Hafenmole

Einige hundert Meter weiter hafeneinwärts passierte die Fähre auf dem Weg zum Anleger **Dublin Port-North Bank** (A 5886), ein 1940 errichtetes, 11 m hohes grünes viereckiges Leuchtfeuer, das auf einer von vier Pfählen getragenen, ebenfalls viereckigen Plattform aus Beton mitten im Fahrwasser steht. An der Galerie vor der Laterne hängt eine eiserne Nebelglocke, die bei Bedarf alle 20 Sekunden dreimal geschlagen wurde. Die Nebelglocke ist heute außer Betrieb. Northbank zeigt ein unterbrochenes grünes Feuer mit einer Tragweite von 16 Seemeilen.

Nicht weit entfernt folgte das 15 m hohe runde Leuchtfeuer **Dublin Port-North Bull** (A 5884). Auch dieser 1880 fertiggestellte Steinturm ist heute grün gestrichen. In den zwanziger Jahren des vorigen Jahrhunderts war der Turm noch dunkelrot. Die Platzierung des Fundamentes bereitete aufgrund des losen Untergrundes große Probleme. North Bull steht gegenüber dem Leuchtturm Poolbeg und markiert das Ende der 1824 fertiggestellten und mittlerweile überspülten Nordmole. Das Laternenhaus wurde Mitte des vorigen Jahrhunderts abgebaut. Heute schickt eine einfache Seelaterne alle 4 Sekunden vier grüne Blitze 10 Seemeilen aus der Hafeneinfahrt den einlaufenden Schiffen entgegen. Etwa auf halber Turmhöhe ist auch an diesem Feuer eine eiserne Nebelglocke angebracht. Sie schlug bei schlechter Sicht im gleichbleibenden Rhythmus viermal alle 30 Sekunden. Auch sie ist heute nicht mehr in Betrieb.

Mittlerweile hatte die Fähre auch den Anleger im **Alexandra Bassin** (A 5892) erreicht, wo ein rotbrauner, viereckiger, immerhin 16 m hoher Turm

Leuchtturm North Bank

aus Ziegelsteinen steht, der aber nicht mehr in Betrieb ist. Der Leuchtturm hat vier Stockwerke, rund um die silbergraue Laterne führt ein Umgang. Unterhalb der Laterne hängt eine kupferne Nebelglocke, die bis zur Außerdienststellung alle 10 Sekunden einmal geschlagen wurde. 1998 wurde das unter Denkmalschutz stehende Alexandra Bassin Lighthouse restauriert.

Trotz der Teilung der Insel in die Republik Irland und dem zu Großbritannien gehörenden Nordirland werden alle irischen Leuchttürme von einer Behörde, den Commissioners of Irish Lights in Dublin, verwaltet. Obwohl Dublin mit seinen zahl-

Leuchtturm North Bull

Altes Hafenfeuer Alexandra Bassin

reichen Sehenswürdigkeiten selber eine Reise wert ist, verließ ich die Hauptstadt unmittelbar nach meiner Ankunft. Nach einer kleinen Irrfahrt durch das ausladende Hafengebiet ging es auf der Stadtautobahn stadtauswärts in nördlicher Richtung zur Halbinsel Howth.

Nach einer knappen halben Stunde Fahrt erreichte ich den pittoresken Hafenort Howth – eine kleine Oase vor den Toren Dublins. Heute bekannt für seine hervorragenden Fischrestaurants, war Howth ab dem 17. Jahrhundert traditionell Liegeplatz für zahlreiche Fischerboote.

Wie Dunmore East an der Südküste hatte die britische Post zu Beginn des 19. Jahrhunderts Howth als Station für ihre Postschiffe ausgesucht. Als der Hafen für die im Laufe der Jahre immer mehr eintreffenden Schiffe und Güter nicht mehr ausreichte, wurde der Baumeister John Rennie mit der Planung eines neuen Hafens und eines eigenen Leuchtturms beauftragt. Der Hafenbau begann 1807, doch schon bald stellte sich heraus, dass die Einfahrt immer wieder versandete und die Schifffahrt behinderte. Um die dadurch regelmäßig anfallenden Kosten für Baggerarbeiten zu umgehen, wurde die Postschiffstation nach Dun Laoghaire verlegt. Die Howth Harbour Commissioners hielten jedoch am Bau des geplanten Leuchtturms fest.

Am 1. Juli 1818 wurde der runde graue Backsteinturm **Howth** mit seiner roten Galerie und weißen Laterne auf der östlichen Hafenmole dann zum ersten Mal gezündet. Die erste optische Einrich-

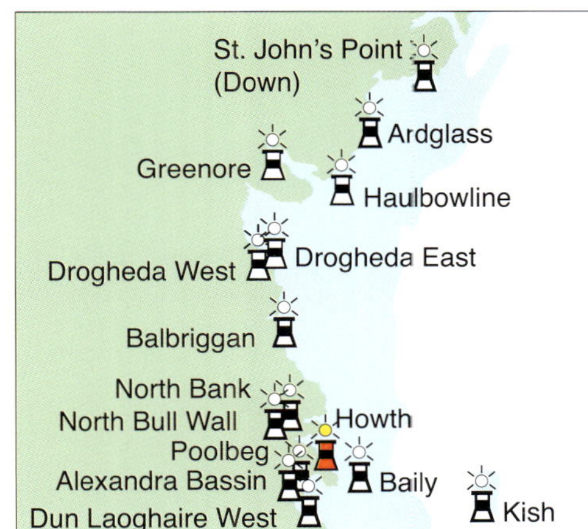

Leuchtturm Howth, seit 1982 außer Betrieb

tung bestand aus zwölf Argand'schen Lampen mit rotem Lampenglas und katoptrischen versilberten Kupferreflektoren. In den ersten Jahren mussten die drei Leuchtturmwärter noch in den engen Räumen im Turm leben, bevor schließlich 1821 das Unterkunftsgebäude angebaut wurde.

Nachdem Howth Harbour ab 1836 gar nicht mehr von der Steam Packet-Dampfschifffahrtsgesellschaft angelaufen wurde, verlor der Hafen immer mehr an wirtschaftlicher Bedeutung. Am 1. Februar 1955 wurde das Leuchtfeuer elektrifiziert, gleichzeitig verließ der letzte Leuchtturmwärter die Station, und am 19. Mai 1982 wurde das Leuchtfeuer endgültig gelöscht.

An seiner Stelle übernahm ein schlichter, 10 m hoher weißer Betonmast **Howth Harbour East Pier** (A 5900) auf der erweiterten Ostmole die Befeuerung des Hafens, der heute überwiegend als Schutzhafen für Sportboote und einige lokale Fischerboote dient.

Von Howth führt die Straße hinauf zur Landzunge von Howth Head, die sich am Eingang der Dublin Bay hinaus in die Irische See schiebt. An ihrer südöstlichen Seite standen ab dem 9. Jahrhundert die verschiedensten Leuchtfeuer. Am sogenannten „Green Bayly" hat als Erstes vermutlich ein einfaches Feuer auf einem Steinhaufen gebrannt, das dort von Fischern zu ihrer eigenen Orientierung errichtet worden war. Überreste davon haben Archäologen im Jahre 1912 entdeckt. Nachdem König Charles II. dem Vorschlag Sir Robert Readings zur Errichtung von sechs Leuchttürmen rund um Irlands Küste zugestimmt hatte, war es eben jener, der 1667 ein offenes Kohlefeuer auf einem hüttenähnlichen Gebäude – einem Lichthaus – unterhielt. Erst 1790 wurde dieses Feuer durch den ersten regulären Leuchtturm von Thomas Rogers, dem Vorgänger von George Halpin Senior als Ingenieur und Leuchtturminspektor der irischen Seezeichenbehörde Ballast Board, ersetzt. Als Lichtquelle verwendete er sechs Argand'sche Öllampen mit versilberten, aus Kupfer hergestellten parabolischen Reflektoren. Vor jedem Reflektor befand sich eine Linse, um die Lichtstärke zu erhöhen.

Weil das Licht aber zu oft vom Nebel oder den tief hängenden Wolken verschluckt wurde, entschloss man sich im Dezember 1811, einen neuen, tiefer gelegenen Turm am sogenannten „Little Baily" oder Duncriffan zu bauen, wo ungefähr 2000 Jahre früher König Crimthan seine Burg gehabt hatte. An diesem historischen Standort steht noch heute Irlands wohl neben dem Fastnet Rock berühmtester Leuchtturm **Baily** (A 5898). Am 17. März 1814 übernahm Baily Lighthouse dort seine Aufgabe und ist seit dieser Zeit das Wahrzeichen Dublins für die unzähligen Auswanderer und für die ankommenden Touristen geworden.

Blick aus dem Servicehelikopter der Commissioners of Irish Lights auf den Leuchtturm Baily

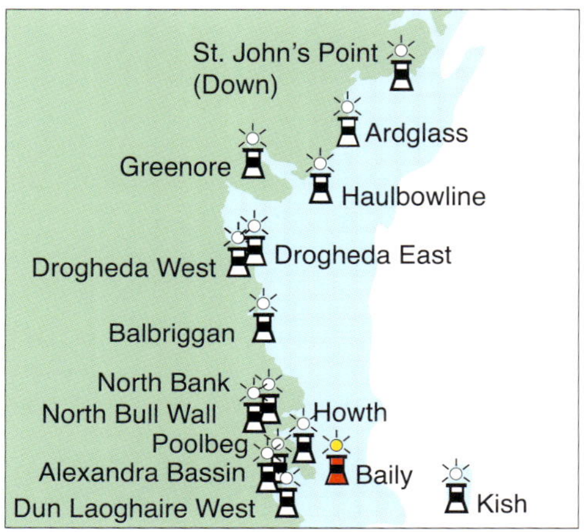

Von George Halpin Senior entworfen und gebaut, steht der eigentliche Turm (13 m) auf einem der Gebäude der Leuchtfeuerstation. Ursprünglich war der graue Granitstein ebenso wie die anliegenden Gebäude schneeweiß gestrichen, weil er so bei Tage weithin sichtbar war. Während umfangreicher Restaurierungsarbeiten unter der Leitung des Chefingenieurs C. W. Scott wurde der Turm jedoch 1910 wieder in seinen natürlichen Zustand versetzt.

Hatte der erste Baily-Leuchtturm noch sechs Argand-Lampen, so verfügte der neue Turm bereits über 24, was eine gewaltige Steigerung der Leuchtkraft mit sich brachte. 1865 bekam Baily Lighthouse eine dioptrische Optik I. Ordnung, hergestellt von der Firma Edmundson & Co. in Dublin. Zur gleichen Zeit experimentierte dort der irische Ingenieur John Richardson Wigham (1829–1906) mit seinen von ihm entwickelten gasbetriebenen Brennern.

Als ersten Brenner verwendete Wigham den sogenannten „Crocus Burner", dessen Name von einer Flamme herrührt, die an eine Krokusblüte erinnert. Seine Lichtstärke war etwa viermal so groß wie die eines herkömmlichen vierdochtigen Ölbrenners.

Baily

Int. No.:	A 5898
Position:	53°21,7'N 006°03,1'W
Baujahr:	1812–1813
In Betrieb:	1814
Turmhöhe:	13 m
Feuerhöhe:	41 m
Kennung:	Fl.W.15s
Tragweite:	27 sm
Optik:	Katadioptrische Optik III. Ordnung
Ingenieur(e):	George Halpin Senior

Zunächst wurde das Gas durch die Destillation von Öl, später Schiefer und schließlich Kohle gewonnen. Mit dem Kohlegas wurde die kräftigste Flamme erzeugt. Die Gaserzeugung fand direkt an der Station statt. Wighams Erfindergeist ließ ihn nicht ruhen, und so entwickelte er schließlich 1868 einen Gasbrenner, der aus fünf konzentrischen Ringen bestand. Der äußere Ring (279 mm Durchmesser) hatte 108 Düsen, während der innerste Ring (114 mm Durchmesser) über 28 Düsen verfügte. Insgesamt besaß der Brenner 340 Einzeldüsen, aus denen das Gas strömte. Die Flamme wurde von einem Glaskolben umgeben, um so durch größere Luftzufuhr (Effekt eines Schornsteines) die Lichtausbeute zu erhöhen und ein Flackern der Flammen zu vermeiden.
Auch die schottischen Leuchtturmingenieure David und Thomas Stevenson interessierten sich für Wighams Forschungen, luden ihn ein und testeten ebenfalls Kohlegas als Leuchtmittel auf verschiedenen Türmen. Nach ihrer Bewertung war die Erzeugung und Verwendung von Gas im Vergleich zu Öl zu teuer. Auch bei Trinity House, das irische Erfindungen und Neuerungen mit grundsätzlichem Argwohn betrachtete, fanden Wighams Forschungsergebnisse nur beschränkte Anerkennung. 1908 wurden dann auf der Station Baily die Versuche mit Kohlegas eingestellt und ein dreifacher Petroleumbrenner der Firma Chance Brothers als neue Lichtquelle in die Optik eingebaut. Mit der Umstellung auf elektrische Energie im Jahre

Leuchtturm Baily in der Abenddämmerung (links); Baily-Optik

Leuchtfeuerstation Baily

1972 fand eine weitere Modernisierung der optischen Einrichtungen statt. Der Leuchtturm bekam seine heutige 375-mm-Optik mit zwei 1500 Watt starken L-24-Lampen in einem automatischen Lampenwechsler. Die alte Optik I. Ordnung ist im Maritime Institute of Ireland-Museum in Dun Laoghaire ausgestellt. Bailys Feuer hat eine Reichweite von 27 Seemeilen und zeigt alle 15 Sekunden einen weißen Blitz. Auch an seinem tiefer gelegenen Standort liegt die Feuerhöhe immer noch bei 41 m. Als Reservefeuer sind zwei Tideland-ML-300-Laternen mit je einer 60-Watt-/10,3-Volt-Glühlampe auf der Galerie vorgehalten.

Trotz der neuen Position kam es bei Nebel immer wieder zu Schiffsunglücken an den Felsen und Klippen rund um Howth Head, und so gab es 1846 die ersten Pläne, zusätzlich eine Nebelglocke zu betreiben. Doch erst nach einer weiteren Tragödie mit der Queen Victoria der City of Dublin Steam Packet Company am 15. Februar 1853 wurde dieses Vorhaben realisiert, und bis 1995 hatte die Leuchtfeuerstation immer ein Nebelsignal. 1867 wurde die Glocke durch ein mit Druckluft betriebenes „Reed Horn" und dann 1879 durch eine Sirene ersetzt, bis dann schließlich ab 1926 ein Diafon mit einem Schallsignal von 5 Sekunden Dauer und einer Wiederkehr alle 60 Sekunden die Schiffe im gefährlichen Nebel warnte. Die alte Nebelglocke wurde 1890 entfernt.

Der Leuchtturm Baily ist in vieler Hinsicht ein besonderer Leuchtturm. So war er auch Ausbildungs- und Trainingszentrum für die neuen Leuchtturmwärter in Diensten der Commissioners of Irish Lights, bevor sie als Assistant Keeper auf ihre erste Leuchtfeuerstation versetzt wurden. Und Baily war schließlich auch der letzte Leuchtturm Irlands, der am 24. März 1997 vollständig automatisiert wurde. An diesem Tag wurde die Dienstflagge der Commissioners zum letzten Mal eingeholt, der letzte Principal Keeper Irlands, Mr. Eugene O'Sullivan (Leuchtturmwärter in der vierten Generation), ging mit seinen Hilfsleuchtturmwärtern in den vorgezogenen Ruhestand.

Das letzte Kapitel im historischen Buch der bemannten Leuchttürme Irlands war geschrieben. Nach Hunderten von Jahren ging ein Stück Geschichte zu Ende, in dem zahlreiche Männer und Frauen voller Hingabe und unter Inkaufnahme von vielen Entbehrungen ihr Leben der Sicherheit der Seefahrer rund um Irland gewidmet haben. Ihre Aufgabe übernahm im Zeitalter von Radar und Computern nun von diesem Tage an die sicher zuverlässige, aber anonyme Technik.

Im Frühjahr 2000 eröffneten die Commissioners of Irish Lights unter der Leitung von Captain Owen Deignan das Baily Lighthouse Museum, das aufgrund von Zugangs- und Parkproblemen leider nicht der Öffentlichkeit zur Verfügung steht. So sind zurzeit die Mitglieder des Irish Lighthouse Service und deren Angehörige die einzige Zielgruppe. Bei rechtzeitiger Anmeldung und dem „Okay" aus Dublin ist für Leuchtturmenthusiasten ein Besuch des Museums jedoch möglich.

Man muss zur richtigen Zeit am richtigen Ort sein, und ich hatte mal wieder Glück. Nachdem mich der Attendant Brendan Carty, früher selbst Keeper auf dem Baily, durch seine gesamte Leuchtfeuerstation geführt hatte, sollte das absolute Highlight meiner Leuchtturmreise folgen. Brendan erzählte, dass er in Kürze den Versorgungshubschrauber der Commissioners of Irish Lights erwarte, der Techniker hinaus zum Leuchtturm Kish Bank fliegen sollte. Seit 1993 ist die Leuchtfeuerstation Basis für die Versorgungsflüge zu den Leuchttürmen Kish Bank und Rockabill. Ein kurzes Gespräch mit dem Piloten genügte, und ich bekam einen aufregenden Mitflug einschließlich einer Landung auf dem Helipad oberhalb der Laterne. Für die Leuchtturmwärter eine gewohnte Routine, für mich, trotz großer Flugerfahrung, ein faszinierendes Erlebnis, das ich so schnell nicht vergessen

BO-105-Servicehelikopter der Commissioners of Irish Lights auf der Landeplattform der Leuchtfeuerstation Baily

werde. Bei starkem Wind ist der Ausstieg hoch oben über der See keine ungefährliche Sache. Bei laufenden Rotorblättern luden die Techniker ihre mitgeführten Kisten aus, und schon kurze Zeit später hob die BO-105 wieder ab, um zum Baily Lighthouse zurückzufliegen.

Bereits 1811 wurde mit der Veronica Gesina der erste Versuch unternommen, die einige Meilen lange Kish Bank mit einem Feuerschiff zu markieren, denn über viele Jahre waren dort immer wieder Schiffe auf dem Weg von und zu den Häfen von Dublin und Dun Laoghaire auf Grund gelaufen. Auch die Feuerschiffe und ihre Besatzungen lebten gefährlich, denn auf dieser Station wurden sie regelmäßig gerammt und einmal sogar versenkt. 1842 begann Alexander Mitchell, ein blinder Ingenieur, mit dem Bau eines auf Pfählen stehenden Leuchtturms, eine Methode, die vorher z. B. in der Dundalk Bay bereits erfolgreich angewendet worden war. Doch schon im November des gleichen Jahres wurde sein Werk in einem heftigen Sturm davongespült. Weitere Pläne zum Bau eines Leuchtturms wurden daraufhin zunächst aufgegeben, und man konzentrierte sich weiter auf die Verwendung von Feuerschiffen. Mit der GANNET wurde dann auf der Kish Bank auch das erste aller Feuerschiffe Irlands in Dienst gestellt, das Elektrizität zur Versorgung des Leuchtfeuers nutzte.

Im Anschluss an die Internationale Leuchtturm-Konferenz 1960 in Washington griffen die Commissioners of Irish Lights die Idee zum Bau eines Leuchtturmes wieder auf. Der Gedanke war, sich am Prinzip der Ölbohrplattformen zu orientieren, die mittlerweile weltweit erfolgreich genutzt wurden. Der Bau eines Leuchtturms auf der Kish Bank wurde ausgeschrieben.

Von den neun eingereichten Vorschlägen entschieden sich die Commissioners nach eingehender Prüfung für den Entwurf der dänischen Ingenieurfirma Christiani & Nielsen, die nach der Methode des Schweden Robert Gellerstadt einen Teleskopturm geplant hatte, der mithilfe von zwei Caissons gebaut werden sollte.

Im Sommer des Jahres 1963 begannen die Arbeiten für den **Kish Bank-Leuchtturm** im Kohlehafen von Dun Laoghaire. Mithilfe von Tauchern wurden Testbohrungen und seismische Untersuchungen auf der Sandbank durchgeführt. Parallel hierzu begannen die Arbeiter mit der Fertigung des Teleskopturmes. Die Arbeiten schritten schnell voran, doch im Dezember des gleichen Jahres sollten sie

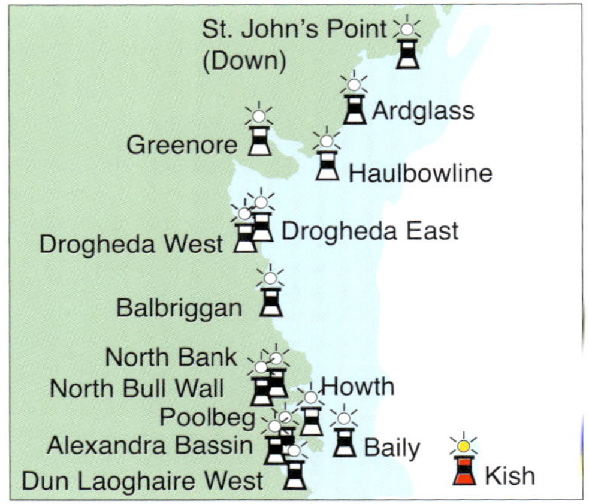

einen herben Rückschlag erleiden. Ein unerwartet aufziehender heftiger Sturm zerstörte Teile des inneren Hafens von Dun Laoghaire und mit ihm die Arbeit von mehreren Monaten am Leuchtturm. Eine Reparatur war nahezu unmöglich, und so musste der Bau von vorne beginnen.

Endlich, im Juni 1965, war es dann aber doch so weit, und das 7000 Tonnen schwere Objekt wurde aus dem Hafen geschleppt und ging auf seine rund acht Seemeilen lange Reise. Kurz vor Erreichen der berechneten Position schlug die Urgewalt der Natur jedoch ein zweites Mal zu. Die Schleppleinen wurden von der Kraft der Wellen zerrissen, und die Ingenieure mussten den Turm, wenn sie ihn nicht erneut verlieren wollten, notgedrungen an Ort und Stelle absenken, einige hundert Meter südlich von seiner bestimmten Position. Fast zwei Wochen befand sich der Turm in einer bedrohlichen Schräglage, bevor er aufgerichtet und richtig positioniert

Leuchtturm Kish Bank beim Landeanflug mit dem Servicehelikopter

Kish Bank

Int. No.:	A 5865
Position:	53°18,7'N 005°55,3'W
Baujahr:	1963–1965
In Betrieb:	1965
Turmhöhe:	31 m
Feuerhöhe:	29 m
Kennung:	Fl(2)W.20s
Tragweite:	22 sm
Optik:	Pharos-PRB-21-Scheinwerferbatterie
Ingenieur(e):	Christiani & Nielsen Ltd.

werden konnte. Der Teleskopturm wurde aufgerichtet bzw. ausgefahren, indem der innere Zylinder des Caissons mit Wasser geflutet wurde. Zuvor hatte man bereits den äußeren Caisson geflutet, um ihn auf den Meeresboden abzusenken. Um dem Turm nun die erforderliche Stabilität zu geben, wurden anschließend die Zwischenräume zwischen Turm und Caissons mit Flüssigbeton aufgefüllt. Die Wassertiefe am Kish Bank-Leuchtturm beträgt bei Niedrigwasser 17 m und bei Hochwasser knapp über 20 m. Während der nächsten vier Monate fand ein unaufhörlicher Shuttle-Transport für Einrichtung und Ausrüstung des neuen Leuchtturmes statt.

Am 9. November 1965 wurde der Leuchtturm **Kish Bank** (A 5865), nach seinem ersten Principal Keeper J. J. (Jack) Roche auch „Roche's Tower" genannt, in Betrieb genommen und gleichzeitig das Feuer-

Blick von der unteren Galerie auf das Helideck

schiff abgezogen. Der ultramoderne runde Turm aus Beton steht circa 3 Seemeilen seewärts vor der Dublin Bay. Kish Bank ist weiß gestrichen und trägt ein rotes Band. Insgesamt ist er 31 m hoch, und seine Feuerhöhe ist mit 29 m verzeichnet.

Die erste von der Firma Stone-Chance Ltd. (Crawley, England) gefertigte optische Einrichtung bestand aus zwei um 180° versetzten Gestellen mit je vier Parabolspiegeln aus eloxiertem Aluminium mit einem Durchmesser von 18 Inch (45,72 cm) und einer Tiefe (Brennweite) von 6 Inch (15,24 cm). Jeweils zwei Parabolspiegel waren übereinander und um 24° versetzt montiert. Als Lichtquelle wurden L-23-750-Watt-/110-Volt-Glühlampen verwendet. Die Apparatur rotierte einmal pro Minute und erzeugte als Kennung zwei weiße Blitze mit einer Wiederkehr von 30 Sekunden (Blitz 1 Sekunde, Dunkelphase 3 Sekunden, Blitz 1 Sekunde, Dunkelphase 25 Sekunden). Die Tragweite des Leuchtfeuers betrug 28 Seemeilen. Bei klarsichtigem Wetter wurden die Glühlampen mit einer Spannung von 95 Volt betrieben. Die Lichtstärke betrug 2 000 000 Candela. Bei unsichtigem Wetter, also Nebel, wurde die Spannung auf die maximalen 110 Volt erhöht und damit die Lichtstärke auf 3 000 000 Candela. Die kalkulierte Standzeit der Glühlampe betrug bei 95 Volt 575 Stunden, bei 110 Volt jedoch nur 100 Stunden.

Direkt über der Laterne wurde die Helikopterplattform, eine Aluminiumkonstruktion, installiert. Bis zu seiner Automatisierung 1992 war der Kish

Die Optik von Kish Bank bis 1992

Bank für die Leuchtturmwärter ein nahezu luxuriöser Turm. Neben den großzügig ausgestatteten Wohnräumen, modernen Badezimmern und einem eigenen Fernsehraum verfügt der moderne Turm über separate Schlafräume für jeden Keeper.
Mit der Automatisierung 1992 wurde auch die optische Einrichtung erneuert. Kish Bank verfügt heute über eine Pharos-PRB-21-Scheinwerferbatterie mit 40-Watt-/12-Volt-Halogenlampen. Sein Licht, zwei weiße Blitze alle 20 Sekunden (Blitz 0,4 Sekunden, Dunkelphase 3,6 Sekunden, Blitz 0,4 Sekunden, Dunkelphase 15,6 Sekunden), ist noch in einer Entfernung von 22 Seemeilen zu erkennen. Das 1972 installierte Nebelhorn sendet bei schlechter Sicht innerhalb von 30 Sekunden zwei Schallsignale von je 3 Sekunden Dauer.

Balbriggan – St. John's Point (Co. Down)

Am frühen Nachmittag verließ ich die Halbinsel Howth, um weiter auf der E 1 in Richtung Norden zu fahren. Nächster Halt war Balbriggan, ein kleiner unscheinbarer Fischerhafen. 1769 wurde hier am Ende des Piers der **Balbriggan-Leuchtturm** (A 5908) als Seefeuer erbaut, um zum einen den Hafeneingang zu markieren, aber gleichzeitig auch als Navigationshilfe für die Schiffe, die sich im Seegebiet der irischen Ostküste befanden.
Während der ersten 40 Jahre von 1769 bis 1811 war ein Geistlicher der „Hüter des Lichts". Für seine Dienste erhielt Reverend George Hamilton

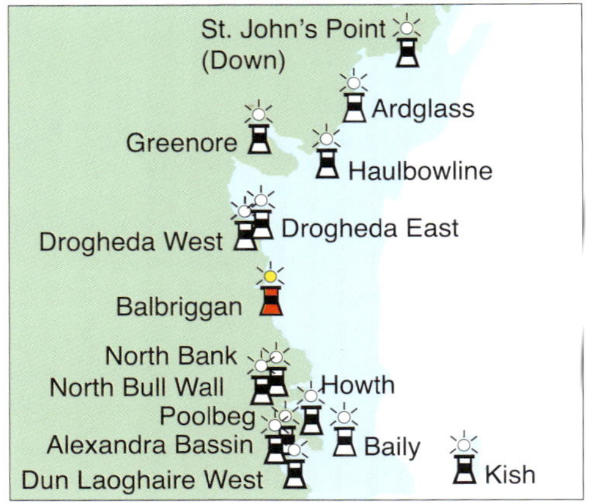

200 Pfund pro Jahr, ein willkommener Nebenverdienst für den Kirchenmann. Er musste dafür sorgen, dass die Kerzen, die sich in einem eisernen Rahmen befanden, stetig brannten. Je nach Wetterlage wurden zwei bis sieben Kerzen angezündet. Als Reverend Hamilton als Leuchtturmwärter in Ruhestand ging, empfahl er dringend die Erhöhung des Turmes, weil das Laternenglas mehrfach bei heftiger See zerstört worden war. Es dauerte aber noch bis 1820, bevor das Ballast Board diese Empfehlung umsetzte. Fünf Öllampen mit Reflektoren traten jetzt an die Stelle der Kerzen. Wann diese durch eine „modernere" Einrichtung ersetzt wurden, ist nicht bekannt. Als dann im Juli 1860 der Rockabill-Leuchtturm in Betrieb genomen wurde, verlor Balbriggan seine Funktion als Seefeuer und wurde zu einem weniger bedeutenden Hafenfeuer degradiert.
Die Laterne ist um 1960 abgebaut worden, und auf

Das Hafenfeuer Balbriggan nach dem Abbau der Laterne

dem 16 m hohen runden weißen Steinturm befindet sich nur noch eine kleine Seelaterne. Die Kennung ist mit drei Blitzen von je einer Sekunde Dauer angegeben. Die Tragweite des weißen Feuers beträgt 13, die des roten und des grünen Feuers jeweils 10 Seemeilen. Balbriggan wurde 1960 an das Stromnetz angeschlossen und bei dieser Gelegenheit gleichzeitig automatisiert. Seit 1989 ist das Dublin Port & Docks Board für das Balbriggan-Leuchtfeuer zuständig.
Circa 20 Kilometer weiter nördlich, ganz im Süden von Irlands kleinster Grafschaft Louth, liegt Drogheda. Die lebendige Hafen- und Industriestadt (24 000 Einwohner), einst von den Wikingern

gegründet, macht heute einen etwas heruntergekommenen Eindruck, aber die Spuren der Geschichte sind allgegenwärtig, denn Drogheda war im 17. Jahrhundert Schauplatz zweier wichtiger Ereignisse in der Geschichte Irlands.
Nach der Enthauptung Charles I. im Jahre 1649 war Oliver Cromwell mit 12 000 Soldaten in Irland gelandet. Erstes Opfer der Cromwell'schen Truppen auf ihrem Rachefeldzug gegen die aufständischen Iren wurde Drogheda. In einem gewaltigen Massaker ließ Cromwell mehr als 2000 Menschen in der St. Peter's Church niedermetzeln.
40 Jahre später standen sich in der Schlacht am Boyne Englands König Jakob II. und Wilhelm III. von Oranien gegenüber. Nachdem Jakob II. 1685 zum König von England gekrönt worden war, wurde er schon wenige Jahre später (1688) wieder abgesetzt und durch seine Tochter Mary und ihren Mann Wilhelm III. von Oranien ersetzt. Jakob II.

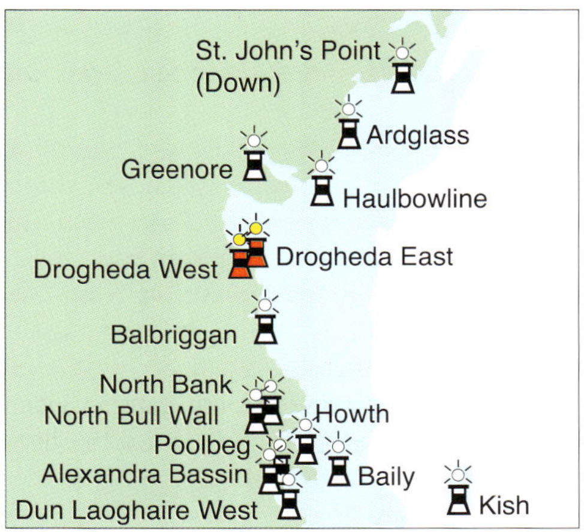

Das alte Leuchtfeuer Drogheda East

floh nach Irland und wurde dort von den katholischen Iren unterstützt, doch seine 25 000 Mann starke Truppe war gegen die 37 000 kampferprobten Soldaten des Oraniers machtlos. Jakob II. musste erneut fliehen und ging nach Frankreich ins Exil. Der Sieg Wilhelms von Oranien bedeutete den Triumph der protestantischen Nation über Irland und wird bis heute in Umzügen von den Protestanten in Nordirland gefeiert, was regelmäßig zu gewalttätigen Auseinandersetzungen mit der katholischen Bevölkerung führt.
Da vor der Flussmündung des Boyne mehrere Sandbänke liegen, schrieben die Drogheda Harbour Commissioners 1838 an das Ballast Board und forderten dort ein Leuchtfeuer. Eine Inspektionsreise unter der Leitung von George Halpin Senior

Der alte Metallgitterturm Drogheda West

kam zu der Empfehlung, am Eingang des Boyne zwei oder gegebenenfalls auch drei Leuchtfeuer zu errichten. Wegen der hohen zu erwartenden Kosten führte Trinity House im Juni 1839 noch einmal eine zweite Inspektion vor Ort durch. Auch diesmal kam man zu dem Ergebnis, drei Leuchtfeuer aufzustellen, um die erforderliche Sicherheit zu gewährleisten. Am 1. März 1842 wurden sie schließlich in Betrieb genommen.
Da sowohl die Sandbänke als auch die Dünen am Strand regelmäßig wanderten, wurden die Leuchtfeuer als bewegliche Konstruktionen ausgeführt, um bei Bedarf eine Positionsveränderung zu ermöglichen. Das ursprünglich als Baumaterial verwendete Holz wurde später durch Metall ersetzt. Im Herbst 1953 wurden die Leuchtfeuer auf elek-

trische Energieversorgung umgestellt, und am 24. November des gleichen Jahres automatisiert. Zuletzt waren zwei Leuchtturmwärterinnen für die Leuchtfeuer verantwortlich.

Von den ursprünglich drei Leuchtfeuern standen bei meinem Besuch nur noch zwei in den Dünen einige hundert Meter vom Wasser entfernt. Zum einen das Ostfeuer **Drogheda East,** ein 7 m hoher schwarzer Metallgitterturm mit weißer Laterne. Dort wurden zwei übereinander stehende Optiken IV. Ordnung verwendet. Das Feuer war weiß und unterbrochen, mit einer Tragweite von 15 Seemeilen.

150 m weiter landeinwärts, in einer Feuerlinie mit Drogheda East, wurde der zweite Metallgitterturm (8 m) **Drogheda West** errichtet. Bis auf seine rote Galerie glich er dem Ostfeuer. Auch die Kennung war identisch. Hier wurde eine Optik mit der ungewöhnlichen Brennweite einer 530-mm-Linse verwendet. Die Tragweite betrug 17 Seemeilen. Beide Leuchtfeuer wurden am 21. Juni 2000 gelöscht. An ihre Stelle trat das 10 m hohe moderne **Drogheda Port Approach-Leuchtfeuer** (A 5910.5). In den Mitteilungen für die Seefahrer vom 20. Februar 2002 haben die Commissioners of Irish Lights bekannt gegeben, dass die beiden Drogheda-Leuchtfeuer nunmehr vollständig abgebaut worden sind.

Etwa auf halbem Weg zwischen Dublin und Belfast gelegen, erreichte ich auf der M 1/E 1 die Industriestadt Dundalk, die letzte größere Stadt vor der Grenze zu Nordirland, die sozusagen das Tor zur Halbinsel Cooley bildet. Über die R 173 fuhr ich auf der Halbinsel Cooley bis nach Carlingford, einem malerischen Fischerdorf, schön zwischen den Monroe-Bergen und den Wassern des Carlingford Lough gelegen. Die Grenze zu Nordirland verläuft hier mitten durch die Bucht.

Ganz in der Nähe von Carlingford wurde 1828–1830 am Greenore Point von George Halpin Senior das 12 m hohe **Greenore-Hafenfeuer** aus Backsteinquadern erbaut und am 20. Dezember 1830 zum ersten Mal gezündet. Als erste Lichtquelle diente eine Öllampe mit einem versilberten Kupferspiegel auf einer Feuerhöhe von 8,8 m. Nachdem die Kapitäne der „Dundalk & Newry Steam

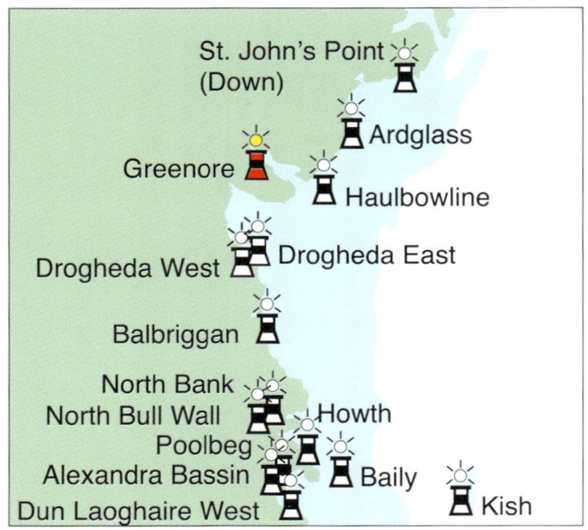

Packet Company" sich immer wieder über die durch den Neubau des Bahnhofs und des einzigen Hotels bedingte schlechte Sicht auf das Licht beklagt hatten, wurde kurzfristig über die Verlegung des Leuchtfeuers nachgedacht, die Idee dann aber nicht weiterverfolgt. Stattdessen wurde auf

Das Hafenfeuer Greenore am Carlingford Lough war bis 1986 in Betrieb

dem Pier auf einer 9 m hohen weißen Betonsäule ein Unterfeuer eingerichtet, mit dem der Greenore-Leuchtturm als Oberfeuer über viele Jahre eine Feuerlinie bildete. Am 27. Oktober 1955 wurde die zwischenzeitlich verwendete Petroleumdampflampe ausgebaut und das Leuchtfeuer elektrifiziert. Über 150 Jahre hat das alte Greenore-Feuer die Einfahrt zum Carlingford Lough markiert, bevor es am 1. August 1986 gelöscht wurde. Als letzte Kennung hatte Greenore Point ein weißes

Blitzfeuer mit einer Tragweite von 14 Seemeilen. Heute steht der weiße runde Steinturm unbeachtet und bedeutungslos in leider schlechtem Zustand direkt neben einem Fabrikgelände – ein trauriger Anblick.

Da es über den Carlingford Lough weder eine Brücke noch eine Fährverbindung gibt, musste ich zunächst wieder landeinwärts bis Warrenpoint und von dort auf der anderen Seite der Bucht zurück zur Küste bis nach Kilkeel und zum Cranfield Point fahren, um mein nächstes Ziel zu erreichen. Vom Campingplatz am Ufer des Carlingford Lough hatte ich einen guten Blick auf den **Leuchtturm Haulbowline** (A 5928), einem weiteren der Carlingford-Leuchtfeuer. Haulbowline steht etwa 200 m vom Ufer entfernt im Wasser und ist nur bei Niedrigwasser zu Fuß erreichbar, doch die Gezeiten stimmten nicht mit meinem Reisezeitplan überein. Auch dieser 34 m hohe graubraune runde Granitturm wurde von George Halpin Senior entworfen und auf einem viereckigen Fundament errichtet. Am 1. September 1824 wurde das Feuer zum ersten Mal gezündet. Ursprünglich war der Turm weiß gestrichen, doch 1946 wurde er wieder in seinen natürlichen steinfarbenen Zustand versetzt.

Haulbowline

Int. No.:	A 5928
Position:	54°01,2'N 006°04,7'W
Baujahr:	1824
In Betrieb:	1824
Turmhöhe:	34 m
Feuerhöhe:	32 m
Kennung:	Fl(3)W.10s
Tragweite:	17 sm
Optik:	Pharos PRB 45 MK II
Ingenieur(e):	George Halpin Senior

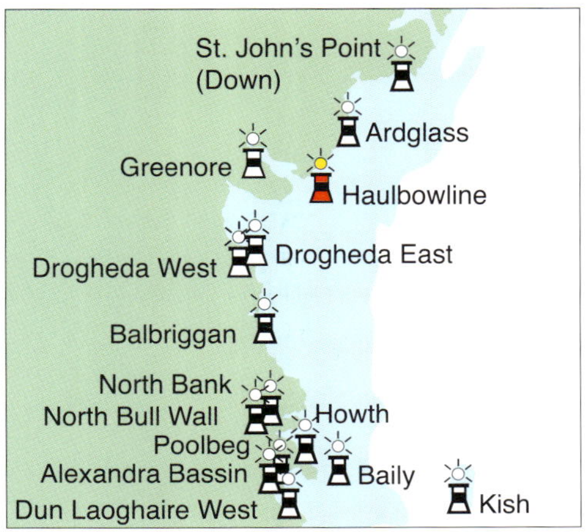

Haulbowline wurde nach Forderungen der Handelsgesellschaft von Newry als Ersatz für das Cranfield Point Lighthouse gebaut und dient einerseits als Seefeuer, aber gleichzeitig auch dazu, die Schiffe sicher in die Einfahrt zum Carlingford Lough zu führen. Eine zusätzliche Laterne, ungefähr auf halber Höhe des Turmes, zeigte bis 1922 die Ebbe an. Am Tage wurde zu diesem Zweck an einem Mast oberhalb des Laternenhauses ein großer Ball aufgezogen.

Die erste optische Einrichtung bestand aus Parabolspiegeln und mit Walöl befüllten Öllampen. Haulbowline zeigte anfänglich ein festes weißes Feuer. Gegenwärtig ist im Laternenhaus eine Pharos-PRB-45-MK-II-Laterne installiert. Die Kennung ist mit drei weißen Blitzen alle 10 Sekunden und einer Tragweite von 17 Seemeilen angegeben. Ein rotes Festfeuer bezeichnet die Richtungsänderung des Fahrwassers und ist von 196°–208° sichtbar. Die Feuerhöhe beträgt 21 m, die Tragweite 9 Seemeilen. Das Reservefeuer besteht

Leuchtturm Haulbowline im Carlingford Lough bei auflaufendem Wasser

Leuchtfeuerstation St. John's Point Co. Down in Nordirland

aus einer Tideland-ML-300-Laterne mit einer 60-Watt-/10,3-Volt-Glühlampe. Als Nebelsignal diente ab September 1888 zunächst eine Glocke, die alle 30 Sekunden geschlagen wurde. 1932 wurde sie durch ein Diafon ersetzt. Seit 1965 ist bei schlechter Sicht alle 30 Sekunden ein elektrisches Nebelhorn zu hören. Am irischen Nationalfeiertag 1965 – dem St. Patrick's Day – wurde der Leuchtturm elektrifiziert und als erster nicht auf dem Festland stehender irischer Turm automatisiert.

Ich verließ den Cranfield Point auf der N 2 in Richtung Newcastle und umfuhr die Dundrum Bay, um zur Leuchtfeuerstation **St. John's Point** (A 5958) in

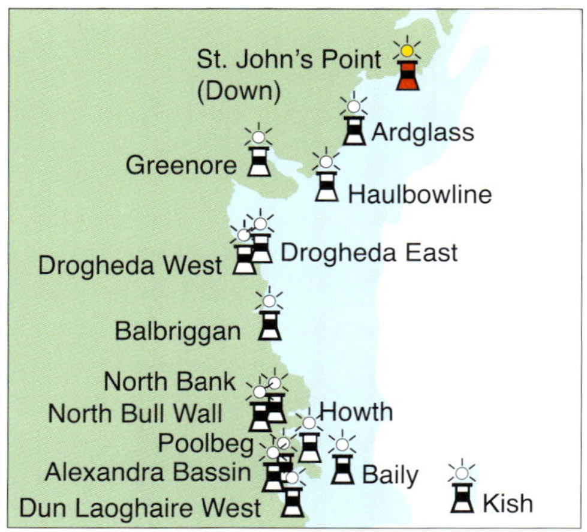

St. John's Point (Co. Down)

Int. No.:	A 5958
Position:	54°13,6'N 005°39,5'W
Baujahr:	1843
In Betrieb:	1844
Turmhöhe:	40 m
Feuerhöhe:	37 m
Kennung:	Q(2)W.7,5s
Tragweite:	23 sm
Optik:	Zwei Optiken I. Ordnung übereinander
Ingenieur(e):	George Halpin Senior und P. R. Browne

der Grafschaft Down zu gelangen, circa 2 Meilen südlich des Dorfes Killough. Als ich ankam, war der Attendant Henry Henvy gerade dabei, sein kleines Boot zu Wasser zu lassen, um Hummerkörbe auszulegen. Nach 25 Jahren Dienst als Leuchtturmwärter ist die Pension nicht gerade üppig, und so hat sich Henry, wie die meisten pensionierten Keeper, einen kleinen Nebenverdienst gesucht.

Aufgrund des Rundschreibens der Commissioners of Irish Lights hatten Henry und seine Frau Mary bereits seit zwei Tagen auf mich gewartet. Als Vertrauensbeweis bekam ich die Schlüssel für die gesamte Leuchtfeuerstation überreicht und konnte auf Entdeckungstour gehen.

Nachdem bereits 1839 der Entschluss zum Bau eines Leuchtfeuers am St. John's Point gefallen war, wurde der Turm aus finanziellen Gründen erst 1843

St. John's Point erhielt seine ungewöhnliche Farbkennung 1954

gebaut. Den Entwurf hatte auch hier George Halpin Senior geliefert, die Bauleitung hatte Captain P. R. Browne. Am 1. Mai 1844 wurde das Leuchtfeuer in Betrieb genommen, um die Schiffe sicher in die Dundrum Bay zu führen, eine Bucht, die einen traurigen Ruf als Schiffsfriedhof genoss.
St. John's Point ist heute 40 m hoch, nachdem er 1893 fast um das Doppelte erhöht worden war. Er steht direkt am Ufer nur wenige Meter über dem Wasser, seine Feuerhöhe beträgt 37 m. Im Originalzustand war St. John's Point weiß, bis er 1902 drei schwarze Bänder erhielt. Im Rahmen von Renovierungsarbeiten an den Gebäuden der Leuchtfeuerstation wurde die Farbkennung abermals geändert, und so trägt der Turm nun seit 1954 seine ungewöhnliche Bemalung – zwei gelbe Bänder auf schwarzem Grund.
Als erste optische Einrichtung wurde auf der Leuchtfeuerstation ein Parabolspiegel verwendet. Als Lichtquelle diente bis 1875 eine Öllampe, in der überwiegend Walöl als Leuchtmittel verwendet wurde. Ab dem 27. Mai 1875 nutzte man Kohlegas, das an der Station selber produziert wurde, zur Lichterzeugung. Die heute noch existierende Zwillingsoptik mit 920 mm Brennweite wurde im März 1909 unter Leitung des Ingenieurs C. W. Scott installiert. Gleichzeitig wurde eine Petroleum-Glühstrumpflampe eingebaut.
Am 18. Februar 1981 erfolgte der Anschluss an das örtliche Stromnetz. Das Hauptfeuer hat eine Stärke von 423 000 Candela und zeigt ein weißes Funkelfeuer mit Gruppen von zwei Funkeln, die alle 7,5 Sekunden wiederkehren. Die Glühlampe hat eine Leistung von 1000 Watt bei 100 Volt Spannung. Die Tragweite des Hauptfeuers beträgt 25 Seemeilen. In einem der Fenster des dritten Stockwerkes ist ein Nebenfeuer mit einem weißen und einem roten Sektor installiert. Es wird eine Optik mit 150 mm Brennweite verwendet. Die Kennung ist ein Blitz von einer Sekunde Dauer bei einer Wiederkehr von 3 Sekunden. Die Tragweiten betragen 15 Seemeilen für den weißen und 11 Seemeilen für den roten Sektor. Auf der Galerie

Laterne mit 920-mm-Zwillingsoptik (links); Oberteil der Zwillingsoptik I. Ordnung

des Leuchtturms ist darüber hinaus eine Tideland-ML-300-Laterne mit einer 60-Watt-/10,3-Volt-Glühlampe als Reservefeuer vorgehalten. Am 31. März 1981 wurde die Automatisierung der Leuchtfeuerstation abgeschlossen.
Als Nebelsignal diente ab 1893 zunächst eine Sirene, die erst 1981 durch ein Horn ersetzt wurde, das alle 60 Sekunden zweimal durch den Nebel der Dundrum-Bucht dringt.

Ardglass – Ferris Point

Nur wenige Autominuten entfernt liegt der kleine Fischerort Ardglass, einst einer der geschäftigsten Häfen Ulsters. Zum Schutz des Hafens wurden hier vom 14.–16. Jahrhundert zahlreiche Burgen errichtet, von denen heute noch sechs zu sehen sind; nur das Jordan's Castle kann besichtigt werden.

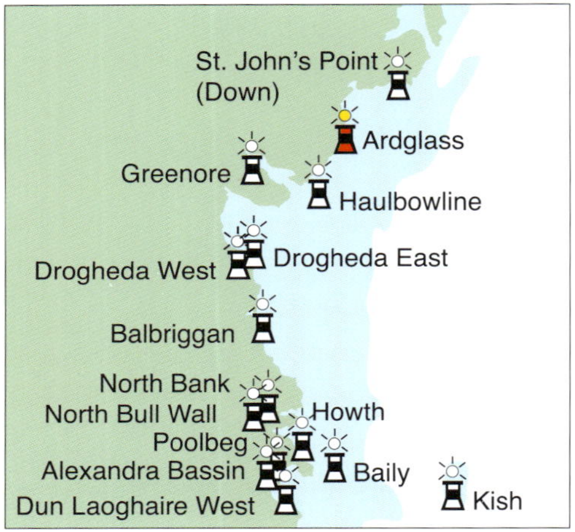

Der Hafen von Ardglass ist heute durch das **Ardglass Habour Pier Light** (A 5962) auf der inneren Hafenmole befeuert. Das Molenfeuer wurde am 1. Juni 1887 in Betrieb genommen. Ein erstes Hafenfeuer soll bereits 1813 geleuchtet haben, es wurde jedoch 1838 in einem gewaltigen Sturm völlig zerstört. Bis zur Indienststellung des neuen Molenfeuers diente die Laterne eines alten Feuerschiffs zur Hafenbefeuerung. Der 10 m hohe runde weiße Metallturm steht auf einem rechteckigen Podest aus Stein, umrahmt von einem roten Geländer. Die Laterne ist weiß, die Galerie rot. Der Nautiker auf einem einlaufenden Schiff sieht ein Gleichtaktfeuer mit einer Wiederkehr von 4 Sekunden. Ein grüner Sektor, von der Küste bis 308°, und ein roter, von 314° bis zur Küste, warnen vor Kursabweichungen. Der weiße Leitsektor ist mit 6° (308°–314°) verhältnismäßig schmal.

Hafenfeuer Ardglass am Kopf der inneren Hafenmole

Auf der N 1 führte mein Weg weiter nach Downpatrick, der Hauptstadt der Grafschaft Down. Hier soll Irlands Nationalheiliger unter dem Hauptaltar der St. Patrick's Cathedral begraben liegen, dort, wo er 432 seine erste Kirche in Irland errichtete. Ein Granitblock mit der Aufschrift „Patric" ziert die vermutete Grabstätte. Über Comber und Newtownards kehrte ich zurück an die Küste und erreichte Donaghadee auf der Halbinsel Ards, circa 20 Kilometer östlich von Belfast.

Nachdem die drei bis fünf Kilometer vor Donaghadee gelegene Copeland-Inselgruppe bereits zahlreiche Schiffsopfer gefordert hatte, baute Sir John Rennie (1794–1874) 1836 am Kopf der südlichen Hafenmole **Donaghadee South Pier Head** (A 5974). Die Pläne hatte sein Vater John Rennie (1761–1821) geliefert, der auch für sich in Anspruch nahm, den berühmten Leuchtturm Bell Rock an der schottischen Ostküste entworfen zu haben – eine Tatsache, die von Robert Stevenson als verantwortlichem Ingenieur bestritten wurde. Er behauptete, dass der Entwurf des Bell Rock allein von ihm stammte. Dies war der Beginn einer jahrzentelangen heftigen Debatte zwischen Rennies Sohn Sir John und der schottischen Leuchtturmarchitekten-Familie Stevenson.

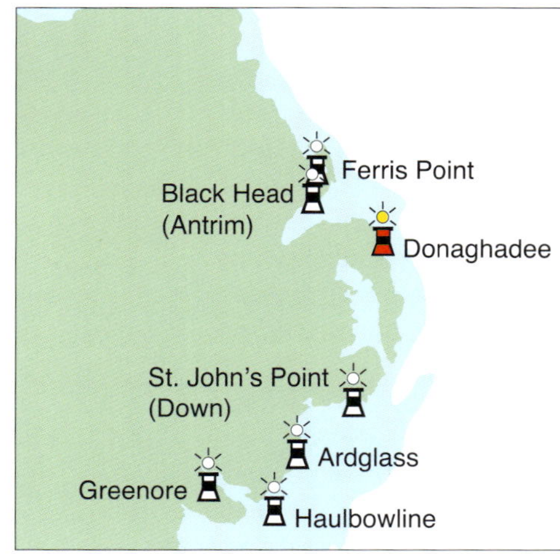

Bereits ab 1662 bestand von Donaghadee zum 22 Seemeilen entfernten Portpatrick an der schottischen Westküste eine wichtige Schiffsverbindung.

Leuchtfeuer Donaghadee am Kopf der Hafenmole, im Vordergrund ein Kreuzer der irischen Seenotrettungsgesellschaft

Donaghadee

Int. No.:	A 5974
Position:	54°38,7'N 005°31,8'W
Baujahr:	1836
In Betrieb:	1836
Turmhöhe:	16 m
Feuerhöhe:	17 m
Kennung:	Iso.WR.4s
Tragweite:	Weiß 18 sm, Rot 14 sm
Optik:	Katadioptrische Optik IV. Ordnung
Ingenieur(e):	John Rennie u. Sir John Rennie

Erst als beide Häfen wegen der immer größer werdenden Schiffe zu klein wurden, richtete man 1871 eine neue Route von Larne nach Stranraer ein. Der runde weiße Turm ist aus Kalkstein gebaut. Donaghadee ist 16 m hoch und hat ein schwarzes Fundament. Die achteckige Laterne und die Galerie sind in Weiß gehalten. Das Leuchtfeuer markiert die Hafeneinfahrt und scheint in Richtung des Belfast Lough.

Mit Inbetriebnahme wurden als leuchtfeuertechnische Einrichtung zunächst sieben Parabolspiegel mit Öllampen verwendet. Der Molenturm zeigte zu dieser Zeit ein festes weißes Feuer. Am 12. Mai 1900 zerstörte ein Feuer die gesamte Laterne mitsamt der Optik. Die Reparaturarbeiten dauerten bis September des gleichen Jahres. Als Ersatz wurden eine katadioptrische 250-mm-Optik und ein Petroleumbrenner eingebaut. Im Oktober 1934 wurde Donaghadee als erstes Leuchtfeuer an der irischen Küste elektrifiziert und gleichzeitig automatisiert. Als Lichtquelle dient eine L-11-1000-Watt-Glühlampe in einem automatischen Lampenwechsler. Donaghadee ist ein Gleichtaktfeuer (Wiederkehr 4 Sekunden) mit einem weißen und roten Sektor. Die Tragweite für das weiße Feuer beträgt 18 und für das rote Feuer 14 Seemeilen.

1953 wurde auf der Galerie eine Nebelsirene installiert, die bei schlechter Sicht alle 12 Sekunden aktiviert wurde. Sie ist heute nicht mehr in Betrieb.

Nächstes Ziel auf meiner „Leuchtturm-Safari" war die Halbinsel Magee, wo zwei weitere Leuchttürme stehen. Dazu musste ich zunächst einmal den Belfast Lough umfahren, und so ging es über die Küstenstraße nach Bangor und weiter auf der Stadtautobahn durch Belfast, Irlands zweitgrößter Stadt und Hauptstadt Nordirlands.

Hinter Belfast gelangt man auf der Küstenstraße in das Städtchen Carrickfergus, das rund um eine gewaltige Burg entstanden ist. Mit ihrem Bau im Jahre 1180 wollte John de Courcy, der Anführer des anglo-normannischen Heeres, das nach Zerstörung Leinsters durch Strongbow in Ulster eingefallen war, die Zufahrt zum Belfast Lough kontrollieren. Carrickfergus Castle steht auf einem Felsen mit Blick auf den Hafen und ist die besterhaltene normannische Burg Irlands.

Leuchtfeuerstation Black Head in der Grafschaft Antrim

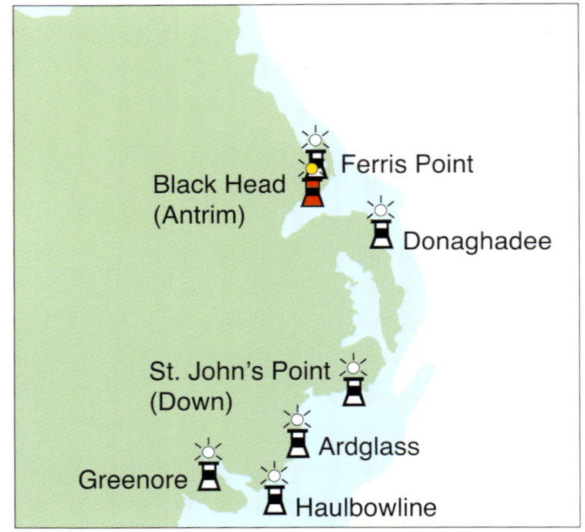

Mittlerweile war ich in der Grafschaft Antrim angekommen. An der Südspitze der „Island Magee", einer Halbinsel, steht nahe der Ortschaft Whitehead der Leuchtturm **Black Head** (A 6028). Black Head wurde hier am Nordufer des Belfast Lough im Jahre 1901 nach einem Entwurf von William Douglass gebaut und 1902 zum ersten Mal gezündet.

Empfangen wurde ich von Johnny Connell, dem kauzigen und über 90-jährigen letzten Leuchtturmwärter der Station, dem die Commissioners of Irish Lights nach über 60 Jahren „seinen" Turm als Altersruhesitz zur Verfügung gestellt hatten. Zunächst hielt er mich für einen Mitarbeiter der Seezeichenbehörde und beklagte sich laut schimpfend über seine geringe Pension. Als er dann jedoch mitbekam, dass ich ein deutscher Leuchtturmfreund bin, da zeigte auch er das stets freundliche irische Gesicht und erzählte bereitwillig von seinem langen Leben als Leuchtturmwärter.

Ursprünglich war der achteckige Granitturm rot gestrichen, sein heutiges schneeweißes Aussehen erhielt er erst am 20. August 1929. Der Turm (16 m) selber steht einige Meter abgesetzt von den übrigen Gebäuden am Rand der Klippen, Turm und Diensträume sind mit einem Gang verbunden. Aufgrund seines Standortes beträgt die Feuerhöhe von Black Head 45 m. In der Laterne befindet sich eine katadioptrische Optik I. Ordnung. Als Lichtquelle wurde zunächst eine Petroleum-Glühstrumpflampe verwendet. Seit dem 23. September 1965 wird Black Head mit elektrischer Energie versorgt. Das Licht liefern nun 400-Watt-MBI-Glühlampen in einem UVLA-Lampenwechsler. Mit der Elektrifizierung wurde auch die Lichtstärke und damit die Tragweite auf 27 Seemeilen erhöht. Als Reservefeuer verfügt die Leuchtfeuerstation über eine Tideland-ML-300-Laterne mit einer 60-Watt-/10,3-Volt-Glühlampe.

Die Leuchtfeuerstation hatte von Beginn an ein Nebelsignal. Mithilfe von Schießbaumwolle wurde bei schlechter Sicht alle fünf Minuten ein Knall-

Black Head (Co. Antrim)

Int. No.:	A 6028
Position:	54°46,0'N 005°41,3'W
Baujahr:	1901
In Betrieb:	1902
Turmhöhe:	16 m
Feuerhöhe:	45 m
Kennung:	Fl.W.3s
Tragweite:	27 sm
Optik:	Katadioptrische Optik I. Ordnung
Ingenieur(e):	William Douglass

signal erzeugt. Ab September 1965 verstärkte man den Explosionsknall mit einem zusätzlichen Lichtblitz. Im Februar 1972 wurde das zuletzt verwendete Nebelsignal der Station, ein Nebelhorn, außer Betrieb genommen. Drei Jahre später, am 31. Juli 1975, fand die Automatisierung des Leuchtfeuers statt.

Bis zur Nordspitze der Island Magee und zur nächsten Leuchtfeuerstation **Ferris Point** (alt A 6032) sind es nur wenige Kilometer auf der N 90.

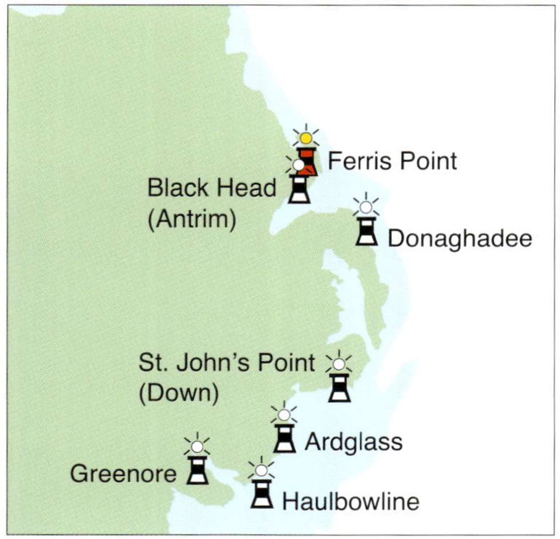

Am 19. Mai 1831 erhielt das Ballast Board ein Memorandum der Händler von Larne, in dem ein Leuchtturm am Eingang des Larne Lough gefordert wurde. Es sollte entweder am Sandy Bay

Der Leuchtturm Black Head wurde 1901 nach einem Entwurf von William Douglass erbaut.

Ferris Point

Int. No.:	A 6032 (alt)
Position:	54°51,1'N 005°47,3'W
Baujahr:	1975/76
In Betrieb:	bis 1994
Turmhöhe:	16 m
Feuerhöhe:	18 m
Kennung:	Iso.WRG.10s
Tragweite:	Weiß 17 sm, Rot 13 sm, Grün 13 sm
Optik:	Katadioptrische Gürteloptik IV. Ordnung
Ingenieur(e):	–

Point oder Ferris Point gebaut werden. Das Board beauftragte George Halpin Senior mit der Prüfung dieses Ansinnens. Dieser hielt die Forderung nach einem Licht gerechtfertigt und empfahl, das Leuchtfeuer am Ferris Point zu errichten. 1835 begannen die Bauarbeiten. Im Oktober meldete Halpin, dass die Arbeiten nahezu abgeschlossen seien und die Seezeichenbehörde in ihren Mitteilungen für Seefahrer bekannt geben könne, dass das Leuchtfeuer am 1. Februar 1839 in Betrieb genommen würde.

Der erste Leuchtturm hatte einen Durchmesser von 3,6 m und eine Höhe vom Sockel bis zur Laternenkuppel von fast 15 m. Als Baumaterial verwendete Halpin Yorkshire-Sandstein und Granit. Die restlichen Gebäude der Station wurden ein Jahr nach der Inbetriebnahme des Leuchtfeuers

Der letzte Leuchtturm am Ferris Point war von 1967 bis 1994 in Betrieb.

fertiggestellt. Insgesamt hat der Bau der Leuchtfeuerstation 7369 Pfund gekostet. Etwa eine Meile entfernt, am Barr Point, wurde zusätzlich eine Nebelglocke aufgestellt.

Das erste feste weiße Feuer wurde mithilfe von acht Öllampen und acht auf der Innenseite versilberten Kupferreflektoren erzeugt, die jeder einen Durchmesser von 55 cm hatten. Sie sollten bis zur Umstellung des Ferris Point auf elektrische Energie genutzt werden. Nur die Öllampen wurden zwischenzeitlich durch modernere Petroleum-Glühstrumpflampen ausgetauscht.

Der Antrieb für die Nebelglocke wurde bereits ab 1905 elektrifiziert. Der Strom wurde mittels mehrerer gasbetriebener Motoren und Dynamos an der Leuchtfeuerstation erzeugt und mit überirdischen Stromkabeln zum Barr Point geleitet. Darüber hinaus existierte eine Telefonleitung, über die die Leuchtturmwärter vom Ferris Point aus das Läuten der Nebelglocke und das ordnungsgemäße Laufen des dazugehörenden Antriebs überwachen konnten, ohne selber vor Ort sein zu müssen. Nachdem der **Chaine Tower** (A 6031) auf der entgegengesetzten Seite des Larne Lough am 5. Oktober 1905 automatisiert worden war, übertrug man den Keepern von Ferris Point auch hierfür die Verantwortung. Bereits 1903 war ihnen auch die Zuständigkeit für den **Maidens-Leuchtturm** (A 6042) zugewiesen worden.

1931 wurde die Nebelglocke am Barr Point durch eine mit Azetylengas betriebene Nebelkanone der Firma Moyes & Sons ersetzt. Nachdem die SS CLEW-BAY am 2. April 1949 vor Island Magee auf Grund gelaufen war, entschloss man sich, eine stärkere Nebelschallanlage zu installieren. Am 1. Januar 1959 wurde die neue Anlage zum ersten Mal eingesetzt. Es handelte sich nun um ein Typ-„G"-Diafon der Firma Chance Ltd. aus Crawley in Sussex. Die erforderliche Druckluft lieferten Reavell-Kompressoren. Die alte Azetylen-Kanone wurde in Reserve gehalten. 1969 wurde die Reserveschallanlage dann durch ein Supertyphon ausgetauscht, um für Notfälle angemessen gewappnet zu sein.

Am 12. November 1957 wurde die Station Ferris Point auf Elektrizität umgestellt. Gleichzeitig erhielt der Leuchtturm ein neues Laternenhaus und eine neue optische Einrichtung. Ferris Point hatte nun eine 500-mm-Optik aus Pressglas und zwei elektrische Glühlampen in einem Lampenwechsler.

In den frühen 1970er-Jahren leiteten die Commissioners of Irish Lights ein Modernisierungsprogramm ihrer Seezeichen ein. In diesem Rahmen erhielt die Leuchtfeuerstation am Ferris Point einen völlig neuen Leuchtfeuerträger.

Der 137 Jahre alte traditionelle Backsteinturm musste einem 16 m hohen ultramodernen Betonturm weichen, der vom Design her an den Tower eines Flughafens erinnert. Über dem rechteckigen Treppenhaus befindet sich der sonnenverglaste

Der moderne Leuchtturm Ferris Point (links); die Gürteloptik mit 250 mm Brennweite

Wachraum, von dem aus eine Treppe zum halbrunden Laternenraum führt. Zur Seeseite hin ist das Treppenhaus teilweise verglast und beleuchtet. Mit Sonnenuntergang des 2. April 1976 wurde das Feuer auf dem neuen Turm zum ersten Mal gezündet. Die optische Einrichtung bestand aus einer katadioptrischen Gürteloptik IV. Ordnung mit einer Brennweite von 250 mm und zwei nur 10 cm großen 1000-Watt-/120-Volt-Halogenlampen.

Nach einer Inspektion aller Navigationshilfen am Larne Lough entschied man sich 1991 in Dublin, das Licht am Ferris Point zu löschen. Im Hintergrund der Station war ein großes Kraftwerk entstanden, vor dessen zahlreichen Lichtern das Ferris Point-Feuer nicht mehr eindeutig zu identifizieren war. Die Nebelsignalanlage am Barr Point sollte hingegen erhalten bleiben. Sie befindet sich heute in einem 5 m hohen weißen Haus und hat die internationale Nummer A 6030. Vor dem Abzug der Leuchtturmwärter wurde es aber im Juni 1993 erneuert und ein elektrisches Nebelhorn mit einem videografischen Nebeldetektor installiert.

Bis zu seiner Automatisierung und der dann kurz darauf folgenden Außerdienststellung mit Sonnenaufgang des 29. März 1994 zeigte Ferris Point ein weißes Gleichtaktfeuer mit einem roten und einem grünen Sektor und einer Wiederkehr alle 10 Sekunden.

Seitdem Ferris Point 1994 außer Dienst gestellt worden ist, dient die Station als Helikopterbasis für die Versorgung von Felsen- und Inselleuchttürmen sowie als Depot für Tonnen und Bojen. Als Attendant gehört es auch zu den Aufgaben von John Dillan McCarthy, die Nebelsignalstation am nahe gelegenen Barr Point, den Maidens-Leuchtturm und den Chaine Tower zu überwachen. Gleichzeitig ist er auch der zuständige Attendant für den Black Head-Leuchtturm, den ich zuvor besucht hatte.

Moville – Fanad Head

Ich verließ die Leuchtfeuerstation Ferris Point und die Island Magee und fuhr über Larne und Ballymena in Richtung Ballycastle am Rathlin Sound. Etwa 8 Kilometer vor der Küste – mit der Fähre einmal täglich in ca. 50 Minuten zu erreichen – liegt Rathlin Island.

Die Insel hat die Form eines Bumerangs und wird heute von 30 Familien bewohnt, die hauptsächlich von der Fischerei und Landwirtschaft leben. Auf Besucher wartet auch ein Gasthaus. Auf Rathlin Island stehen drei Leuchttürme. Der 27 m hohe **Rathlin East** (A 6062), auch ein Turm von Irlands berühmtesten Leuchtturmarchitekten George Halpin Senior, ist seit November 1856 am Altacarry Head in Betrieb. Im Westen der Insel steht **Rathlin West** (A 6064). Am 10. März 1919 wurde das von C. W. Scott entworfene und errichtete Leuchtfeuer zum ersten Mal gezündet. Die Laterne steht hier ungewöhnlicherweise am Boden vor dem eigentlichen Turm. Ergänzt werden diese beiden Feuer durch **Rue Point** (A 6060). Der achteckige weiße Betonturm (11 m) mit einem schwarzen Band ist seit April 1917 in Betrieb. Dillon McCarty, früher selber Leuchtturmwärter auf der Insel, hatte mir die Insel deshalb als ein „Muss" für jeden Leuchtturmfreund angepriesen. Bei der Beschreibung der Insel kam er regelrecht ins Schwärmen.

In der Nähe des westlichen Leuchtturms, am Bull Point, nisten Zehntausende von seltenen Seevögeln in den Spalten und Höhlen der großen Klippe. Am anderen Ende der Insel befindet sich „Bruce's Cave", wo Robert Bruce, der entmachtete König Schottlands, 1306 die Rückeroberung seines Königreiches plante.

Also folgte ich weiter der Küstenstraße A 2 entlang der Antrim Coast zu Irlands größtem Schatz, von vielen auch als das achte Weltwunder bezeichnet, dem „Giant's Causeway". Nicht ohne Grund steht

der Giant's Causeway seit 1987 auf der Liste der Stätten des Weltkulturerbes, denn er ist tatsächlich eines der bedeutendsten Naturwunder der Erde.
Voller Rätsel und Sagen ist diese urgewaltige Gegend im Norden Irlands. In der Welt der irischen Mythen gilt der Giant's Causeway als das Werk der Riesen, tatsächlich handelt es sich zum Beispiel bei den beeindruckenden bizarren Basaltsäulen um vulkanisches Eruptionsgestein, das in der Tertiärzeit an die Erdoberfläche drängte. Etwa 37 000 dieser Basaltsäulen erstrecken sich von den Klippen hinaus in das Meer. Ein einzigartiger, magischer Ort mit seinen strengen Felsformationen, der auch meine Fantasie anregte. Die monumentalen Gesteinsformationen tragen so klangvolle Namen wie „die Orgel", „die Harfe" oder „die Wiege der Riesen", und jedes dieser geologischen Wunderwerke steht selbstverständlich mit einer eigenen Sage in Verbindung.
Obwohl die Zeit, wie immer auf dieser Reise, eng bemessen war, durfte ein Abstecher in den kleinen, aber auf der ganzen Welt bekannten Ort Bushmills nicht fehlen, wo die älteste lizensierte Whiskey-Brennerei der Welt, die „Old Bushmills Distillery", steht. Bereits im Jahr 1608 hat sie das Brennrecht erhalten. „Who distilled first?", wird schon in James Joyces „Ulysses" gefragt.
Zurück an der Küste, nur wenige Meilen entfernt, liegt zwischen Portballintrae und Portrush die gewaltige Burgruine des Dunclue Castle. Sie „hängt" förmlich in den steilen Felsen. Einer Sage nach ist diese Burg nicht von weltlichen Angreifern zerstört worden, sondern wurde von Meerjungfrauen zum Einsturz gebracht, die sich von den wilden Gelagen der Burgherren in ihrer Nachtruhe gestört fühlten.
Über Coleraine (N 29) und Limvady (N 37) erreichte ich auf dem weiteren Weg in den Norden Londonderry, die Stadt Nordirlands, deren zwei Namensteile „London" und „Derry" die bittere religiös-politische Auseinandersetzung in dieser Region widerspiegeln. Londonderry ist die zweitgrößte Stadt und der zweitgrößte Hafen Nordirlands. Am 30. Januar 1972, dem „Blutsonntag von Derry", als während der Straßenschlachten zwischen Katholiken und Protestanten britische Soldaten 13 katholische Demonstranten erschossen, erlangte die Stadt traurige Berühmtheit.
Waren die letzten Kilometer meiner Fahrt zwar äußerst abwechslungsreich und faszinierend, so hatte ich bezüglich der Leuchttürme eher eine kleine Durststrecke hinter mich gebracht. Über Muff (N 2 und R 238) fuhr ich nun auf die Halbinsel Inishowen, die im Westen vom Lough Swilly und im Osten vom Lough Foyle umgeben ist, und kam nach Moville. Der kleine Badeort am Lough Foyle wurde 1780 gegründet und war in früheren Zeiten ein wichtiger Hafen für die transatlantischen Passagierschiffe im Liniendienst. Heute hat er für die Seefahrt allerdings keinerlei Bedeutung mehr, gilt aber als guter Ankerplatz für Freizeitkapitäne. Das Leuchtfeuer **Moville** (A 6096) dient weiter als Ansteuerungsfeuer für die Zufahrt in den Hafen von Londonderrry.
Leider nur mit dem Teleobjektiv zu fotografieren, steht der 1884 errichtete weiß-grüne, 13 m hohe

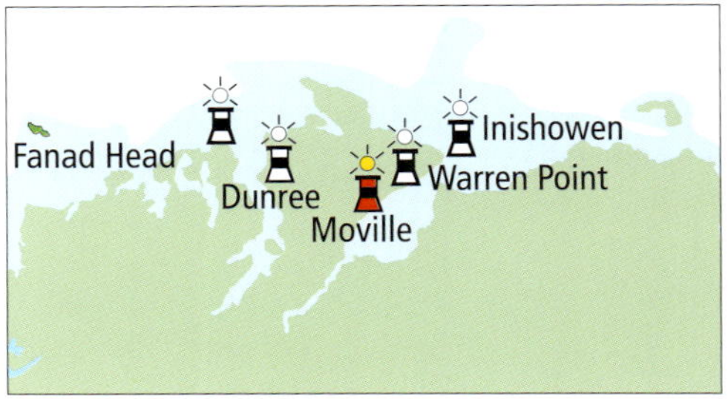

Leuchtturm an der Südkante der Untiefe Moville Bank. Das Fundament bildet eine viereckige Stahlplattform, die von vier schwarzen Pfählen getragen wird. In der Mitte ist ein Anleger für Wartungsarbeiten angebracht. Der eigentliche Turm ist ebenfalls viereckig. Die landseitig abgeblendete Laterne und die Galerie sind weiß. Moville hat als Kennung einen Blitz alle 2,5 Se-

Das Leuchtfeuer Moville im Lough Foyle

kunden. Der rote Sektor von 064°–240° mit einer Tragweite von 4 Seemeilen warnt vor der Untiefe Moville Bank. Der weiße Sektor von 240°–064° hat ebenfalls eine Tragweite von 4 Seemeilen und führt in den Hafen.
Nur wenige Autominuten entfernt liegt der lebhafte Ferienort und Fischereihafen Greencastle, benannt nach den Ruinen einer Burg, die 1305 von Richard de Burgo, dem Earl of Ulster, errichtet worden ist, um die Einfahrt in den Lough Foyle zu kontrollieren. Auf dem Gelände des 1892 gegründeten örtlichen Golfplatzes steht am Strand das 1861 in Betrieb genommene **Warren Point-Leuchtfeuer** (A 6088). Um zu dem kleinen runden Turm (9 m) zu gelangen, musste ich zunächst die Genehmigung im Clubhaus einholen, doch das war kein Problem, und der sehr freundliche Platzwart lud mich bei dieser Gelegenheit gleich zu einer Tasse Tee und Muffins ein, denn für ihn war es so außergewöhnlich, dass sich ein „Crazy German“ hier oben in Nordirland für Leuchttürme interessiert.
Auf dem Weg über die Greens wurde ich von einigen verbissenen Golfern als Störenfried argwöhnisch beäugt. Zum Glück erreichte ich, ohne von

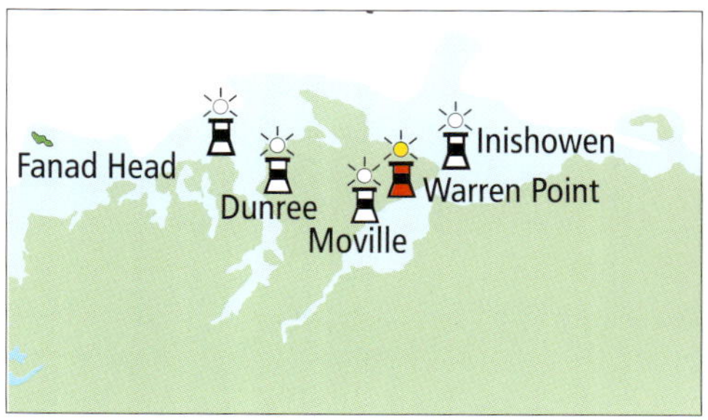

Das Warren Point-Leuchtfeuer

ihren fliegenden Golfbällen getroffen zu werden, den runden weißen Backsteinturm. Sein Fundament ist grün, Laterne und Galerie sind weiß getüncht. Die Kennung von Warren Point ist ein weißer Blitz alle 1,5 Sekunden, seine Nenntragweite mit 10 Seemeilen verzeichnet. Wie Moville fällt auch dieses Leuchtfeuer in die Zuständigkeit der Londonderry Harbour Commissioners.
Von hier ging es an die Ostspitze der Halbinsel zur Leuchtfeuerstation **Inishowen** (A 6084), wo ich mich per Handy beim zuständigen Attendant Neil Smith angemeldet hatte. Da auch er im Voraus über mein Erscheinen informiert worden war,

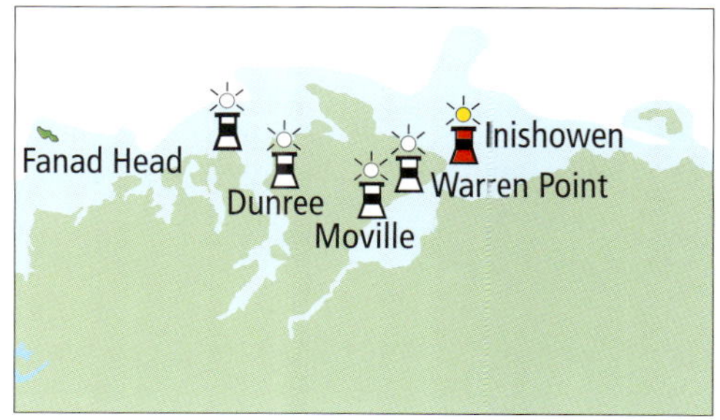

hatte er bereits seit einem Tag auf mich gewartet.
Mit der zunehmenden Bedeutung des Hafens von Londonderry stieg der Schiffsverkehr auf dem Lough Foyle sprunghaft an, und so sah die Handelskammer der Grafschaft Derry 1832 die Notwendigkeit der Errichtung eines Leuchtfeuers am Dunagree Point, etwa einen Kilometer südlich vom Inishowen Head, um ein- und auslaufende Schiffe sicher an der Untiefe Tuns Bank vorbeizuführen, die in der Nähe des Magillian Point liegt.

Leuchtfeuerstation Inishowen Head an der Nordküste Irlands

Inishowen Head

Int. No.:	A 6084
Position:	55°13,16'N 006°35,7'W
Baujahr:	1837
In Betrieb:	1837
Turmhöhe:	23 m
Feuerhöhe:	28 m
Kennung:	Fl(2)WRG.10s
Tragweite:	Weiß 18 sm, Rot 14 sm Grün 14 sm
Optik:	Gürteloptik IV. Ordnung
Ingenieur(e):	George Halpin Senior und James Pettigrew

Nach einer ersten Inspektion der Örtlichkeiten machte Leuchtturminspizient George Halpin Senior den Vorschlag, zwei Leuchtfeuer zu errichten. Im Juni 1833 wurde die Zustimmung hierfür vom Trinity House aus London erteilt. Nachdem Halpin die neue Leuchtfeuerstation entworfen und der Baumeister James Pettigrew aus Dublin die Ausschreibung gewonnen hatte, konnte der Bau der 140 m voneinander entfernt stehenden beiden Backsteintürme beginnen. Beide Türme hatten eine ursprüngliche Höhe von 19 m, und beide Leuchtfeuer wurden am 1. Dezember 1837 erstmals gezündet.

Schon bald wurde die Forderung erhoben, die beiden Feuer der Zwillingstürme besser voneinander zu unterscheiden, und so wurde zunächst im Januar 1851 ein zusätzliches Feuer im Ostturm, ein Stockwerk unterhalb der Laterne, eingerichtet.

Dies war der Beginn zahlreicher Experimente an der Station Inish Eoghain, wie sie im Gälischen genannt wird, denn mit diesem Zusatzlicht war das Problem der Differenzierung noch immer nicht gelöst, und beide Leuchtfeuer wurden selbst auf kurze Distanz weiter für ein Feuer gehalten. Die königliche Admiralität stellte darauf 1854 in einem Memorandum fest, dass es schlecht und irreführend sei, wenn sich beide Feuer auf gleicher Höhe befinden. Es wurde der Vorschlag gemacht, den Westturm um einige Meter zu erhöhen. Bis dahin sollte es weitere 16 Jahre dauern.

Zunächst wurde auf Anweisung des Trinity House untersucht, ob das Leuchtfeuer am Warren Point, 2,4 Kilometer südlich, nicht das Problem einer eindeutigen Befeuerung dieses Küstenabschnittes lösen könnte. Nachdem das Untersuchungsergebnis aber nicht zufriedenstellend war, wurde dieser Plan verworfen, und im Westturm wurde

Blick aus dem Westturm auf den alten abgebauten Ostturm (links); Inishowen-Gürteloptik mit 250 mm Brennweite

stattdessen dem weißen Feuer ein roter Sektor hinzugefügt. Schließlich fand darüber hinaus 1870 auch die Erhöhung des Westturmes um 7,6 m unter der Leitung des Chefingenieurs J. S. Sloane statt.

Um die Identifizierung weiter zu verbessern, entschloss man sich schon ein Jahr später zur Einrichtung eines roten Sektors, genau auf der alten Turmhöhe. Der rote Sektor warnt vor der Untiefe Tuns Bank. Bis 1932 wurde auf beiden Türmen der Leuchtfeuerstation Inishowen Petroleum als Leuchtmittel genutzt, dann fand im Westturm die Umstellung auf Azetylengas statt.

29 Jahre nachdem die erste Forderung nach einem Nebelsignal erhoben worden war, erhielt das Inishowen Light endlich am 1. Oktober 1900 eine Nebelsirene am Ostturm. Für den zusätzlich erforderlichen Leuchtturmwärter wurde ein weiteres Wohnhaus gebaut. Jede Minute wurden zwei Signale abgegeben: eines mit einem hellen Ton und eines mit einem tiefen Ton. Nach 42 Jahren wurde die Sirene durch ein Diafon ersetzt. Zur besseren Unterscheidung bei Tage erhielten auf Vorschlag des Inspizienten Mr. Dean im Sommer 1909 der Ostturm ein und der Westturm zwei schwarze Bänder.

Der Westturm Inishowen Head

Irgendwie glich die eindeutige Unterscheidung der Zwillingstürme einer endlosen Geschichte, bis im Januar 1941 ein Unglück dieses Dauerproblem ungewollt lösen sollte. Am 19. Januar brach im Maschinenraum des vorderen Turmes ein Feuer aus und richtete einen großen Schaden an. Die Reparaturkosten wurden auf rund 1000 Pfund Sterling geschätzt. Bis zur endgültigen Außerdienststellung der Leuchtfeuer im Ostturm dauerte es aber noch bis 1957. Die Commissioners of Irish Lights entschieden die Aufgabe des Haupt- und Hilfslichts im vorderen Ostturm. Im Westturm sollte der Leuchtapparat elektrifiziert und eine neue katadioptrische Linse mit einem roten Sektor über der Tuns Bank eingebaut werden. Am 15. Mai 1961 wurden zur Umsetzung dieses Vorhabens in beiden Türmen die Lichter gelöscht und an ihrer Stelle vorübergehend auf dem Balkon des Ostturmes ein Hilfslicht installiert, bis die Umbauarbeiten im Westturm abgeschlossen waren. Inishowen erhielt nun die alte katadioptrische 500-mm-Linse des Blackrock/Sligo-Leuchtturms, die zuvor von der

Firma Stone Chance komplett überarbeitet worden war. Am 9. Juli 1961 wurde das neue elektrische Licht im Westturm in Betrieb genommen, gleichzeitig begann man mit dem Abbau der Laterne und der obersten Stockwerke des vorderen Turmes.
Auf einer Feuerhöhe von 28 m werden heute mithilfe einer katadioptrischen 250-mm-Gürteloptik und einer 1000-Watt-/100-Volt-Glühlampe alle 10 Sekunden zwei Blitze erzeugt. Inishowen hat einen weißen Leitsektor sowie einen roten und grünen Sektor. Die Tragweite für den weißen Sektor beträgt 18 Seemeilen und jeweils 14 Seemeilen für die beiden anderen Sektoren.
Im August 1979 wurde Inishowen Head automatisiert und die Leuchtturmwärter durch einen Attendant ersetzt, der im Haus direkt am Leuchtturm wohnt. Die beiden anderen Wohngebäude der Leuchtfeuerstation dienen heute als Ferienunterkünfte für die Bediensteten des Irish Lighthouse Service. Im Rahmen der Automatisierung wurde auch die Nebelsignalanlage modernisiert und das Diafon durch ein Nebelhorn mit Detektor ersetzt, das bei schlechter Sicht alle 30 Sekunden zwei Schallsignale abgibt.
Inishowen hinter mich lassend, fuhr ich zunächst zurück nach Moville, um mich dann auf der R 238 über die Orte Culdaff und Cardonagh weiter nordöstlich in Richtung Clonmany zu halten. Von dort ging es dann in südöstlicher Richtung auf teilweise sehr schlechten und oft nur einspurigen Straßen weiter bis zum Dunree Head am Westufer des Lough Swilly.
Ein Memorandum des Duke of Abercorn an die Seezeichenbehörde, das im März 1871 mehrere vorangegangene Eingaben unterstützte, forderte neben dem Leuchtturm am Fanad Head eine zusätzliche Befeuerung des Lough Swilly. Der Duke of Abercorn schlug darin vor, die zwei „Martello-Türme" in Macanish und Dunree in Leuchtfeuer umzuwandeln. „Martello-Türme" werden die kleineren turmartigen Befestigungen genannt, die unter König Georg III. zwischen 1804 und 1812 während der Napoleonischen Kriege an den Küsten der Britischen Inseln errichtet wurden. Diese Türme gehen auf die genuesischen Sarazenentürme auf Korsika zurück und haben ihren Namen von dem Turm am Martello Point auf Korsika, der den Briten bei der Eroberung der Insel im Jahre 1794 große Mühe gemacht hatte.
1872 unternahm Trinity House zur Überprüfung der Forderung eine Inspektionsreise, in deren Ergebnis die Zustimmung zur Errichtung von zwei Leuchtfeuern am **Dunree Head** (A 6172) und auf dem **Buncrana Pier** (A 6174) erfolgte.
Zunächst sollte das Leuchtfeuer ähnlich wie in Südirland im Charles's Fort in der 1798 entstandenen militärischen Befestigungsanlage Fort Dunree

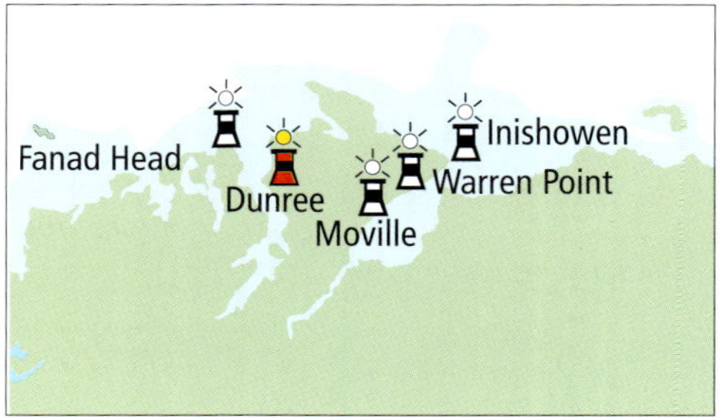

Dunree Head-Laternenhaus und -Optik

Dunree Head

Int. No.	A 6172
Position:	55°11,9'N 007°33,2'W
Baujahr:	1876
In Betrieb:	1876
Turmhöhe:	6 m
Feuerhöhe:	46 m
Kennung:	Fl.(2)WR.5s
Tragweite:	Weiß 12 sm, Rot 9 sm
Optik:	Katadioptrische Optik III. Ordnung
Ingenieur(e):	J. S. Sloane, Messrs. McClelland & Co.

Leuchtfeuerstation Dunree Head am Lough Swilly

gebaut werden, doch die Seezeichenbehörde entschied sich dann doch für einen höher und 126 m weiter nördlich gelegenen Standort. Aufgrund der Höhenlage konnte man sich den Bau eines richtigen Leuchtturmes sparen. Stattdessen entschied man sich für ein 6 m hohes Laternenhaus, das direkt und am Boden stehend an das Wohn- und Dienstgebäude der Leuchtturmwärter angebaut wurde. Sowohl das Gebäude als auch die Laterne wurden von der Firma McClelland & Co. aus Derry nach einem Entwurf von J. S. Sloane fertiggestellt. Die katadioptrische 500-mm-Optik lieferte die Firma Chance Brothers aus Birmingham. Als erste Lichtquelle diente eine Öllampe mit zwei Dochten. Dunree Head wurde zeitgleich mit dem Leuchtfeuer auf der Mole von Buncrana am 15. Januar 1876 zum ersten Mal gezündet und zeigte ein festes weißes Feuer.

Am 9. Dezember 1927 erfolgte die Umstellung auf Azetylengas. Eine Gruppe von sieben Azetylenbrennern löste die Öllampe ab, und aus dem Festfeuer wurde nun ein weißes Blitzfeuer. Gleichzeitig wurde das Leuchtfeuer automatisiert und der letzte Leuchtturmwärter, J. Murphy, zum Attendant gemacht. Die Elektrifizierung der Leuchtfeuerstation fand 1969 statt. Als Leuchtmittel werden heute drei 100-Watt-/220-Volt-Glühlampen verwendet. Auf einer Feuerhöhe von 46 m zeigt Dunree je zwei weiße und rote Blitze mit einer Wiederkehr alle 5 Sekunden. Die Tragweite des weißen Lichtes beträgt 12, die des roten 9 Seemeilen.

Südlich von Dunree Head liegt der Badeort Buncrana, beliebt wegen seines fünf Kilometer langen Sandstrandes. Das Leuchtfeuer auf der Mole des Hafens besteht aus einer einfachen 5 m hohen Säule mit einem weiß-roten Gleichtaktfeuer. Von dort ging es zurück auf die R 238, um dann auf der N 13 und N 56 in Richtung Letterkenny zu fahren. Letterkenny ist die größte Stadt und das Geschäftszentrum der Grafschaft. Hauptstadt ist Lifford am Ufer des Lough Swilly.

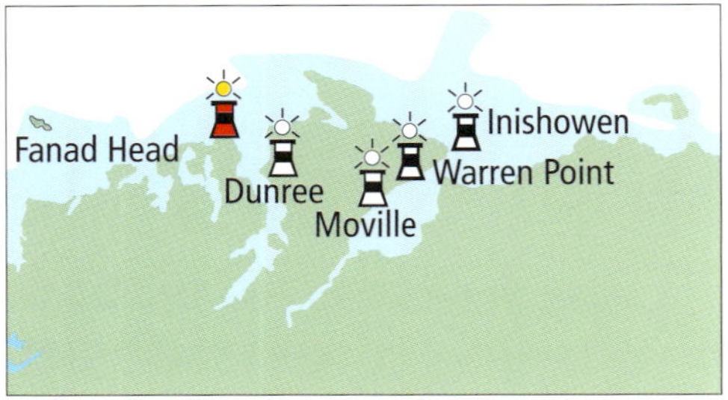

Kurz vor Portsalon geht der Weg nach Fanad ab, hin zu der vielleicht am schönsten gelegenen Leuchtfeuerstation Irlands, zum **Fanad Head** (A 6168).

Rechts und links des Weges sprenkeln unzählige weiße Flecken die satten grünen Wiesen und Hänge. Schafe mehrerer Besitzer weiden auf Gemeinschaftsland. Die Eigentumsverhältnisse sind ganz einfach durch verschieden bunte Farbtupfer auf dem Fell geregelt. Oft ohne Weidezäune, grasen die Tiere unmittelbar am Straßenrand und springen unvermittelt auf die Fahrbahn.

Hier hoch oben im Norden Irlands ist das raue Klima der See allgegenwärtig. Auch an vergleichsweise ruhigen Tagen brechen urplötzlich hohe Wellen über die Felsen. Man hört das hypnotische Brodeln des Meeres, und in der Luft liegt ein Geruch aus Tang, Seewasser, Salz und Fisch. Vegetation ist kaum vorhanden, der Wind heult Tag und Nacht an dieser Leuchtfeuerstation. Die raue und faszinierende Schönheit dieser Küstenstelle hinterlässt einen bleibenden Eindruck. Ich hatte Glück, denn trotz des Sturms tauchte die gleißende Sonne Fanad Head in ein strahlendes Weiß.

Nachdem 1812 die Fregatte SALDANA am Fannet Point gesunken war und es bis auf den alten Schiffspapageien keine Überlebenden gegeben hatte, wurde der Entschluss gefasst, auch hier ein weiteres Leuchtfeuer in der Lichterkette rund um Irland zu errichten. Das Feuer sollte den Eingang zum Lough Swilly markieren, der einen natürlichen Schutzhafen vor den gewaltigen Atlantikstürmen bildet.

Abermals lieferte George Halpin Senior als amtierender Leuchtturm-Inspektor des Ballast Board, einem Vorgänger der Commissioners of Irish Lights, die Baupläne. Interessant an dieser Stelle ist sicherlich die Herkunft des Namens „Ballast Board". Schiffe, die mit Fracht nach Irland gekommen waren, aber aufgrund mangelnder Exporte des Landes ohne Ladung hätten zurückfahren müssen, nahmen aus Stabilitäts- und Sicherheitsgründen Ballast z. B. in Form von Steinen oder Kies an Bord, und eben dieser Ballast wurde den Schiffseignern u.a. von dieser Behörde verkauft.

Am St. Patrick's Day, dem 17. März des Jahres 1817, brannten neuen Argand'sche Öllampen, gespeist mit Walöl und verstärkt durch parabolische Reflektoren, als erstes festes rotes Feuer. Fanad Head ist der älteste der drei Leuchttürme am Lough Swilly. Am Westufer gelegen, an einer strategischen Position mit Blick in Richtung Nordatlantik und den Eingang des Lough, bildet er zugleich ein Seefeuer und ein Hafenfeuer.

Neben der Errichtung der beiden Leuchtfeuer am Dunree Head und auf dem Buncrana Pier war ein weiteres Ergebnis der Trinity House-Inspektion von 1872 der Entschluss zum Einbau einer neuen optischen Einrichtung auf dem Fanad Head-Leuchtturm. Mit der Modernisierung der Station sollte es aber noch dauern. Nach einer weiteren Inspektion wurde auf Vorschlag der Kommission unter Leitung von Ingenieur W. Douglass und Inspekteur

Fanad Head an der Nordwestspitze Irlands

Fanad Head

Int. No.:	A 6032
Position:	55°16,6'N 007°37,9'W
Baujahr:	1882–1886
In Betrieb:	1886
Turmhöhe:	22 m
Feuerhöhe:	39 m
Kennung:	Fl(5)WR.20s
Tragweite:	Weiß 18 sm, Rot 14 sm
Optik:	Katadioptrische Gürteloptik III. Ordnung
Ingenieur(e):	George Halpin Senior

Blick auf die Leuchtfeuerstation Fanad Head

Captain Cole dann sogar mit dem Bau eines neuen höheren Leuchtturmes nahe des alten Turms sowie eines zusätzlichen Wohnhauses für die Wärterfamilien begonnen. Der neue Leuchtturm erhielt für sein Hauptfeuer eine feste katadioptrische Optik II. Ordnung und Argand'sche Öllampen. Als Ergänzung wurde ein Nebenfeuer eingerichtet, das in einem der unteren Fenster des Turmes installiert war und ein festes weißes Feuer über dem Limeburner Rock zeigte. Am 1. September 1886 nahm das neue Leuchtfeuer seinen Betrieb auf, und das alte Leuchtfeuer wurde gelöscht.

Links das Laternenhaus des Leuchtturms Fanad Head, der am 1. September 1886 gezündet wurde; rechts die 300-mm-Optik

Der Turm auf Fanad Head ist aus Backstein gebaut, rund und 22 m hoch, die Feuerhöhe liegt bei 39 m. Der Turm und alle weiteren Gebäude der Leuchtfeuerstation sind weiß. Die Galerie des Turmes sowie sämtliche Geländer und Tore leuchten im kräftigen Rot der Commissioners of Irish Lights.

Im August 1909 wurde die optische Apparatur erneut modernisiert und durch eine katadioptrische 500-mm-Drehoptik ersetzt. Als Lichtquelle diente nun eine Petroleum-Glühstrumpflampe. 1975 erfolgte die Umstellung auf Elektrizität. Zwei Jahre später wurde das Nebenfeuer gelöscht und durch einen roten Sektor im Hauptfeuer ersetzt. Zurzeit zeigt Fanad Head mithilfe einer katadioptrischen 300-mm-Optik und L-24-1500-Watt-Lampen in einem UVLA-40-Lampenwechsler fünf Blitze

alle 20 Sekunden im weißen und roten Sektor. Die Tragweite des weißen Feuers ist mit 18 Seemeilen angegeben, die des roten mit 14 Seemeilen.
Nachdem Dublin Fanad Head 1969 als Festlandsstütz- und Versorgungspunkt für die Stationen Tory Island und Inishtrahull ausgewählt hatte, wurde oberhalb der Leuchtfeuerstation eine Helikopterplattform gebaut. Mit der Pensionierung des letzten Principal Keeper auf Fanad Head am 30. September 1983 wurde die Betreuung der Leuchtfeuerstationen durch einen Attendant übernommen.

St. John's Point (Co. Donegal)– Black Head (Co. Clare)

Mit dem Leuchtturm Fanad Head hatte ich zugleich auch den nördlichsten Punkt meiner irischen Leuchtturm-Rundreise erreicht. Von dort ging es nun wieder zurück nach Milford und dann auf der N 13 nach Stranolar und weiter über die N 15 hinüber an die Westküste zu meinem nächsten Reiseziel, der Donegal Bay.
Die Grafschaft Donegal ist mit ihrer wildromantischen und manchmal melancholischen Landschaft die wohl extremste und spektakulärste der Grafschaften. Kein touristischer Höhepunkt im klassischen Sinne, wird sie aber bei wahren Irlandkennern als das ursprüngliche und authentische Irland bezeichnet. Die nördlichste Grafschaft Irlands liegt eingeklemmt zwischen den sechs Grafschaften Nordirlands im Osten und dem Atlantik im Westen, nur ein schmaler Streifen verbindet es mit der Republik. Nachdem Donegal 1921 mit der Abtrennung Nordirlands seiner Regionalmetropole und der dortigen Industrie beraubt worden war, stellen hier oben im Norden die traditionsreiche Tweedproduktion und die Hochseefischerei die wesentlichen Einnahmequellen dar.
An der Mündung des in den Blue Stack Mountains entspringenden Flusses Eske in die Donegal Bay liegt die gleichnamige freundliche und geschäftige Verwaltungshauptstadt Donegal. Ihr Name wird von einer Befestigungsanlage der Wikinger hergeleitet. Wenige Kilometer außerhalb von Donegal in Richtung Killybegs liegt an der Spitze einer Landzunge die Leuchtfeuerstation **St. John's Point**, Co. Donegal (A 6222). Das Seegebiet vor dem Leuchtturm ist bei Sporttauchern sehr beliebt.

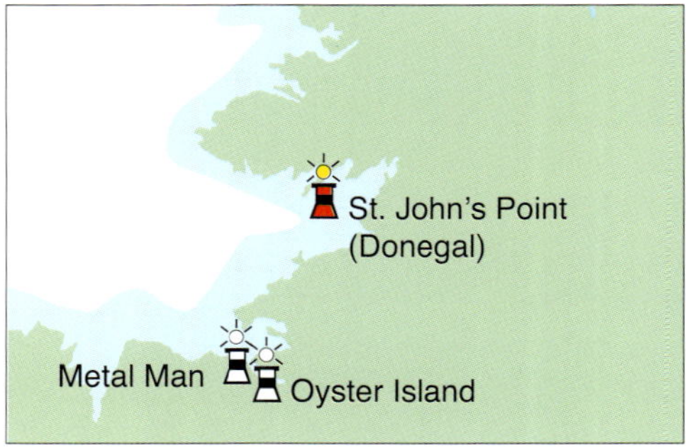

Die Fischer und Kaufleute von Killybegs hatten lange ein Leuchtfeuer am Nordufer der Donegal Bay gefordert, um ihre Boote sicher vom Eingang der Bucht bis Rotten Island zu geleiten. Sie mani-

St. John's Point (Co. Donegal)

Int. No.:	A 6222
Position:	54°34,2'N 008°27,6'W
Baujahr:	1831
In Betrieb:	1831
Turmhöhe:	14 m
Feuerhöhe:	30 m
Kennung:	Fl.W.6s
Tragweite:	14 sm
Optik:	Katadioptrische Gürteloptik I. Ordnung
Ingenieur(e):	George Halpin Senior

Leuchtfeuer St. John's Point, Co. Donegal

festierten diesen Wunsch am 24. Februar 1825 in einem Memorandum an das zuständige Ballast Board. Vier Jahre später erfolgte die Zustimmung durch Trinity House.

So konnten schließlich mit Jahresbeginn 1831 die Bauarbeiten an der Leuchtfeuerstation unter der Bauaufsicht von George Halpin Senior beginnen. Halpin selber hatte auch hier wieder einmal den Entwurf geliefert. Die Arbeiten wurden von den Arbeitern des Ballast Board ausgeführt.

Der runde Leuchtturm hat eine Höhe von 14 m, und als Baumaterial wurden im Wesentlichen Granitblöcke verwendet. Turm und Laterne sowie die restlichen Gebäude der Station sind weiß, das Geländer der Galerie um das Laternenhaus ist im typischen Rot gehalten. Obwohl ein Großteil der Station noch nicht fertig war, sondern erst im darauffolgenden Jahr fertiggestellt wurde, nahm die Seezeichenbehörde das Leuchtfeuer bereits am 4. November 1831 in Betrieb. Die Kosten für die gesamte Anlage betrugen nach Abschluss der Arbeiten im Jahre 1833 10 507 Pfund.

Über lange Jahre wurde die Leuchtfeuerstation von der Leuchtturmfamilie Byrne betreut, doch Paddy Byrne als letzter Keeper der Familie war mittlerweile verstorben. Nach längerem Suchen hatte ich den neuen Attendant der Station in seinem Gemüsegarten aufgetrieben und schließlich zu einer Führung durch sein Reich überredet.

Besonders beeindruckend war wieder einmal die Besichtigung des Laternenraumes mit seiner imposanten Optik. Als erste optische Vorrichtung erhielt St. John's Point 1831 einen großen Parabolspiegel. Mithilfe von zunächst einer Öllampe und später

St. John's Point, Co. Donegal

einer Petroleum-Glühstrumpflampe wurde auf einer Feuerhöhe von 30 m ein weißes Feuer produziert, das man bei klarer Sicht bis zu 14 Seemeilen weit sehen konnte. Knapp über 100 Jahre wurde diese Optik erfolgreich genutzt, bevor der Leuchtturm 1932 eine Gürteloptik mit 920-mm-Brennweite und als Lichtquelle einen Azetylen-Gasbrenner erhielt. Das Feuer war nun unterbrochen.

Am 30. November des gleichen Jahres erfolgte auch die Automatisierung der Leuchtfeuerstation. 30 Jahre später begannen die Arbeiten zur Umstellung auf elektrische Energie. Der erforderliche Strom wurde ab September 1962 zunächst mithilfe von Dieselgeneratoren erzeugt, heute ist die Station an das örtliche Stromnetz angeschlossen. Für einen Stromausfall wurden zwölf Batterien vorgehalten, die sich in einem separaten Raum befanden. Bei Ausfall der gesamten Stromversorgung konnte der Attendant wieder den in Reserve gehaltenen Azetylenbrenner an Stelle der nun genutzten 100-Watt-Glühlampe in einer 3-fach-Wechselvorrichtung einbauen. Bezüglich der Leuchtmittelversorgung war St. John's Point damit eine außergewöhnliche Leuchtfeuerstation.

Die 920-mm-Optik von St. John's Point

2005 wurde die Station komplett überholt, um ein zuverlässiges Funktionieren für die nächsten 20 Jahre sicherzustellen. In diesem Rahmen wurde die bestehende katadioptrische Optik überarbeitet und die 100-Watt-Glühlampen durch vier 35-Watt-IRC-Halogenglühlampen ersetzt. Als Reservefeuer wurden zwei Tideland-ML-300-Laternen mit jeweils einer 60-Watt-/10,3-Volt-Glühlampe installiert. Das Leuchtfeuer wird jetzt mithilfe eines doppelt ausgelegten Batteriesystems betrieben. Bei dessen Ausfall steht ein Ersatzsystem mit einer Stromkapazität für vier Tage zur Verfügung, das sich automatisch zuschaltet. Als aktuelle Kennung zeigt das Leuchtfeuer alle 6 Sekunden einen weißen Blitz von 1,5 Sekunden Dauer mit einer Tragweite von 14 Seemeilen.

Mit dem Bau und der Inbetriebnahme des 14 m hohen Leuchtturms **Rotten Island** (A 6224) erfuhr der Küstenabschnitt am 1. September 1838 eine zusätzliche Befeuerung und Sicherheit.

Nachdem ich mir auf dem Rückweg vom St. John's Point im nahe gelegenen Killiltan im Bed & Breakfast-„Lighthouse" ein Nachtquartier gesichert hatte, stand noch ein Ausflug nach Killybegs und zu den Klippen von „Slieve League" auf dem Programm.

Killybegs ist mit seinen rund 1500 Einwohnern der wichtigste Hochseefischereihafen Irlands und mehrmals in der Woche Schauplatz von Fischauktionen und Fischmärkten. Seit der Hafen mit Mitteln der Europäischen Union ausgebaut worden ist und Fischtrawler aus aller Herren Länder an seiner Pier festmachen, dreht sich in Killybegs alles um den Fisch.

Am nächsten Morgen startete ich auf der N 15 weiter südlich entlang der Donegal Bay, zunächst in Richtung Ballyshannon, einem kleinen Städtchen, in dem in jedem August eines der besten Festivals traditioneller Musik stattfindet. Von Ballyshannon ging es weiter über Drumcliff an der gleichnamigen Bucht, wo der weltberühmte Dichter und Nobelpreisträger William Butler Yeats begraben wurde, nachdem er 1939 im französischen Roquebrune gestorben war. 1948 wurden nach seinem testamentarisch verfügten Wunsch von dort seine Gebeine in die irische Heimat überführt.

Kurz vor Sligo ging es dann auf eine Halbinsel hinaus zum Rosses Point am Eingang der Drumcliff Bay. Hier erwartete mich ein Leuchtfeuer der ganz besonderen Art, der **Metal Man** (A 6244).

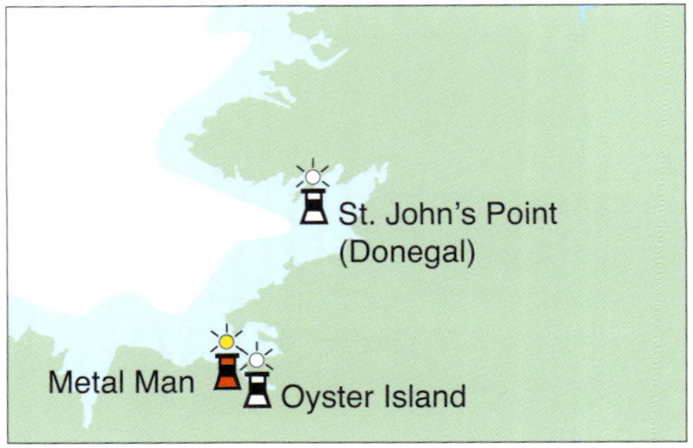

Nach den ersten Plänen war vorgesehen, den Metal Man draußen vor der Sligo Bay auf dem Black Rock aufzustellen, doch aufgrund der Forderung der Händler und Schiffseigner von Sligo, Ballina und Killala wurde dann doch ein 15 m hoher Backsteinturm errichtet. Weil aber auch immer wieder Schiffe am Perch Rock scheiterten, einem Felsen, der zwischen dem Rosses Point und Coney Island liegt, hatte man schnell einen neuen Standort für dieses besondere Seezeichen gefunden.

Das einzigartige Leuchtfeuer „Metal Man"

Der erste Metal Man wurde 1819 von Thomas Kirke geschaffen und in London ausgestellt. Alte Quellen sprechen davon, dass Kirke vier Exemplare gefertigt hat. Ein „Zwillingsbruder" steht im Süden des Landes in Tramere in der Grafschaft Waterford, die Existenz der beiden anderen Statuen ist ungeklärt. Die sieben Tonnen schwere und ca. 2 m hohe Figur stellt einen Maat der Royal Navy aus der Zeit um 1820 dar, der mit seinem ausgestreckten rechten Arm in Richtung des tiefen und sicheren

Der Metal Man ist eines der Leuchtfeuer von Sligo

Fahrwassers zeigt. Der Sage nach singt der Metal Man „Keep off good ship, keep off from me, for I´m the rock of misery!", um die Seeleute vor dem gefährlichen Felsen zu warnen.

Thomas Hamm aus Ballina hatte 1821 das Backsteinfundament auf dem Perch Rock fertiggestellt, und nach einer feierlichen Zeremonie konnte der Metal Man endlich seine Aufgabe als Tagesseezeichen aufnehmen. Fundament und Figur zusammen ragen etwa 5 m aus dem Wasser.

Erst 87 Jahre später wurde der Metal Man zu einem Leuchtfeuer, als er mit einer roten 250-mm-Seelaterne ausgerüstet wurde, die auf einem kleinen Podest vor ihm steht. Mithilfe eines zunächst mit Azetylen und dann ab 1979 mit Propangas betriebenen Glühstrumpfbrenners und eines AGA-PKS-130-Kennungsgebers zeigte er bis März 2003 alle 4 Sekunden ein weißes Feuer bis auf eine Entfernung von 7 Seemeilen. Seit dem 13. März 2003 ist auch dieses einzigartige Feuer auf Solarenergie umgestellt. Eine Vega-LED-Laterne wird jetzt von vier 50-Watt-/12-Volt-Solarpanelen mit der notwendigen Energie versorgt, um drei weiße Blitze bei einer Wiederkehr von 6,1 Sekunden zeigen zu können.

Insgesamt ranken sich seit seiner Errichtung viele Geschichten um diesen „Leuchtturmwärter". So wird u. a. auch gesagt, dass der Metal Man der einzige Mann vom Rosses Point sei, der noch nie die Unwahrheit gesagt habe, und weiter heißt es, dass jede Jungfrau, die es schaffe, auf einem Bein dreimal um die Figur zu hüpfen, sicher sein könne, dass sie innerhalb eines Jahres geheiratet werde.

Ein Stück hinter dem Perch Rock und Coney Island liegt mit Oyster Island eine andere kleine Insel. Auf ihr steht ein weiteres der vielen Leuchtfeuer von Sligo Harbour: **Oyster Island** (A 6244.1).

Ursprünglich wurden auf dem Eiland am 1. August 1837 zwei Leuchttürme in Betrieb genommen. Gemeinsam bildeten sie eine Richtfeuerlinie, doch nachdem immer wieder bemängelt worden war, dass diese Befeuerung nicht genau genug sei, wurden die beiden Türme am 15. Februar 1891 gelöscht und abgebaut. Den nördlichen Turm baute man im Nordwesten der Insel 169 m von seinem alten Standort wieder auf und stellte ihn noch

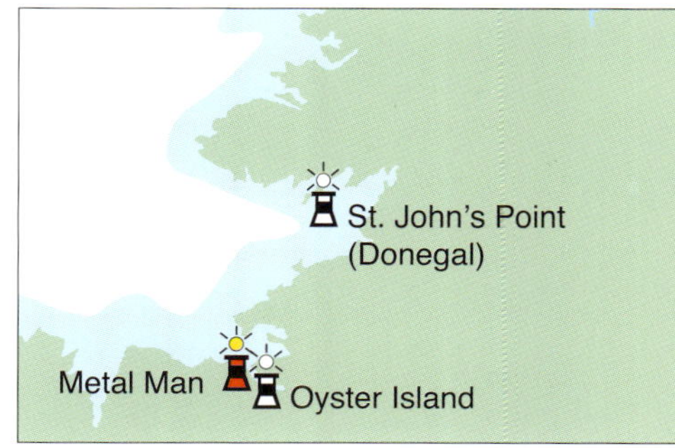

im gleichen Jahr in Dienst. Der braune, runde Backsteinturm ist 12 m hoch, seine Feuerhöhe liegt bei 13 m.

Der Oyster Island-Leuchtturm hatte eine 150-mm-Gürteloptik und einen einfachen Glühstrumpfbrenner, der bis Oktober 1979 wie beim Metal Man mit Azetylengas und danach mit Propangas gespeist wurde. Mithilfe eines AGA-PKS-130-Kennungsgebers wurde ein unterbrochenes weißes Feuer gezeigt. Am 13. März 2003 erfolgte auch

Leuchtfeuer Oyster Island

hier die Umstellung auf Solarenergie. Auch Oyster Island hat nun eine Vega-LED-Laterne, aber zwei Solarpanele (50 Watt/12 Volt) mehr als der Metal Man. Beide Feuer sind synchronisiert und haben eine Tragweite von 7 Seemeilen. Gemeinsam mit dem Metal Man bildet Oyster Island seit 1932 eine Richtfeuerlinie (125°). Beide Leuchtfeuer werden durch den aus Sligo stammenden Attendant John Hamilton betreut.

Auf dem Weg zur weiter südlich gelegenen Galway Bay fuhr ich von dort durch die Stadt Sligo selbst. Sligo – im Gälischen „Sligeach" und mit „Muschelfluss" übersetzt – hat sich am Ufer des Gararogue, der den Lough Gill mit dem Atlantik verbindet, rings um eine Dominikanerabtei entwickelt. Im 18. und 19. Jahrhundert wurde Sligo zu einem florierenden Handelshafen, von dem auch viele Auswanderer in die Neue Welt aufgebrochen sind. Heute ist Sligo die größte Stadt des Nordwestens, ein Industrie- und Handelszentrum, dessen Flair aber im Wesentlichen von Touristen und Studenten bestimmt wird.

Nächstes Ziel war die Leuchtfeuerstation Black Head am Ausgang der Galway Bay. Dazu musste ich zunächst die Stadt Galway, die Metropole des Westens, passieren. Galway wurde im späten 12. Jahrhundert als kleines Fischerdorf vom normannischen Geschlecht der De Burgo an der Mündung des „Abhainn na Gaillimhe" gegründet und nach der Prinzessin Galvia aus dem Clan „Fir Bolg" benannt, die der Sage nach auf grausame Art im Fluss ermordet worden sein soll. Wegen seiner geschützten Lage im Nordosten der Bucht ist der Hafen vor allem bei Freizeitkapitänen sehr beliebt. Galway ist mit 48 000 Einwohnern mittlerweile zur drittgrößten Stadt der Republik gewachsen und ein Mekka der Künstler, Literaten und Musiker geworden.

Über Kinvarra am Südufer der Galway Bay ging es nun in eine vollkommen andere Landschaft, den Burren. Eine Landschaft, die so karg und schroff ist, dass ein Offizier Oliver Cromwells gesagt haben soll, es gäbe an diesem Ort nicht genug Wasser, um einen Mann zu ertränken, nicht genug Bäume, um ihn aufzuhängen und nicht genug Erde, um ihn zu bestatten. Tatsächlich ähnelt der Burren einer Steinwüste: Der öde Kalksteinboden entstand vor über 300 Millionen Jahren aus den Resten von Meerestieren und Schnecken, die damals die seichten Gewässer bevölkerten.

Dort, im Schatten des Lieve Elva und an der gleichnamigen Landspitze, steht der quadratische, 4,36 m breite und 8 m hohe weiße Betonturm **Black Head** (A 6332) und sichert den Schiffsverkehr in der Galway Bay. Das Leuchtfeuer steht direkt an einer gut ausgebauten Küstenstraße auf einer mit großen Felsblöcken künstlich aufgeschütteten und befestigten Uferböschung.

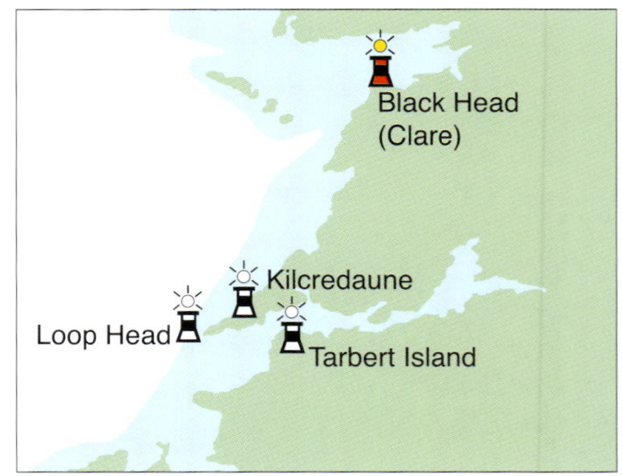

Aufgrund einer Empfehlung von Captain Davis und Mr. Tonkin als Vorsitzende einer Untersuchungskommission wurde im Auftrag der Galway Harbour Commissioners in den Jahren 1935/36 das Leuchtfeuer errichtet. Die Hafenbehörde sah den

Black Head (Co. Clare)

Int. No.:	A 6332
Position:	53°09,2'N 009°16,0'W
Baujahr:	1935/36
In Betrieb:	1936
Turmhöhe:	8 m
Feuerhöhe:	20 m
Kennung:	Fl.WR.5s
Tragweite:	Weiß 11 sm, Rot 8 sm
Optik:	Katadioptrische Gürteloptik IV. Ordnung
Ingenieur(e):	Robert MacDonald

Bau eines Leuchtfeuers als so dringlich an, dass sie sogar eine Beteiligung bei der Finanzierung anbot. Den Entwurf für Black Head (Co. Clare) hatte Robert MacDonald aus Galway ausgearbeitet, und er leitete auch die Bauarbeiten. Am 21. Februar 1936 ging der neue Leuchtturm in Betrieb.

Die katadioptrische 250-mm-Optik wurde von der Firma Chance Bros. aus Birmingham geliefert, die Laterne baute die Firma Steven & Struthers aus Glasgow. In dem eher unspektakulären Leuchtturm wurde zunächst Azetylengas als Leuchtmittel verwendet, das mithilfe von zwei Moyes-Generatoren erzeugt wurde. 1952 wäre es wegen der Unterhaltungskosten beinahe zur Löschung des Leuchtfeuers gekommen. Nach Rückgang des Schiffsverkehrs während und nach dem Zweiten Weltkrieg war das Feuer immer unrentabler geworden. Am 13. April 1955 übernahmen dann die Commissioners of Irish Lights das aus ihrer Sicht weiterhin erforderliche Leuchtfeuer in ihre Zuständigkeit. Mit dem Leuchtturm wurde auch sein Leuchtturmwärter John Casey in die Staatsdienste übernommen. Ab September 1957 hatte Black Head drei AGA-GG16-Propangasbrenner, und mit zwei AGA-PKS-130-Kennungsgebern markierte der Turm auf einer Feuerhöhe von 20 m mit einem alle 5 Sekunden wiederkehrenden Blitz den Eingang der Bucht.

Leuchtturm Black Head, 1935/36 an der Galway-Bucht erbaut

Am 12. November 1980 teilte der Attendant der Dubliner Zentrale mit, dass er nach fast 26 Jahren in Diensten der Leuchtturmbehörde in den Ruhestand treten wolle. Als Nachfolger schlug er seinen Sohn Joseph vor, der dann auch eingestellt wurde, und am 1. April 2004 trat dann wieder dessen Sohn Raymond Casey die Nachfolge als Attendant an. Auch hier ist wieder ein Leuchtfeuer über Generationen hinweg in den Händen einer Familie.

Seit Februar 2002 wird am Black Head (Co. Clare) Solarenergie genutzt. Acht 50-Watt-Sonnenkollektoren sind auf der seeabgewandten Seite des Turmes unterhalb der Laterne angebracht. Als Lichtquelle werden heute 35-Watt-Halogenglühlampen von Tungsten in einem 6-fach-Lampenwechsler verwendet.

Loop Head – Cromwell Point

Mein nächster geplanter Leuchtturmstopp am Loop Head führte mich an den berühmten Cliffs of Moher vorbei, einem der imposantesten Abschnitte der irischen Westküste.
Zunächst fuhr ich auf der R 477 in Richtung Lisdoonvarna, Irlands einzigem Kurort. Kein Vergleich mit den teilweise mondänen kontinentaleuropäischen Kurbädern, aber die Iren kuren dort begeistert. Über die Landesgrenzen hinaus bekannt geworden, ist Lisdoonvarna durch seinen in jedem September stattfindenden Heiratsmarkt. Das „Matchmaking Festival" hat eine 200-jährige Tradition und ist zunächst als Erntedankfest entstanden. Ursprünglich stand das Festival unter dem Motto „Mann sucht Frau" und galt als letzte Möglichkeit für eingefleischte Junggesellen, doch noch die Frau fürs Leben zu finden. Im Zeichen der Emanzipation sucht mittlerweile aber auch die Frau ihren Mann. Das eigentliche „Geschäft" des Marktes läuft in dieser Zeit in den vielen Pubs und im Ballhaus ab, wo jeden Tag ein Tanztee veranstaltet wird. Als Höhepunkt wird am Ende der Saison der Junggeselle des Jahres gewählt.
Von Lisdoonvarna kommend, führt die R 478 zu den auf einer Länge von fast acht Kilometern und in mehreren geschwungenen Bögen verlaufenden Cliffs of Moher, die einen atemberaubenden Anblick bieten. Wegen der kochenden Gischt des Atlantiks sind die dunklen Sandsteinfelsen zumeist in eine Art Tröpfchennebel eingehüllt. Man kann das Salz in der Luft regelrecht greifen und schmecken. 200 m ragen die Klippen aus dem Wasser empor. Aus Sicherheitsgründen ist der Klippenrand über weite Strecken durch einen Zaun gesichert. Ganz Wagemutige legen sich aber auf den Bauch und blicken so über den Rand in die rauschende Tiefe.
In den vielen ausgewaschenen Höhlen und den Spalten in den Felswänden nisten Tausende von Seevögeln. Das gellende Schreien der Papageientaucher, Kormorane, Trottellummen und Tordalke ist schon von Weitem zu hören. Hoch über den Felsen kann man dann das wunderbare Spiel der Vögel beobachten.
Weiter in Richtung Süden ging es nun um die Liscannor Bay, jene Bucht, in der die spanische Armada am sogenannten Spanish Point 1588 ein großes Debakel erlebte und zahlreiche Schiffe verlor. Philipp II. von Spanien hatte eine aus 130 Schiffen bestehende Flotte nach England geschickt, doch den Spaniern war es aufgrund des erbitterten Widerstandes der Bevölkerung nicht gelungen, englischen Boden zu betreten. Auf ihrem Rückzug wollten sie schließlich Schottland und Irland umrunden, um so wieder sicher und unbehelligt in den Atlantik zu gelangen. In heftigen Atlantikstürmen im September 1588 trieben bei diesem Unterfangen 27 Schiffe der Armada hilflos an die irische Küste. Die spanischen Galeonen sanken entweder direkt oder wurden von den keltischen Stammesfürsten als leichte Beute aufgebracht und geplündert. Die Besatzungen wurden dabei in der Regel ausnahmslos getötet.
Zum nächsten Leuchtturm war es nun nicht mehr weit. Der N 67 nach Kilkee und dann der R 487 folgend, erreichte ich schließlich die sich weit in den Atlantik hinaus streckende Landzunge an der Mündung des River Shannon. An ihrer Spitze liegt die Leuchtfeuerstation **Loop Head** (A 6338).

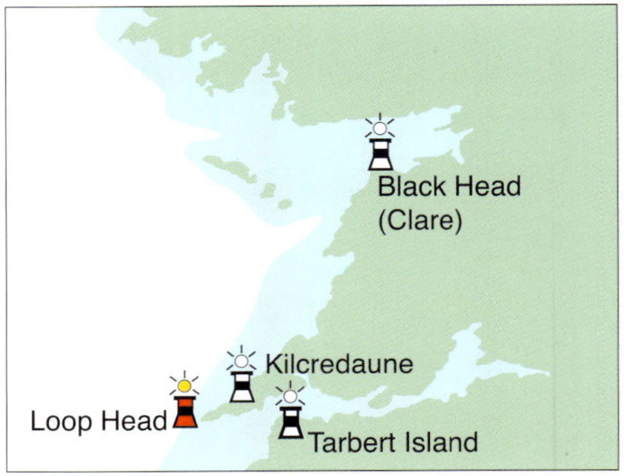

Ab Mitte des 17. Jahrhunderts stand an dieser Position stets ein Leuchtfeuer. Zunächst brannte ein offenes Feuer in einem Eisenkorb auf dem Dach einer Steinhütte, Überreste sind noch heute in der Nähe der Station zu sehen. Nachdem das erste Leuchtfeuer um 1670 gebaut worden war, wurde es über viele Jahre nur unregelmäßig betrieben. Rund 20 Jahre herrschte am Loop Head sogar totale Finsternis. Auf Drängen einer Versammlung der Händler von Limerick wurde das Leuchtfeuer 1770 dann wieder in Betrieb genommen. Bereits 1802 sollte es jedoch durch einen Turm von Thomas Rogers ersetzt werden. Rogers' Turm war etwa so hoch wie der heutige Turm. Über eine Eisenleiter konnten die Leuchtturmwärter in die ersten zwei Stockwerke gelangen. Von dort führte

Loop Head	
Int. No.:	A 6338
Position:	52°33,7'N 009°55,9'W
Baujahr:	1853/54
In Betrieb:	1854
Turmhöhe:	23 m
Feuerhöhe:	84 m
Kennung:	Fl(4)W.20s
Tragweite:	23 sm
Optik:	Katadioptrische Optik I. Ordnung
Ingenieur(e):	George Halpin Senior

Leuchtfeuerstation Loop Head

ein Treppenhaus hinauf bis zum Laternenraum. Die eiserne Laterne hatte einen Durchmesser von 3,5 m, und in ihr brannten 12 Öllampen vor der gleichen Anzahl von Parabolspiegeln. 1825 wurde diese Optik auf 15 Öllampen mit Kupferreflektoren aufgerüstet.

Nachdem der Schiffsverkehr auf dem Shannon stetig angewachsen war, hatte die Handelskammer von Limerick um 1836 ein neues und stärkeres Leuchtfeuer gefordert. 1844 stimmte das Ballast Board dem Bau zu, und George Halpin Senior entwarf einen 23 m hohen runden Steinturm, der circa 100 m nordöstlich des alten Turmes mit einer Feuerhöhe von 84 m gebaut werden sollte. Den Bauauftrag erhielt die Firma William & James Burgess aus Limerick. Bis zur Vollendung des Leuchtturmes sollten allerdings noch zehn lange Jahre vergehen. Da beide Türme nahezu gleich hoch waren, wurde die Laterne des alten Turms am Tage vor der Inbetriebnahme des neuen Turms komplett abgebaut, um die Wirkung des neuen Feuers nicht zu behindern. In den Abendstunden des 1. Mai 1854 wurde das neue Feuer dann gezündet.

Zunächst wurde Loop Head mit einer festen dioptrischen Optik I. Ordnung ausgestattet. Als Lichtquelle diente eine Öllampe. Die Kennung bestand aus einem festen weißen Feuer. 15 Jahre später erhielt der Leuchtturm ein unterbrochenes Feuer mit einer Dunkelphase von 4 Sekunden und 20 Sekunden Licht. Hierzu wurde mithilfe eines Uhrwerkes eine Blende um die Lichtquelle gedreht. Seit 1912 hat Loop Head eine drehende 920-mm-Optik. Die Lichtquelle war in dieser Zeit eine Petroleumglühstrumpflampe. 1971 wurde die Station elektrifiziert. Das Licht liefert nun jeweils eine MBI-/BD-1000-Watt-Glühlampe, die sich in einem UL-VA-40-Lampenwechsler für zwei Glühlampen befindet. Vier weiße Blitze alle 20 Sekunden werden bis zu 23 Seemeilen aus dem Laternenhaus

Loop Head mit den DGPS-Empfangs- und Sendeantennen auf der Kuppel der Laterne

Laterne mit den „Vogelabweisern“ und dem Reservefeuer (links); rechts die 920-mm-Optik

über das Wasser getragen. Als Reservefeuer sind auf der Galerie zwei Tideland-ML-300-Laternen mit einer 60-Watt-/10,3-Volt-Glühlampe installiert.

Metallene Abweiser rund um das Laternenhaus sollen verhindern, dass vom Licht geblendete Vögel angezogen werden und gegen das Glas prallen. Am 31. März 1991 wurden die letzten Leuchtturmwärter abgezogen und Loop Head automatisiert. Die Kontrolle erfolgt nun vom Lighthouse Depot in Dun Laoghhaire aus. Die Betreuung vor Ort übernahm als Attendant der ehemalige Leuchtturmwärter Thomas McInerney.

Im Juni 1998 wurde Loop Head als eine von 12 Referenzstationen in das DGPS (Differential Global Positioning System) integriert, das die drei Leuchtturmbehörden Englands, Schottlands und Irlands rund um ihre Küsten betreiben. Das System orientiert sich an dem satellitengestützten Navigationssystem „US-NAVSTAR GPS“ und erlaubt die metergenaue Positionsbestimmung der Schiffe auf See. Die DGPS-Empfangs- und Sendeantennen sind oben auf der Kuppel des Laternenhauses kreisförmig angebracht.

In den Nachrichen für die Seefahrer vom 1. Oktober 1898 gaben die Commissioners of Irish Lights bekannt, dass auf dem etwa 155 m westlich des Leuchtturms gelegenen Admiralitäts-Signalgebäude eine Nebelsignalanlage errichtet worden sei. Es handelte sich hierbei um ein Knallsignal, das zunächst alle zehn, ab 1919 alle fünf und später ab 1968 alle vier Minuten erklang. 1972 wurde das Nebelsignal außer Dienst gestellt.

Etwa 15 Kilometer östlich von Loop Head, in Richtung Carrigaholt, liegt mit **Kilcredaune** (A 6340) eine weitere Leuchtfeuerstation, deren Feuer die den Shannon aufwärtsfahrenden Schiffe sicher zum Ankerplatz von Carrigaholt geleiten soll. Auf meinem Weg dorthin lag wieder einmal der für

Kilcredaune

Int. No.:	A 6340
Position:	52°34,8'N 009°42,5'W
Baujahr:	1824
In Betrieb:	1824
Turmhöhe:	13 m
Feuerhöhe:	41 m
Kennung:	Fl.W.6s
Tragweite:	13 sm
Optik:	Gürteloptik IV. Ordnung
Ingenieur(e):	George Halpin Senior

Leuchtturm Kilcredaune an der Shannon-Mündung

Irland so typische Duft von verbranntem Torf in der Luft, der hier seit Jahrhunderten ein weitverbreitetes, weil kostengünstiges Brennmaterial ist. Lange braune Furchen durchziehen die Moorlandschaft links und rechts des Weges – Spuren der mechanischen Torfstechmaschinen. Sorgfältig aufgeschichtete Torfbriketts warteten zur Abholung und Verbrennung in privaten Haushalten und in einem Torfkraftwerk.

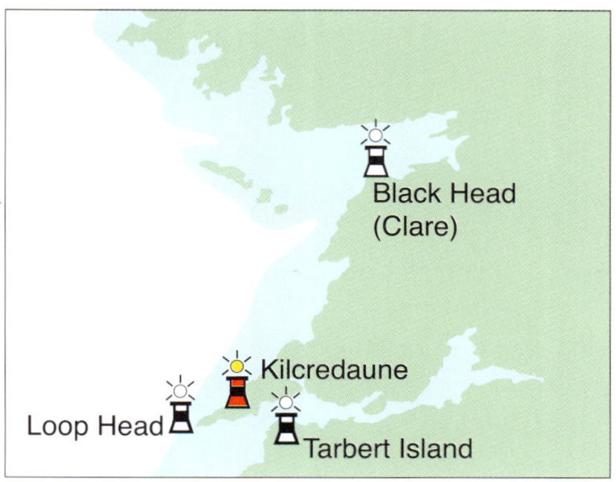

Der Leuchtturm Kilcredaune, ein gedrungener, runder weißer Backsteinturm, wurde 1824 nach einem Entwurf von George Halpin Senior gebaut, nachdem die Handelskammer in Limerick bereits ab 1819 mehrfach ein Leuchtfeuer am Kilcredaune Point gefordert hatte. Der Turm ist 13 m hoch und hat eine Feuerhöhe von 41 m, er ist durch einen Korridor mit den restlichen Gebäuden der Station verbunden. Das Feuer ist am 1. September 1824 erstmals gezündet worden.

Zunächst wurde eine katadioptrische Optik II. Ordnung mit einer Öllampe verwendet. 1931 erfolgte die Umstellung auf Azetylengas als Leuchtmittel. 1941 erhielt der Leuchtturm eine neue, stark verkürzte Laterne. Heute befindet sich in der weißen, von einer roten Galerie umgebenen Laterne eine 150-mm-Gürteloptik. Das Licht lieferte bis 2005 eine 100-Watt-Softtoneglühlampe. Als Kennung hat Kilcredaune alle 6 Sekunden einen weißen Blitz, der bis zu 15 Seemeilen weit reicht. Bereits am 16. Dezember 1931 wurde die Station automatisiert, und seit 1979 wird das Licht mit elektrischer Energie betrieben. Ende März 2005 wurde der Leuchtturm komplett überholt. Im Rahmen dieser Arbeiten wurde zunächst die

Leuchtturm Tarbert Island am Südufer des Shannon

Gürteloptik überarbeitet und dann die 100-Watt-Glühlampe durch mehrere 12-Volt-/5-Ampere-CC8-Lampen in einer APCL-10-Lampenwechselvorrichtung ersetzt. Der bisher bei Stromausfall verwendete Dieselgenerator wurde durch ein doppelt ausgelegtes Batteriesystem ausgetauscht. Das Kilcredaune-Leuchtfeuer wird gegenwärtig durch Jimmy Rowan als Attendant betreut.
Mit Ausnahme des Leuchtturms ist die Station heute in Privatbesitz. Besucher seien vor freilaufenden Stieren gewarnt, die sich mir unvermittelt und drohend mit ihren Furcht einflößenden Nasenringen in den Weg stellten, nachdem ich ein Gatter passiert hatte, um zum Leuchtturm zu kommen. Keine hastigen Bewegungen und ein mutiger Blick in die Augen des Stieres – und ich war durch.

Ich fuhr weiter auf der N 67, zunächst zurück nach Kilkee und dann über Kilrush bis nach Killmer am Nordufer des Shannon, wo sich der Anleger für die Autofähre nach Tarbert am Südufer befindet. Der Shannon ist der längste Fluss Irlands. Er entspringt in der Grafschaft Cavan im Nordwesten des Landes am Fuß des Tiltinban Mountain und fließt über 275 Kilometer in den Südwesten, um hier in den Atlantik zu münden. Die Fähre verkehrt regelmäßig alle halbe Stunde, und so musste ich nicht lange warten, bis ich auf die MV SHANNON DOLPHIN fahren konnte. Auf der etwa 30 Minuten dauernden Überfahrt passiert die Autofähre in einem Abstand von nur wenigen Metern den **Tarbert Island-Leuchtturm** (A 6343). Er dient als Orientierungsfeuer und warnt mit seinem roten Sektor vor dem Bowline Rock. Der Leuchtturm steht auf einem Felsen vor der Nordseite von Tarbert Island. In seiner Geschichte hatte das Leuchtfeuer mehrere Namen. So wurde es mal „Tarbert Rock" und mal „Tarbert Island" genannt.

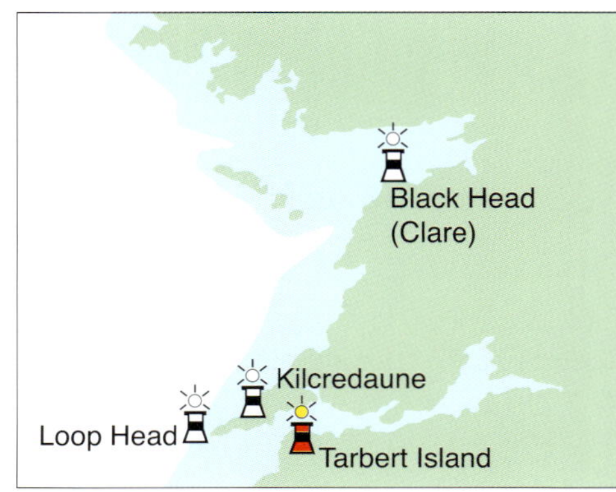

Tarbert Island

Int. No.:	A 6343
Position:	52°35,5'N 009°21,8'W
Baujahr:	1831–1833
In Betrieb:	1834
Turmhöhe:	26 m
Feuerhöhe:	18 m
Kennung:	Iso.WR.4s
Tragweite:	Weiß 14 sm, Rot 10 sm
Optik:	Katadioptrische Optik IV. Ordnung
Ingenieur(e):	George Halpin Senior und R. Howard

1829 forderten die Schiffseigner von Limerick, unterstützt durch die örtliche Handelskammer, ein Leuchtfeuer auf dem Tarbert Rock, um die Südspitze von Scattery Island, den Bowline Rock und die Tarbert Roads zu markieren. Sie hielten das Leuchtfeuer für so dringend erforderlich, dass sie sogar bereit waren, neben den üblichen Liegegebühren zusätzliche Abgaben zu leisten.
1830 wurde durch London die Zustimmung zum Bau eines Leuchtturms erteilt, und George Halpin Senior lieferte wiederum den Entwurf und die Baupläne. Nach einer Ausschreibung im Jahre 1831 wurde aus den sieben eingereichten Angeboten dasjenige von R. Howard ausgewählt, nachdem der zunächst auserkorene Henry Baxter noch vor der Unterzeichnung des Vertrages gestorben war. Für den Bau des Turms hatte er 2100 Pfund veranschlagt. Noch im gleichen Jahr begannen die Bauarbeiten, die bis Ende 1832 nahezu abgeschlossen waren. Doch es sollte noch bis zum 31. März 1834 dauern, bis das Leuchtfeuer tatsächlich in Betrieb genommen wurde, denn zunächst mussten noch die restlichen Innenarbeiten abgeschlossen werden, und die optische Einrichtung war noch nicht geliefert.
Als Baumaterial für den 26 m hohen runden Turm wurde Backstein verwendet. Das Fundament und das Laternenhaus sind aus Granit gefertigt. Tarbert Lighthouse war von Anfang an weiß gestrichen. Insgesamt hat der Bau mit ca. 10 000 Pfund Sterling die ursprünglich veranschlagten Baukosten um ein Vielfaches überschritten. Die 61 m lange und 1,6 m breite Eisenbrücke, die vom Ufer zum Leuchtturm führt, wurde erst in den Jahren 1840/41 nachträglich angebaut.
Zuerst war das Leuchtfeuer Tarbert Island mit Parabolspiegeln ausgestattet worden. 1879 wurden diese dann jedoch durch eine dioptrische Optik III. Ordnung ersetzt, die zunächst für den neuen Leuchtturm auf Scattery Island vorgesehen war. Dort wurde dafür eine wesentlich kleinere Optik V. Ordnung installiert. 1905 erhielt Tarbert Island zur besseren Bezeichnung des Bowline Rock einen zusätzlichen roten Sektor. Auf einer Feuerhöhe von 18 m wird heute ein Gleichtaktfeuer gezeigt, wobei das weiße Feuer 14 Seemeilen reicht und das rote Feuer eine Tragweite von 10 Seemeilen hat. Tarbert Islands erste Lichtquelle bestand aus mehreren mehrdochtigen Öllampen. Vom 1. April 1919 an wurde das Leuchtfeuer mit Azetylengas betrieben, das in einem kleinen

Leuchtturm Tarbert Island von der Shannon-Fähre aus gesehen

Gebäude gleich neben der Eisenbrücke produziert wurde. Als Lichtquelle dienten sieben AGA-Azetylengasbrenner, die jeder einen Verbrauch von 20 Liter gelöstem Azetylen pro Stunde hatten. Im gleichen Jahr wurde auch der letzte Wärter abgezogen und die Betreuung durch einen Attendant übernommen.

Am 8. Dezember 1966 wurde das Leuchtfeuer elektrifiziert und anstelle der sieben Azetylengasbrenner eine 3-fach-Glühlampenwechselvorrichtung für drei 100-Watt-Argenta-Glühlampen eingebaut. Bei Ausfall der Stromversorgung wird automatisch ein 3-Kilowatt-Dieselgenerator aktiviert. Sollte auch dieser ausfallen, kann der Attendant einen der alten Azetylengasbrenner zur Notversorgung wieder in die Optik einbauen. Das erforderliche Gas hierfür wird in einer A-25-Azetylengasflasche bereitgehalten. Im Januar 1981 wurde die Zuständigkeit für das Leuchtfeuer Tarbert neben zahlreichen Tonnen auf dem Shannon von den Commissioners of Irish Lights an die Limerick Harbour Commissioners übergeben. Heute wird das Leuchtfeuer Tarbert Island von der Shannon Foynes Port Company betrieben. Der Zugang zum Leuchtturm wird durch das bewachte Gelände eines großen Kraftwerkes behindert, doch mit etwas Glück lässt einen der Wachposten am Werkstor kurz passieren, um ein paar Fotos zu schießen.

Nachdem ich die Fähre am Südufer des Shannon verlassen hatte, fuhr ich weiter auf der N 69 in Richtung Tralee, der lebenslustigen Hauptstadt der Grafschaft Kerry. Die circa 19 000 Einwohner zählende Stadt liegt an der Nordküste der Halbinsel von Dingle. Jedes Jahr im August spielt sich hier ein Spektakel ab, das landesweit im Fernsehen übertragen wird. Unter den hübschesten Mädchen irischer Abstammung wird die „Rose von Tralee" gewählt. Dieses Fest geht auf ein romantisches Gedicht von William Mulchinock (1820–1864) zurück, das er seiner unglücklichen Liebe zu einem Mädchen namens Mary gewidmet hat.

Auf dem Weg nach Valentia Island, wo der nächste Leuchtturm auf meiner Reiseroute stand, ging es dann über die N 70 von Milltown nach Killorgin, bekannt als Zentrum des Lachsfangs und berühmt für den sogenannten „Puck Fair", einen traditionellen Viehmarkt. Und dieser Markt ist natürlich nicht nur ein Viehmarkt, sondern gleichzeitig wird auch hier ein Fest gefeiert. In Irland wird überall und viel gefeiert. Nahezu jede Gegend und jedes Städtchen hat seine eigenen Traditionen und Feste.

Nicht weit hinter Killorgin beginnt der Ring of Kerry, eine der schönsten Panoramastraßen der Welt, die auf circa 180 Kilometern die Halbinsel Iveragh umrundet und entlang der zerklüfteten Küste führt. Für viele Besucher ist dies der landschaftlich schönste Teil des Landes und Höhepunkt einer Irlandreise, und die Fahrt entlang der Küstenstraße bietet wirklich ein unvergleichliches Panorama.

Gleich nach Cahersiveen verließ ich den Ring in Richtung Reenard's Point, um dort die kleine Fähre nach Knight's Town, dem Hauptort von Valentia Island, zu nehmen. Durch den Golfstrom beeinflusst, verfügt die ansonsten eher raue und hügelige Insel über ein gemäßigtes Klima. Valentia Island ist allen Hörern des Wetterberichtes der BBC bekannt, doch bis 1965 stand hier, in der am weitesten westlich gelegenen Gemeinde Europas, noch eine ganz besondere Sendestation. Nachdem unter großen Mühen von Valentia Island nach Hearts Content in Neufundland – und damit auf der kürzesten Verbindung zwischen Europa und Nordamerika – mit dem Schiff The Great Eastern das erste transatlantische Telegrafenkabel verlegt worden war, wurde am 5. August 1866 die Kommunikation zwischen den beiden Kontinenten aufgenommen.

Auf dem Weg zum Leuchtturm der Insel passiert man „La Grotta", einen Schiefersteinbruch, aus dem die englische Kolonialmacht u. a. Baumaterial für ihr House of Commons und das House of Lords gewonnen hat. Die Abfahrt zur Leuchtfeuerstation **Fort Cromwell Point** (A 6416) führt über schmale und schotterige Wege. Da ich den Attendant nicht über Handy erreichen konnte, stand ich vor ver-

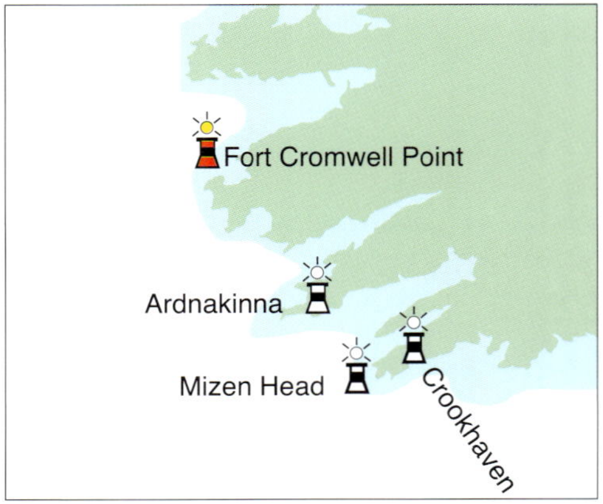

Fort Cromwell Point	
Int. No.:	A 6416
Position:	51°56,0'N 010°19,3'W
Baujahr:	1837–1841
In Betrieb:	1841
Turmhöhe:	15 m
Feuerhöhe:	16 m
Kennung:	Fl.WR.2s
Tragweite:	Weiß 17 sm, Rot 15 sm
Optik:	Dioptrische Optik I. Ordnung
Ingenieur(e):	George Halpin Senior

Leuchtturm Fort Cromwell Point auf Valentia Island

schlossenen Toren – und wieder einmal stand eine waghalsige Kletterpartie über Felsen und eine Mauer an. Offiziell ist der Zugang zu verschlossenen Leuchtfeuerstationen für Unbefugte zwar verboten, aber im Stillen wird dieser „Rechtsbruch" von der irischen Seezeichenbehörde geduldet.

Fort Cromwell Point ist ein Hafenfeuer, das die Schiffe, von See kommend, zur Nordeinfahrt des Valentia-Hafens und vorbei am Harbour Rock führt. Bereits 1828 hatte Maurice Fitzgerald, Knight of Kerry und Besitzer des Großteils der Insel, den Bau eines Leuchtfeuers gefordert. Nachdem Trinity House dann 1837 die Zustimmung erteilt hatte, begannen noch im gleichen Jahr die Arbeiten nach dem Entwurf von George Halpin Senior. Man nutzte die Mauern eines alten Forts, und nur dort, wo unbedingt erforderlich, wurden Veränderungen vorgenommen. Insgesamt hat der Bau der Station dennoch 11 000 Pfund Sterling gekostet.

Am 1. Februar, etwa ein Jahr bevor die Bauarbeiten an der gesamtem Leuchtfeuerstation endgültig beendet waren, wurde bereits der Leuchtturm in Betrieb genommen. Der runde weiße Steinturm ist 15 m hoch und hat eine Feuerhöhe von 16 m.

Der Leuchtturm Fort Cromwell Point wurde von George Halpin entworfen

Fort Cromwell Point zeigte zu Beginn ein festes weißes Feuer, das eine Stärke von 2000 Candela hatte und 12 Seemeilen weit reichte. Als optische Vorrichtung wurden Parabolspiegel und Öllampen verwendet. 1947 wurde das zwischenzeitlich verwendete Petroleum als Leuchtmittel durch Azetylengas abgelöst, das an der Station produziert wurde. Im gleichen Jahr fand auch die Automatisierung der Station statt, und der bis dahin allein diensthabende Leuchtturmwärter Harry Staniford wurde als Attendant weiter eingesetzt.
Mit der Umstellung auf Elektrizität am 8. Juli 1966 wurde die optische Einrichtung verbessert und die Lichtstärke von 2000 auf 34 500 Candela gesteigert. Heute verfügt Fort Cromwell Point über eine dioptrische 920-mm-Optik und L-11-Glühlampen in einer LC-15-Lampenwechselvorrichtung. Seine Kennung ist ein Blitz alle 2 Sekunden, wobei die Reichweite des weißen Feuers 17 und die des roten 15 Seemeilen beträgt.

Ardnakinna Point – Charles's Fort

Im Südwesten von Valentia Island führt eine Brücke zurück auf das Festland nach Portmagee. Gleich hinter dieser Brücke liegt das Skellig Experience Centre, in dem u. a. die Geschichte des im 6. Jahrhundert vom heiligen Finian gegründeten keltischen Klosters auf „Skellig Michael", der größeren der ca. 13 Kilometer vor Bolus Head gelegenen Skellig Isles, erzählt wird. Lange Zeit war „Skellig Michael" der Hauptwallfahrtsort Irlands. Auf „Great Skellig", wie die Insel auch genannt wird, hatte George Halpin Senior ebenfalls zwei Leuchttürme gebaut, die im Dezember 1826 als Ober- und Unterfeuer in Betrieb genommen worden sind. Beide Türme stehen heute nicht mehr. Das Oberfeuer wurde 1870, drei Tage nach der Inbetriebnahme des Leuchtturmes **Inishtearght** (A 6408) auf der westlichsten der Blasket Islands, gelöscht. Nach einer Inspektionsreise der Commissioners of Irish Lights im Jahre 1962 wurde dann auch das alte Unterfeuer aufgegeben und vollständig abgetragen. An seine Stelle trat ein moderner viereckiger Betonturm (12 m), der seit 1967 unter dem Namen **Skelligs Rock** (A 6422) aktiv ist. Die zweite Insel, „Little Skellig", ist als Vogelparadies und -schutzgebiet bekannt. Mit ihren bis zu 215 m aus dem Ozean ragenden und bis zu 50 m in die Tiefe gehenden Felsen bilden die Skellig-Inseln aber auch einen idealen Lebensraum für Haie, Delfine und Meeresschildkröten.
Vom Bau der Leuchttürme auf Skellig Michael wird eine schöne Geschichte vom Zusammenwirken zwischen Mensch und Natur erzählt. So sollen die Arbeiter in Ermangelung eigener Uhren die Tageszeit am Verhalten der unzähligen Papageientaucher abgelesen und ihren Arbeitstag danach ausgerichtet haben. Während diese interessanten Vögel den überwiegenden Teil des Tages auf See verbringen, kehren sie für die Nacht zu ihren Rast- und Nistplätzen in den Klippen und Felsspalten zurück. Wenn sie dann am Ende des Tages unter lautem Geräusch ihre roten Füße zur Landung spreizten, dann war dies für die Arbeiter das Signal zum Feierabend, und sie legten ihre Werkzeuge nieder. Die Papageientaucher sollen so zuverlässig gewesen sein, dass keine Überstunden geleistet werden mussten.
Von Portmagee fuhr ich zurück auf den Ring of Kerry (N 70) in Richtung Kenmare, einer kleinen Stadt an der Bucht zwischen den Halbinseln Beara und Iveragh. Heidekraut, Pfeifengras und Rosmarienheide bedecken die Landschaft so weit das Auge reicht. Kenmare wurde im 17. Jahrhundert von dem englischen Wirtschaftswissenschaftler Sir William Petty (1623–1687) gegründet, der ursprünglich als Arzt mit Cromwells Armee nach Irland gekommen war. Heute ist Kenmare bekannt für feine Spitzenklöppeleien. Während der großen Hungersnot (1845–1851) hatten dort die Nonnen des St. Clare-Konvents eine Klöppelschule für arme Mädchen eingerichtet.
Von dort ging es auf den Ring of Beara (R 571), einer 140 Kilometer langen Panoramaküstenstraße, auf die Beara-Halbinsel, manchmal wegen der gleichnamigen Berge auch Caha-Halbinsel genannt, die je zur Hälfte in den Grafschaften Kerry und Cork liegt. Die Halbinsel ist nach der altirischen Fruchtbarkeitsgöttin Beara benannt. Auf dem Weg in die Berge und zur Südseite der Halbinsel passiert man „Derreen Garden", eine subtropische Gartenanlage, die der Fünfte Lord Lansdowne 1870 angelegt hat. Prächtige Azaleen und Rhododendren sowie ein großer Hain aus neuseeländischen Baumfarnen lassen einen Besuch für Naturfreunde zu einem beeindruckenden Erlebnis werden. Über 11 Kilometer Serpentinen führt die Straße (R 574) dann hinauf zum Healy Pass, be-

Leuchtturm Ardnakinna Point auf Bere Island

Ardnakinna Point	
Int. No.:	A 6434
Position:	51°37,1'N 009°55,0'W
Baujahr:	1850/1965
In Betrieb:	1965
Turmhöhe:	20 m
Feuerhöhe:	62 m
Kennung:	Fl(2)WR.10s
Tragweite:	Weiß 17 sm, Rot 14 sm
Optik:	Gürteloptik III. Ordnung
Ingenieur(e):	George Halpin Senior

nannt nach dem Generalgouverneur Timothy Michael Healy, und über die Caha Mountains auf die Südseite und dort zum Hauptort der Halbinsel. Castletowbere, an der Bantry Bay gelegen, ist ein bedeutender Fischereihafen, der häufig auch als Castletown Bearhaven verzeichnet ist. Etwa drei Kilometer vor der Küste liegt die Insel Bere oder Bear Island, die mit den „Bere Island Ferries" vom Anleger in Castletownbere bequem und schnell zu erreichen ist. Die rund 33 Quadratkilometer große Insel, heute nur noch von wenigen Familien bewohnt, war bis 1931 ein wichtiger Militär- und Marinestützpunkt der Britischen Admiralität .

Ein Seezeichen zur Markierung der westlichen Einfahrt nach Castletownbere wurde von der Admiralität bereits 1847 gefordert. Zunächst wurde jedoch von der Seezeichenbehörde nur die Errichtung eines unbeleuchteten Tagessichtzeichens im Westen der Insel, am sogenannten Ardnakinna Point, beschlossen. Vermutlich nach einem Entwurf von George Halpin Senior wurde der 15,4 m hohe, runde Backsteinturm gebaut und der Aufsicht eines ortsansässigen Handwerkers übertragen. **Ardnakinna Point** (A 6434) verfügte zunächst über

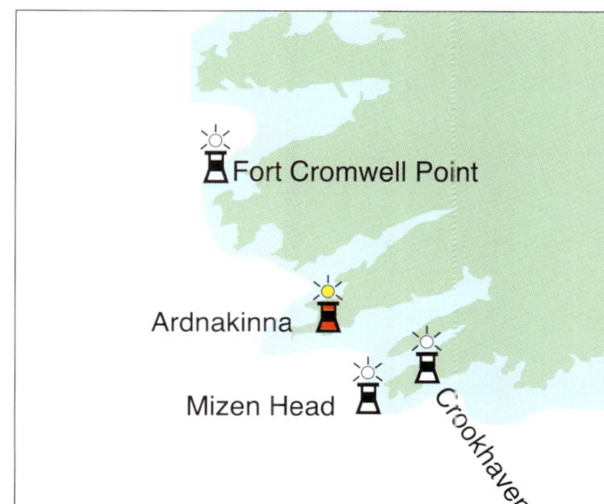

keine Kuppel und war damit Witterungseinflüssen ungeschützt ausgesetzt. Erst im Jahre 1863 wurde der Turm, ähnlich wie das alte Unterfeuer Nash Point in Südengland, nach oben hin verschlossen. Obwohl seit Beginn des 20. Jahrhunderts immer wieder vehement die Befeuerung des Turmes am Ardnakinna Point gefordert wurde, sollte es noch bis 1965 dauern, bevor das Ministerium für Transport seine Zustimmung erteilte, das Tagessichtzeichen in einen Leuchtturm umzuwandeln.

Auf dem alten Turm wurde Anfang 1965 eine Galerie angebracht, auf die dann wiederum eine modifizierte Laterne eines außer Dienst gestellten Feuerschiffes aufgebaut wurde. Ardnakinna Point hatte damit eine Höhe von 20 m erreicht. Die heute noch vorhandene optische Einrichtung besteht aus einer 500-mm-Gürteloptik der Firma Stone Chance aus Birmingham. Als Lichtquelle werden 1500-Watt-/100-Volt-Glühlampen vom Typ L 24 in einem LC-15-Lampenwechsler verwendet. Das Leuchtfeuer wurde zum ersten Mal am 23. November 1965 gezündet und zeigt auf einer Feuerhöhe von 62 m zwei Blitze mit einer Wiederkehr alle 10 Sekunden. Die Tragweite des weißen Feuers beträgt 17, die des roten 14 Seemeilen. Ardnakinna Point ist ein Tagesfeuer, d. h. es brennt 24 Stunden am Tag. Der Leuchtturm ist an das Stromnetz der Insel angeschlossen, für Notfälle steht ein Dieselgenerator zur Stromerzeugung bereit.

Nachdem ich Bere Island und Castletownbere wieder verlassen hatte, richtete sich mein Weg (R 572) zunächst zurück nach Glengariff, bevor ich dann in südwestlicher Richtung (N 71) das Städtchen Bantry mit seinem prachtvollen Herrensitz Bantry House, heute Sitz der irischen Umweltschutzorganisation „Earth Watch", durchquerte. Am Südufer der Dunmanus-Bucht gelangte ich hinaus zum Mizen Head, dem südwestlichsten Punkt Irlands.

Vor Mizen Head sind die Gewässer aufgrund der vielen unter Wasser liegenden Felsen besonders tückisch, und so befindet sich auch hier ein Schiffsfriedhof mit an die 200 Wracks. 1905 wurde die Zustimmung zur Errichtung eines Leuchtfeuers und eines Nebelsignals am **Mizen Head** (A 6448) erteilt, doch auf einer Leuchtturmkonferenz im April 1906 wurde dann entschieden, dass ein Nebelsignal

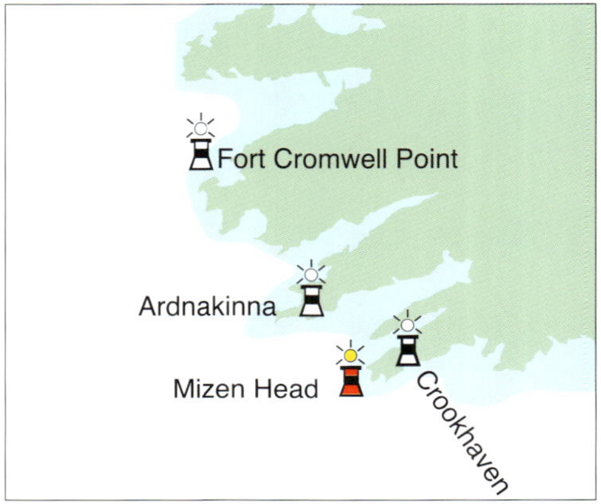

ausreichen würde. Von der Firma Thorne & Sons wurde im Oktober 1907 für 1200 Pfund Sterling zunächst eine Betonbrücke vom Festland hinüber zum vorgesehenen Standort auf Cloghnane Island gebaut. Entworfen wurde die Brücke von dem Architekten Noel Ridley. Bei Sturm wird der Übergang jedes Mal zu einem kleinen Abenteuer, denn

Blick von der Brücke auf die Leuchtfeuerstation Mizen Head

Mizen Head	
Int. No.:	A 6448
Position:	51°26,9'N 009°42,2'W
Baujahr:	1959
In Betrieb:	1959
Turmhöhe:	1,5 m
Feuerhöhe:	55 m
Kennung:	Iso.W.4s
Tragweite:	15 sm
Optik:	300-mm-Laterne
Ingenieur(e):	C. W. Scott

die Brücke wird in Schwingungen versetzt. Nach Fertigstellung der Brücke begann der Bau der Nebelsignalstation. Während der Bauarbeiten retteten die Bauarbeiter am 22. Dezember 1908 die 63 Besatzungsmitglieder der SS Irada, die in einem heftigen Sturm in Seenot geraten und anschließend gesunken war. Am 3. Mai 1909 konnte dann das Nebelsignal in Betrieb genommen werden. Alle 7,5 Minuten wurden bei schlechtem Wetter zwei Schüsse aus einer Nebelkanone abgefeuert. Die Verantwortung für die Station wurde den für den Fastnet Rock verantwortlichen Principal Keepers in Nebenfunktion übertragen.

Im Juli 1914 entschied man sich, die Stationsgebäude weiß zu streichen, um so zusätzlich eine weithin sichtbare Tagessichtmarke zu bilden. Bei einem bewaffneten Überfall während des irischen Bürgerkriegs wurden im Mai 1920 alle Signalkartuschen gestohlen. Weil die Regierung den einzelnen Stationen keinen wirksamen Schutz vor solchen Übergriffen bieten konnte, fiel die Entscheidung, vorübergehend alle Signalstationen mit Explosivsignalen außer Betrieb zu setzen. Erst am 29. Februar 1924 nahm die Nebelsignalstation ihre Arbeit wieder auf. Als Kennung hatte Mizen Head nun zwei Schüsse alle fünf Minuter, die bei Nacht zusätzlich mit einem grellen Blitz als optischem Signal verstärkt wurden. 1931 bekam die Station ihren ersten eigenen Principal Keeper. Die Besatzung bestand aus drei Leuchtturmwärtern, von denen einer auch in Cookhaven Dienst tat. Zwei von ihnen retteten am 2. Februar 1940 zwei Mann des norwegischen Trawlers Sonya, nachdem dieser von einem deutschen U-Boot torpediert wurde.

Die 300-mm-Seelaterne von Mizen Head

Eine Leuchtfeuerstation ist Mizen Head erst am 1. Oktober 1959 geworden, als ein unterbrochenes weißes Feuer mit einer Lichtstärke von 4600 Candela und einer Reichweite von 13 Seemeilen eingerichtet wurde. Das Leuchtfeuer besteht heute aus einer roten 300-mm-Seelaterne mit einer L-24-Glühlampe, die auf einem auf einer Betonplattform angebrachten, circa 1,50 m hohen Metallmast steht. Die Feuerhöhe beträgt 55 m. Ein weißes Gleichtaktfeuer mit einer Reichweite von 15 Seemeilen bildet die Kennung. Als Reservefeuer ist etwas unterhalb des Hauptfeuers eine Tideland-ML-300-Laterne mit einer 60-Watt-/10,3-Volt-Glühlampe installiert. Für die Navigation ist das Leuchtfeuer trotz seiner vergleichsweise geringen Größe eines der strategisch am besten platzierten Lichter an der gesamten irischen Küste. Wie Loop Head wurde Mizen Head 1998 als Referenzstation in das DGPS-Navigationssystem integriert.

Das Nebelsignal wurde 1969 außer Dienst gestellt und die Leuchtfeuerstation im März 1993 automatisiert. Als letzter Wärter verließ Geoff McCarthy den Mizen Head. Mit der Automatisierung wurden die Gebäude der Station an die Mizen Tourism Society vermietet, die dort ein Besucherzentrum verwirklichen wollte. „Mizen Vision" wurde durch die Künstlerin Jules Thomas gestaltet und zeigte eine interessante Ausstellung zum Leben der Leuchtturmwärter sowie zur Pflanzen- und Tierwelt am Mizen Head. 2005 begannen die Umbauarbeiten des Besucherzentrums, das 2006 unter neuer Leitung eröffnet wurde. Manager des neuen „Mizen Head Visitor Centre", das mit 100 000 Besuchern pro Jahr rechnet, ist der ehemalige Leuchtturmwärter Stephen O'Sullivan. Im Zuge der Neugestaltung wurde am 25. Juni 2005 im Rahmen der 100-Jahresfeier des neuen Fastnet Rock-Leuchtturms ein Denkmal enthüllt. Es besteht aus einer Nachbildung der zwanzigsten Lage der beim Bau des Leuchtturms verwendeten Granitblöcke. Die Steinquader wurden am Mizen Head in den Boden eingelassen und zeigen, wie die einzelnen Blöcke miteinander verzahnt worden sind, um dem Turm Stabilität zu geben.

Nur etwa 15 Autominuten entfernt liegt an der Nordseite der Einfahrt nach Crookhaven am Rock Island Point die Leuchtfeuerstation **Crookhaven** (A 6450). Die Zufahrt führt über einen schmalen und von zwei Mauern gesäumten Weg, auf dem kein Wenden mit dem Auto möglich ist, wenn das Einfahrtstor verschlossen ist. Es ist daher angeraten, die letzten 100 Meter zu Fuß zurückzulegen.

Ursprünglich hatten die ortsansässigen Fischer,

Leuchtfeuerstation Crookhaven

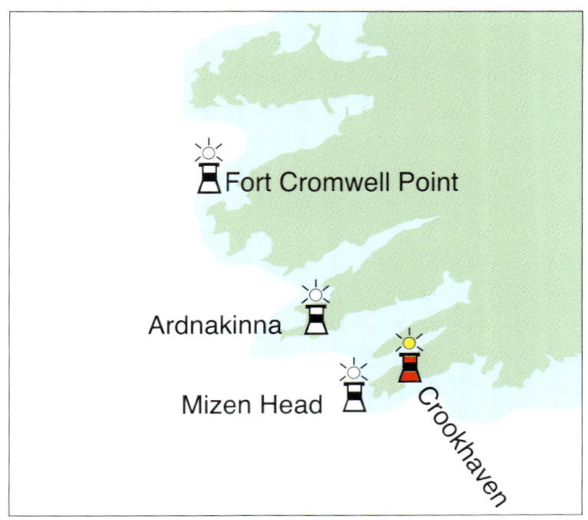

unterstützt von der Küstenwache, eine Befeuerung auf dem Alderman Rock gefordert, aber Chefingenieur George Halpin Senior fand diesen Standort aufgrund der bröckeligen Beschaffenheit des Untergrundes und auch wegen seiner geringen Höhe, insbesondere bei Springfluten, nicht geeignet. Stattdessen schlug er Rock Island als Position für das geplante Hafenfeuer vor. Am 31. Oktober 1838 erteilte Trinity House die Genehmigung zum Bau einer Leuchtfeuerstation. George Halpin lieferte wieder den Entwurf, die Bauleitung hatte ein Mr. John Cottor.

Der runde weiße Steinturm (14 m) wurde am 4. August 1843 in Betrieb genommen. Das anfangs

Crookhaven

Int. No.:	A 6450
Position:	51°28,6'N 009°42,6'W
Baujahr:	1842/43
In Betrieb:	1843
Turmhöhe:	14 m
Feuerhöhe:	20 m
Kennung:	LFl.WR.8s
Tragweite:	Weiß 13 sm, Rot 11 sm
Optik:	Katadioptrische Optik II. Ordnung
Ingenieur(e):	George Halpin Senior und John Cottor

weiße Festfeuer mit einem roten Sektor über der Untiefe Alderman Rock wurde mit einer dioptrischen Optik III. Ordnung und einer Petroleumlampe erzeugt. Danach nutzte die irische Seezeichenbehörde Azetylengas als Leuchtmittel.

Die Station Crookhaven diente gleichzeitig als Landstation für die Familien der Leuchtturmwärter des **Fastnet Rock** (A 5702) und wurde beim Bau des neuen, von William Douglass entworfenen Leuchtturms auch als Bauhof genutzt. Von hier wurden alle in Cornwall gefertigten und durchnummerierten 2074 Granitblöcke mit einem extra zu diesem Zwecke gebauten Dampfschiff zur Fastnet-Baustelle transportiert. Nach einer Bauzeit von fast neun Jahren wurde der 54 m hohe Granitturm am 27. Juni 1904 in Betrieb genommen.

Zunächst war der Principal Keeper vom Fastnet

Zufahrt zur Leuchtfeuerstation Crookhaven

Rock auch für das Leuchtfeuer Crookhaven zuständig, bevor die Station dann 1953 einen eigenen Attendant erhielt. Nachdem der Irish Lighthouse Service den Leuchtturmwärtern Unterstützung beim Bau eigener Häuser gewährt hatte, zogen die letzten Familien 1959 aus der Station aus. Die Wohngebäude gingen in den frühen 1960er-Jahren in Privatbesitz über und können heute als Ferienhäuser gemietet werden.

Das Laternenhaus von Crookhaven

1976 erfolgte die Umstellung der Station auf elektrische Energie. Crookhavens Optik bestand zu dieser Zeit aus einer katadioptrischen 500-mm-Optik, in der eine 1000-Watt-Glühlampe brannte, die später durch 100-Watt-Softtoneglühlampen in einer 3-fach-Wechselvorrichtung ersetzt wurden.

Im Rahmen eines Modernisierungsprogrammes erhielt das Leuchtfeuer am 25. März 2004 eine katadioptrische Optik II. Ordnung mit einer 4-fach-Wechselvorrichtung mit 35-Watt-Halogenglühlampen. Die bis zu diesem Zeitpunkt im Notfall zur Stromerzeugung verwendeten Dieselgeneratoren wurden durch ein Batteriesystem ersetzt. Als Kennung hat das Crookhaven-Feuer jetzt ein Blitzfeuer mit einem weißen und einem roten Blitz alle 8 Sekunden. Das weiße Feuer hat eine Tragweite von 13, das rote 11 Seemeilen. Die Feuerhöhe beträgt 20 m.

Das nächste Ziel auf meiner „Leuchtturm-Safari" war **Galley Head** (A 5708). Von Ballydebob kommend, ging die Fahrt (N 71) in Richtung Skibberen, einem Marktflecken, der seine Existenz nordafrikanischen Piraten verdankt, die 1631 über die benachbarte Siedlung Baltimore hergefallen waren. Überlebende Flüchtlinge hatten dann in der Folge den Ort Skibberen gegründet.

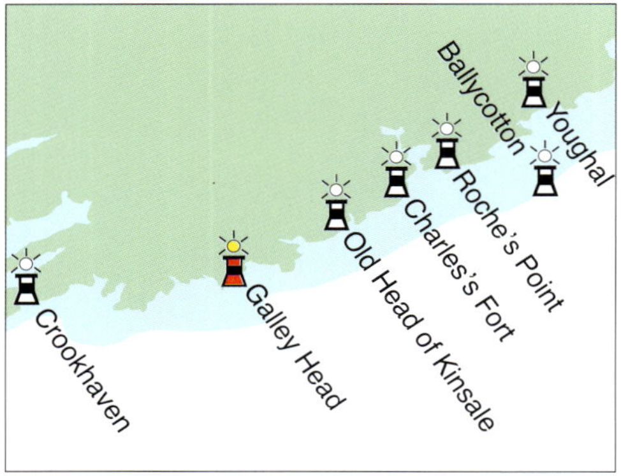

Der Leuchtturm Galley Head steht auf Dundeady Island, einer Landzunge zwischen Ross Carbery und Clonakilty im County Cork. Ganz in der Nähe liegt die Ruine des Dundeady Castle.
Bereits 1849 und 1857 hatte es zwei Versuche gegeben, auf dieser Landspitze einen Leuchtturm zu errichten. Beide Male hatte das Ballast Board bereits zugestimmt, aber Trinity House in London lehnte ab und wollte sich nicht engagieren. Ein kleines Feuer unter örtlicher Verwaltung wurde für vollkommen ausreichend gehalten.
14 Jahre später erfolgte ein neuer Anlauf. Diesmal hatte Lord Bandon einen Brief an das Ballast Board geschrieben, in dem er erneut auf die vielen Wracks und Unglücke vor dem Küstenabschnitt hinwies und daraus die Notwendigkeit eines starken Leuchtfeuers ableitete. Eine Untersuchungskommission unter Führung von Admiral Forbes, Angehöriger der British Navy aus Queenstown (seit 1922 Cobh), wurde eingesetzt. In seinem Abschlussbericht befürwortete auch er den Bau eines Leuchtturms, und Trinity House stimmte schließlich zu. Die nächsten zwei Jahre vergingen mit dem Erwerb des Baulandes, der Wegerechte und der Ausschreibung für die Vergabe der Bauarbeiten. Der Vertrag zum Bau der Station, mit Ausnahme der Laterne, ging an William M. Murphy aus Bantry. Die Arbeiten begannen im Jahr 1873 und sollten drei Jahre dauern.
Entworfen hatte die Station J. S. Sloane, der zu die-

Galley Head

Int. No.:	A 5708
Position:	51°31,7'N 008°57,1'W
Baujahr:	1875–1877
In Betrieb:	1878
Turmhöhe:	21 m
Feuerhöhe:	53 m
Kennung:	Fl(5)W.20s
Tragweite:	23 sm
Optik:	Zwei katadioptrische Optiken I. Ordnung übereinander
Ingenieur(e):	J. S. Sloane

Leuchtturm Galley Head

Der Leuchtturm Galley Head auf der Landzunge Dundeady Island

Die Laterne des Leuchtturms Galley Head

ser Zeit der amtierende Chefingenieur der Seezeichenbehörde war. Die Galley Head-Leuchtfeuerstation besteht aus dem Leuchtturm, der über einen 38 m langen Gang mit den Unterkünften und den restlichen Gebäuden der Station verbunden ist. Als Hauptbaumaterial wurden Backstein und Granitblöcke verwendet. Der 21 m hohe runde Steinturm hat am Sockel einen Außendurchmesser von sechs Metern und verjüngt sich bis zur Laterne zu einem Innendurchmesser von 3,6 m. Die gesamte Anlage ist von einer hohen weißen Steinmauer umgeben, u. a. wohl auch als Schutz der Wärter und ihrer Familien vor den nahen Klippen. Die Leuchtfeuerstation gleicht so einem kleinen Fort.

Die Laterne mit den vier in Frankreich hergestellten Optiken I. Ordnung, den Gasbrenner und die Gaserzeugungsanlage lieferte die Firma Messrs. Edmundson & Co. aus Dublin mit ihrem Chefingenieur R. Wigham. Wie bereits beim Leuchtturm Baily beschrieben, gehörten diese zu den Vorreitern in der Verwendung von Kohlegas als Energiequelle für die Lichterzeugung auf Leuchttürmen und Leuchttonnen. Die gewaltige Optik bestand aus vier achteckigen Einzeloptiken, die übereinander montiert waren. Jede Optik hatte einen separaten Gasbrenner mit jeweils 108 Düsen. Je nach Witterung wurden ein bis vier Gasbrenner gezündet. Bei schlechten Sichtverhältnissen brannten so bis zu 432 Einzelflammen und erzeugten einen Lichtstrahl mit einer Höhe von vier und einer Breite von einem Meter. Die Lichtstärke betrug gewaltige 1 Million Candela. Das Gas wurde durch die Destillation von Kohle erzeugt und in zwei großen Tanks in einem separaten Gebäude gelagert. Als Ersatzbefeuerung wurde in der unteren Optik eine Öllampe mit mehreren konzentrischen Dochten installiert.

Galley Head wurde am 1. Januar 1878 in Betrieb genommen. Sechs oder sieben weiße Blitze innerhalb von 16 Sekunden, gefolgt von einer 44 Sekunden langen Dunkelphase, bildeten die ungewöhnliche Kennung des Leuchtfeuers. Sie entstand dadurch, dass die Umlaufzeit der Optiken eine Minute betrug, andererseits die Gasbrenner etwa alle 2 Sekunden gezündet wurden. Das Feuer war auf einer Höhe von 53 m und bis in eine Entfernung von 19 Seemeilen zu sehen.

Im Rahmen der regelmäßigen Inspektionsreisen der Seezeichenbehörde wurde 1904 auch die Feuerstation Galley Head besucht. Das Ergebnis dieser Inspektion war, dass man sich entschloss, die 4-fach-Optik durch eine Zwillingsoptik auszutauschen und die Energieversorgung von Gas auf Petroleum umzustellen. Zu Beginn des Jahres 1907 wurden zwei katadioptrische 920-mm-Optiken der Firma Chance Brothers übereinander eingebaut und am 18. Juni in Betrieb genommen.

Nach einer weiteren Inspektionstour 1963 wurde die Umstellung auf elektrische Energie beschlossen. Tatsächlich erfolgte diese aber erst am 20. August 1969. Seitdem wird von der Zwillingsoptik nur noch der obere Teil genutzt. Zwei 3500-Watt-Glühlampen in einem Lampenwechsler produzierten nun ein Licht mit einer Stärke von 2 800 000 Candela. Die Reichweite verringerte sich um eine Seemeile. In den Jahren 1978/79 erfolgte schließlich die Automatisierung der Leuchtfeuerstation. Als Reservefeuer verfügt Galley Head über eine Tideland-ML-300-Laterne mit einer 60-Watt-/10,3-Volt-Glühlampe.

Galley Head ist ein typisches Beispiel dafür, dass viele Leuchtfeuerstationen über Generationen hinweg von einer Familie als Leuchtturmwärter betrieben wurden. In dieser Familientradition haben zum Beispiel auch Larry und Pauline Butler, selbst beide Kinder von Leuchtturmwärtern, Galley Head über viele Jahre betreut und, man glaubt es kaum, 15 Kinder auf der Station groß gezogen. Pauline war von 1968–79 Assistant Keeper ihres Mannes, bevor dieser mit der Automatisierung am 28. Februar 1979 zum Attendant wurde. Nach dem Tode von Larry übernahm Pauline wiederum von 1992–97 die Verantwortung. Heute ist ihr Sohn Gerry als Attendant bestellt.

Im November 1990 wurden die 3500-Watt-Glühlampen durch neue MBI-/BD-1000-Watt-Glühlampen ersetzt. Als Kennung hat Galley Head heute fünf weiße Blitze alle 20 Sekunden. Seit März 2002 können die renovierten Gebäude der Station über den Irish Landmark Trust als Ferienwohnungen gemietet werden. Der Verbindungskorridor zum Turm wurde versiegelt.

Im plötzlich einsetzenden dichten Regen machte ich mich nun auf den Weg zum nächsten Leuchtfeuer in der „Lichterkette" rund um Irlands Küste. Zunächst ging es nach Clonakilty, dem Geburtsort des irischen Freiheitskämpfers Michael Collins (1890–1922). Bekannt ist Clonakilty aber auch für seinen „Black Pudding", eine Art Blutwurst, die – zumindest als Bestandteil des traditionellen Frühstücks in dieser Gegend – etwas gewöhnungsbedürftig ist. Weiter führte die Fahrt über Bandon (R 603), Killbrittain und schließlich Ballinspittle (R 604) hinaus zum Old Head of Kinsale.

Auf den steilen Klippen an der Spitze einer Halbinsel, dort, wo schon in vorchristlicher Zeit ein Feuer geleuchtet haben soll und wo noch heute

Old Head of Kinsale

Int. No.:	A 5710
Position:	51°36,3'N 008°31,9'W
Baujahr:	1850–1853
In Betrieb:	1853
Turmhöhe:	30 m
Feuerhöhe:	72 m
Kennung:	Fl(2)W.10s
Tragweite:	20 sm
Optik:	Zwei katadioptrische Optiken I. Ordnung übereinander
Ingenieur(e):	George Halpin Senior

die Überreste einer keltischen Festung zu finden sind, steht die Leuchtfeuerstation **Old Head of Kinsale** (A 5710). Die Zufahrt führt durch einen herrlich gelegenen Golfplatz, direkt vorbei am 18. Loch. Am Fuße der Klippen sollen nach Aussage

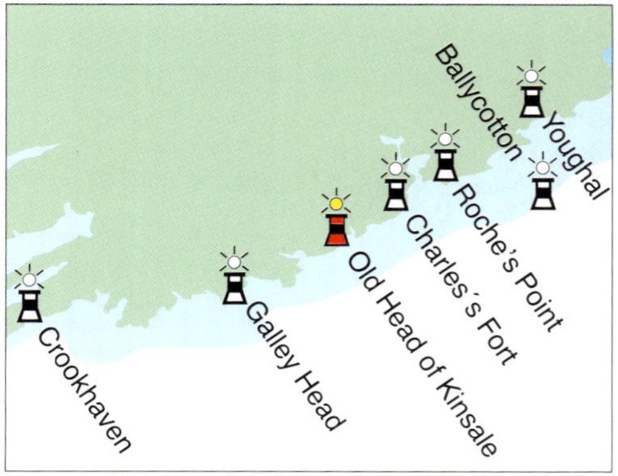

Leuchtfeuerstation Old Head of Kinsale

des Platzwartes Hunderte von verschlagenen Golfbällen liegen.

Bereits am 13. November 1665 hatte Sir Robert Reading von König Charles II. das Recht erworben, ein Leuchtfeuer auf einer Steinhütte – einem Lighthouse oder Lichthaus – zu errichten. Die erste Lichtquelle bildete ein offenes Kohlefeuer in einem Eisenkorb.

Nachdem das Leuchtfeuer nach 15 Jahren aus heute nicht mehr nachvollziehbaren Gründen zwischenzeitlich für mehr als 20 Jahre außer Betrieb gewesen war, wurde am 18. November 1703 eine Petition an das Londoner Parlament gerichtet und die Wiederinbetriebnahme gefordert. 1720 schließlich wurde das „Lichthaus" renoviert und erneut in Betrieb genommen.

Laterne mit den übereinander montierten 920-mm-Optiken und dem Reservefeuer

1804 ersetzte Thomas Rogers das alte offene Kohlefeuer durch ein Laternenhaus von 1,8 m Durchmesser mit zwölf Öllampen und Kupferreflektoren. Erst 1814 wurde von George Halpin der erste „richtige" Leuchtturm am Old Head, oder wie die Spanier sagten, am „Capo del Vel", also „Kap des Lichts", gebaut. Der etwa 13 Meter hohe runde Steinturm zeigte ein festes weißes Feuer bis zu 23 Seemeilen weit. Als Lichtquelle dienten 27 Argand'sche Lampen, deren Licht mithilfe jeweils eines parabolischen Reflektors verstärkt wurde.

Als Ergebnis einer 1849 absolvierten Inspektionsreise wurde entschieden, am Ende der Halbinsel einen neuen Leuchtturm zu bauen, damit das Leuchtfeuer unterhalb der Nebelgrenze strahlt.

Baubeginn des heutigen Leuchtturms Old Head of Kinsale war im Jahre 1850. Wieder lieferte George Halpin Senior die Baupläne, und er übernahm hier auch selbst die Bauaufsicht. Nach fast drei Jahren Bauzeit wurde das Leuchtfeuer am 1. Oktober 1853 zum ersten Mal gezündet. Die Baukosten für die Station betrugen über 10 000 Pfund Sterling.

Der runde Steinturm hat eine Höhe von 30 m, 124 Stufen führen hinauf zum Laternenraum. Seine ursprüngliche Farbe war weiß mit zwei roten Bändern. Seinen aktuellen Anstrich – schwarz mit zwei weißen Bändern – erhielt der Turm erst 1930. Die optische Einrichtung bestand zunächst aus einer dioptrischen Gürteloptik I. Ordnung und

Old Head of Kinsale – Turmhöhe 30 m

einer Öllampe. 1907 wurde die Optik modernisiert. Die Firma Chance Brothers aus Birmingham lieferte zwei katadioptrische Optiken I. Ordnung, die übereinander montiert wurden. Die Optik wiegt 3,5 Tonnen und besteht aus über 400 Prismen. Als Lichtquelle diente nun eine Petroleumglühstrumpflampe. 1972 erfolgte die Umstellung auf Elektrizität. Bis Oktober 2005 wurden L-24-Lampen verwendet. Am 9. Oktober des Jahres wurden diese dann durch zwei energiesparende 150-Watt-CDMT-Glühlampen ersetzt. Die Tragweite des Leuchtfeuers reduzierte sich dabei von 25 auf 20 Seemeilen. Old Head of Kinsale zeigt gegenwärtig alle 10 Sekunden zwei weiße Blitze von jeweils 0,1 Sekunden. Am 1. April 1987 wurde das Leuchtfeuer automatisiert. Als Reservefeuer ist auf der Galerie eine Tideland-ML-300-Laterne mit einer 60-Watt-/10,3-Volt-Glühlampe angebracht.

Das erste Nebelsignal der Station bildeten im Februar 1893 drei Kanonen, die alle zehn Minuten zweimal abgefeuert wurden. Hierfür stationierte man einen dritten Leuchtturmwärter. Über die Jahre wurde die Kennung des Nebelsignals und auch das Signal selber mehrfach gewechselt. So löste am 17. Dezember 1907 ein Explosivsignal mit Schießbaumwolle die alten Kanonen ab. Alle sechs Minuten wurden damit zwei Schallsignale abgegeben. Als alle explosiven Nebelsignale rund um Irlands Küsten abgebaut wurden, erfolgte dann 1972 die Einrichtung der Sirene aus der Power Head oder auch Poer Head genannten Nebelsignalstation östlich vom Roche's Point. Die Station wurde 1879 erbaut, um die Zufahrt zum Hafen von Cork sicherer zu machen, und war bis 1970 in Betrieb. Zu dieser Zeit war dies die einzige bemannte Station im Irish Lighthouse Service, die kein Leuchtfeuer hatte. Es wurde an diesem Standort nicht für erforderlich gehalten, weil der Küstenabschnitt mit den Leuchttürmen Roche's Point, Old Head of Kinsale und der Feuerschiffstation DAUNT ROCK ausreichend befeuert war. Wegen der regelmäßig sehr dichten und gefährlichen Nebel aber entschied die Seezeichenbehörde die Errichtung eines zusätzlichen Nebelsignals. 1985 wurde die Power Head-Sirene wiederum durch ein elektrisches Horn ersetzt, das mithilfe eines videografischen Nebeldetektors in Betrieb gesetzt wurde und bei schlechten Sichtverhältnissen alle 45 Sekunden drei Schallsignale abgab. Im Oktober 2005 wurde ein neues Pharos-Marine-SA-850/417-Nebelsignal mit einer von 4 auf 2 Seemeilen reduzierten Tragweite installiert. Die Kennung wurde beibehalten.

Am 7. Mai 1915 wurden der Leuchtturm Old Head of Kinsale und seine Leuchtturmwärter Zeugen einer der größten Tragödien in der Geschichte der Schifffahrt. Am 1. Mai war der britische Luxusliner LUSITANIA zu seiner 202. Atlantiküberquerung von New York nach Liverpool ausgelaufen. Die Britische Admiralität hatte für diesen Tag an der Südküste Irlands eine U-Boot-Warnung herausgegeben. Ein britisches Kriegsschiff hatte den Auftrag, das Passagierschiff sicher in den Hafen von Queenstown, dem heutigen Cobh, zu geleiten. Vor der Küste befand sich tatsächlich das deutsche U-Boot U 20. Nachdem der Kommandant die LUSITANIA als vermeintliches Handelsschiff identifiziert hatte, gab er um 14.10 Uhr den Befehl zum

Abschuss eines Torpedos. Der U-Boot Kommandant wurde bei seiner Beobachtung durch das Periskop von der Wirkung seines Torpedos völlig überrascht, denn kurze Zeit nach dessen Einschlag erfolgte eine gewaltige zweite Explosion. Diese rührte vermutlich von 4,2 Millionen Schuss Munition her, die die LUSITANIA angeblich geladen haben sollte.
Binnen 18 Minuten sank der Ozeanriese steuerbordseitig und riss 1198 Passagiere und Besatzungsmitglieder in die Tiefe. Nur wenige der 48 Rettungsboote schafften es, teilweise nur halb besetzt, bis nach Queenstown. Insgesamt 761 Menschen wurden bis zum Abend gerettet. Unter den Opfern waren auch 124 Amerikaner. Von vielen Historikern wird das Ereignis als der letztendlich ausschlaggebende Grund für den Kriegseintritt der Vereinigten Staaten von Amerika dargestellt. Sicher war aber der 7. Mai 1915 wohl der schwärzeste Tag am Old Head of Kinsale, wo im Laufe der Jahre bereits zahlreiche Schiffsunglücke stattgefunden hatten. Hilflos beobachteten die Leuchtturmwärter mit ihren Fernrohren das grausige Schauspiel. Das Einzige, was sie tun konnten, war, die Rettungsboote zu alarmieren. Unweit der Leuchtfeuerstation befindet sich eine Gedenkstätte, die an den Untergang der LUSITANIA erinnert.
Die Fahrt von der Leuchtfeuerstation Old Head of Kinsale in südöstlicher Richtung führte nun zunächst durch den an der Trichtermündung des Bandon gelegenen gleichnamigen malerischen Ort Kinsale. In manchen Reiseführern wird Kinsale auch als die Hauptstadt der „irischen Côte d'Azur" gepriesen, und Kinsale ist in der Tat gekennzeichnet von einer Art mediterraner Lebensfreude. Der Ort gilt als ein Mekka für Feinschmecker, und pünktlich zum alljährlichen Gourmet-Festival trifft sich hier die Segelszene Irlands. Kinsale hat, wie viele andere irische Städte auch, eine lange und wechselreiche Geschichte. Als wohl bedeutendstes Ereignis gilt der sogenannte „Flight of the Earls", die Flucht Tausender irischer Aristokraten in kontinentaleuropäische katholische Länder. Nachdem Kinsale 1601/02 von den Spaniern besetzt worden war, die sich mit den Iren im Kampf gegen die Engländer verbündet hatten, wurde die Stadt durch die Engländer unter der Führung von Lord Mountjoy belagert. Die den Spaniern zur Hilfe eilenden Iren wurden vernichtend geschlagen, und es blieb den Überlebenden nur die Flucht über das Wasser. 1641 schlug sich die Stadt dann auf die Seite Cromwells, um von der Zerstörung verschont zu bleiben. In der Folge wurde Kinsale immer mehr zu einer rein englischen Stadt. Noch bis Ende des 18. Jahrhunderts war es Iren verboten, innerhalb der Stadtmauern zu wohnen. Im 17. und 18. Jahrhundert entwickelte Kinsale sich zu einem bedeutenden englischen Flottenstützpunkt.
Nur 3 Kilometer südlich von Kinsale liegt in Sommercore das sternförmig angelegte Charles's Fort. Nachdem bereits um 1665 ein erstes offenes Kohlefeuer an diesem Standort gebrannt hatte, wurde 1804 ein neues Leuchtfeuer – bekannt als Kinsale Harbour Station – in einem Fenster des Forts errichtet. In älteren Leuchtfeuerverzeichnissen wird es unter dem Namen Kinsale geführt. Dem durch die IRA 1922 gelegten Feuer im Fort fiel auch diese Konstruktion zum Opfer. Als Zwischenlösung wurde zunächst in unmittelbarer

Charles's Fort-Leuchtfeuer in der Südwestecke des Forts

Nähe des zerstörten Feuers ein unbemanntes Leuchtfeuer errichtet. Nach Abzug der British Army wurde schließlich in der Südwestecke des Forts am 27. April 1929 der heutige **Charles's Fort-Leuchtturm** (A 5712) in Betrieb genommen.
Der viereckige und circa 4 m hohe weiße Steinturm wurde mit einer katadioptrischen Optik III. Ordnung, einem versilberten Kupferspiegel und

Der Laternenraum von Charles's Fort

einer Petroleumglühstrumpflampe ausgerüstet. Ihm folgte ein Propangas-Brenner vom Typ AGA PKS 130. Mit der Umstellung auf Elektrizität am 14. April 2004 fand die Ära der mit Gas betriebenen Leuchttürme im Irish Lighthouse Service hier ihr Ende. Die alte Optik wurde beibehalten, als Lichtquelle dienen nun sechs 12-Volt-/20-Watt-Tungsten-Halogenlampen in einem TF-3B-Lampenwechsler. Charles's Fort ist ein Sektorenfeuer mit

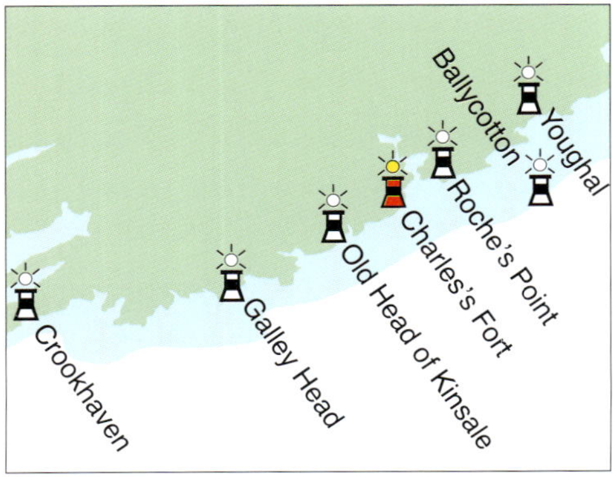

der Kennung ein Blitz von einer Sekunde alle 5 Sekunden. Die Reichweite des weißen Feuers beträgt neun, die des roten sechs und die des grünen Feuers 7 Seemeilen. Charles's Fort ist ein Tagfeuer, d. h. es brennt 24 Stunden. Die Feuerhöhe des vergleichsweise unscheinbaren Leuchtturmes beträgt 18 m.

Roche's Point – Youghal

Um zum nächsten Ziel meiner Reise zu gelangen, ging es jetzt auf der R 600 nach Cork, der mit 130 000 Einwohnern zweitgrößten Stadt Irlands und Verwaltungszentrum der gleichnamigen Grafschaft. Echte „Corkonians" bestehen allerdings darauf, dass es die drittgrößte Stadt ist, weil sie die Teilung des Landes nicht akzeptieren und Belfast als zweitgrößte Stadt zählen. Cork ist Universitätsstadt und ein bedeutendes Wirtschaftszentrum im Süden der Insel. Die Stadt gilt als Kulturmetropole Irlands, und so finden hier während des gesamten Sommers zahlreiche Kunstfestivals statt. Das 1955 gegründete Cork-Filmfestival ist über die Landesgrenzen hinaus bekannt.

Auf der Schnellstraße N 25 und später der R 600/R 630 ging es hinaus aus der Stadt in Richtung Midleton und weiter vorbei an Great Island, einer der drei Cork vorgelagerten und heute durch Brücken miteinander verbundenen Inseln im Mündungsbereich des Lee, der den größten natürlichen Hafen Europas bildet.

Auf Great Island liegt die Hafenstadt Cobh. Von hier war auch der englische Quäker William Penn nach Amerika gesegelt, nachdem er 1681 von der britischen Krone ein Gebiet als Eigentumskolonie erworben hatte, denn seine Glaubensgemeinschaft war in England starken Verfolgungen ausgesetzt. Zu Ehren seines Vaters nannte er die von ihm gegründete Kolonie „Pennsylvania", das schließlich am 12. Dezember 1787 der zweite Bundesstaat der Vereinigten Staaten von Amerika wurde. Im 18. Jahrhundert entwickelte sich Cobh zu einem blühenden Hafen. 1849 wurde die Stadt nach einem Besuch von Königin Victoria ihr zu Ehren in Queenstown umbenannt, doch 1922 kehrte man wieder zum alten irischen Namen zurück.

Mit dem Hafen sind zwei der größten Schiffskatastrophen der Menschheit verbunden. So befindet sich auf dem Friedhof von Cobh ein Massengrab für die Opfer der LUSITANIA, und auch die als unsinkbar gepriesene TITANIC hatte hier am 11. April 1912 zum letzten Mal in Europa angelegt, bevor sie drei Tage später vor Neufundland einen Eisberg rammte und mit 1500 Menschen versank.

Für unzählige irische Auswanderer im 19. und zu Beginn des 20. Jahrhunderts war Cobh die letzte Station vor ihrer ungewissen Reise nach Übersee. Der Höhepunkt der Auswanderungswelle lag während und nach der großen Hungersnot, „The Great Famine" (1845–1851). Allein in dieser Periode verließen circa 1,5 Millionen Iren ihre Heimat. Von 1845 bis 1960 wanderten insgesamt mehrere Millionen Iren überwiegend nach Amerika, Australien und Neuseeland aus.

Heute fahren von Cobh die Fähren nach Roscoff und St. Malo in Frankreich sowie nach Swansea in England.

Nur wenige Autominuten von Cobh entfernt, nahe Whitehead und direkt an der Flussmündung des Lee, liegt der Leuchtturm **Roche's Point** (A 5718). Am 28. August 1813 hatte Vizeadmiral Thornborough of Trent an Trinity House geschrieben und auf die Gefahren hingewiesen, denen die Schiffe ausgesetzt waren, die den Hafen von Cobh anliefen. Er schlug daher vor, ein Leuchtfeuer am oder nahe des Roche's Tower, einem steinernen Beobachtungsturm, zu errichten. Drei Monate später kam die Zustimmung aus London, und George Halpin Senior wurde mit dem Entwurf eines geeigneten Leuchtturms beauftragt.

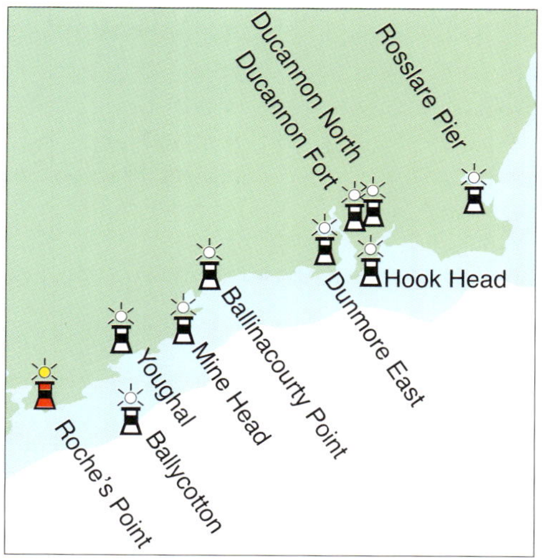

Nach Besichtigung und Prüfung des Beobachtungsturmes kam er zu dem Urteil, dass dieser in der Lage sein würde, eine Laterne zu tragen, und empfahl dessen Nutzung. Als Problem stellte sich nun jedoch heraus, dass der Besitzer Edward Roche, Esquire of Tabolgan, in Neapel eine Haftstrafe verbüßte, nachdem er als Söldner in Italien gekämpft hatte. Dennoch gelang es, Kontakt zu ihm aufzunehmen, und er war einem guten Geschäft auch nicht abgeneigt. Halpins Plan scheiterte letztendlich aber an den aus Sicht des Trinity House überzogenen Forderungen von Edward Roche. Dieser verlangte die stolze Summe von 100 Guineen pro Jahr als Pacht für die Nutzung seines Turmes. Halpin wurde daher nun beauftragt, einen völlig neuen Leuchtturm zu entwerfen und zu bauen. 1815 begannen die Bauarbeiten. Der erste Leuchtturm am Roche's Point war 11 m hoch und hatte einen Durchmesser von 1,8 Metern. Als Baumaterial wurde Granit verwendet. Rund zwei Jahre später waren die Arbeiten abgeschlossen,

Roche's Point

Int. No.:	A 5718
Position:	51°47,6'N 008°15,93'W
Baujahr:	1834/35
In Betrieb:	1835
Turmhöhe:	15 m
Feuerhöhe:	30 m
Kennung:	Fl.WR.3s
Tragweite:	Weiß 20 sm, Rot 16 sm
Optik:	Katadioptrische Gürteloptik II. Ordnung
Ingenieur(e):	George Halpin Senior

Der zweite Roche's Point-Leuchtturm von 1835

Katadioptrische Gürteloptik II. Ordnung

und das Leuchtfeuer konnte am 4. Juni 1817 in Betrieb genommen werden. Die erste optische Einrichtung bestand aus 10 Argand'schen Öllampen und 10 katadioptrischen Reflektoren.

Der stetig anwachsende Schiffsverkehr von und nach Cork erforderte schon bald eine bessere Befeuerung. So entschied man sich bereits 1834 für den Bau eines neuen Leuchtturmes. Auch der zweite Roche´s Point-Leuchtturm wurde von Halpin entworfen und aus Granit und Backstein gebaut. Bereits ein Jahr später wurde der neue Turm in Betrieb genommen. Diesmal betrug die Turmhöhe 15 m, und mit 3,6 m hat der Turm den doppelten Durchmesser seines Vorgängers. Die Feuerhöhe beträgt 30 m. Die katadioptrische Gürteloptik II. Ordnung wird auch heute noch verwendet. Nachdem anfangs Petroleum als Brennstoff zur Lichterzeugung verwendet worden war, wurde das Leuchtfeuer 1970 elektrifiziert. Heute wird das Licht mithilfe von elektrischen 1500-Watt-/100-Volt-L-25-Glühlampen in einem UVLA-40-Lampenwechsler erzeugt. Roche's Point zeigt alle 3 Sekunden einen weißen und einen roten Blitz. Das weiße Feuer hat eine Nenntragweite von 20 und das rote eine von 16 Seemeilen. Als Reservefeuer werden auf der Galerie des Turmes zwei Tideland-ML-300-Laternen mit je einer 60-Watt-/10,3-Volt-Glühlampe bereitgehalten.

Am Fuß des Turmes wurde 1864 ein Nebenfeuer gezündet, das ein festes weißes Feuer zeigte und den „Daunt Rock", eine gefährliche Untiefe in der Ansteuerung zum Hafen von Cork, abdeckte. Am 1. Juni 1874 wurde darüber hinaus 1,5 Seemeilen südöstlich der Untiefe und 4,5 Seemeilen vom Roche's Point-Leuchtturm entfernt eine Feuerschiffstation eingerichtet. Über 100 Jahre waren auf dieser Station verschiedene Feuerschiffe eingesetzt, bevor sie am 29. August 1974 aufgelöst wurde.

Das Nebenfeuer wurde am 8. August 1932 außer Betrieb genommen und durch einen roten Sektor (016°– 033°)im Hauptfeuer ersetzt.

Der alte Turm wurde vollständig abgebaut und einschließlich der gesamten optischen Einrichtungen mithilfe von zwei kleineren Frachtschiffen nach Duncannon transportiert, wo er als **Duncannon North Light** (A 5806.1) wieder aufgebaut wurde und mit dem **Duncannon Fort Light** (A 5806) ab 1838 eine Richtfeuerlinie bildete.

Als erstes Nebelsignal erhielt die Station eine Nebelglocke, die einmal alle 30 Sekunden geschlagen wurde, bevor ab 1897 eine wesentlich effektivere Nebelsirene die passierenden Schiffe bei schlechter Sicht warnte. Sie wurde wiederum im Januar 1948 durch ein modernes Diafon ersetzt. Heute wird am Roche's Point ein Typhon verwendet, das bei entsprechend schlechten Sichtverhältnissen alle 30 Sekunden ein 2 Sekunden langes Schallsignal sendet. 1995 wurde die Leuchtfeuerstation automatisiert.

Über mehrere Jahre hatte sich das Sirius Arts Centre of Cork darum bemüht, die nicht mehr genutzten Unterkunftsgebäude der Leuchtfeuerstation für ein Projekt zur Verfügung gestellt zu bekommen. Seit 1998 finden dort zum einen Ausstellungen, Workshops, Konzerte oder Dichterlesungen statt, andererseits dient der Ort auch als Wirkungsstätte für die verschiedensten Künstler, die hier in der Abgeschiedenheit, fernab vom Alltagsstress, für ihr Schaffen Inspiration suchen.

Etwa 20 Kilometer östlich des Roche's Point – zu erreichen über die R 631 und die R 629 – findet man die nächste Leuchtfeuerstation, **Ballycotton** (A 5774), die in alten Verzeichnissen bis in die Mitte des 20. Jahrhunderts auch als „Ballycottin" aufgeführt wird. Der Leuchtturm steht auf der gleichnamigen Insel vor der Südspitze der Ballycotton Bay. Eine Überfahrt war an diesem Tag für mich leider nicht möglich, da wegen des schlechten Wetters und der rauen See kein Bootsführer bereit war, mich überzusetzen.

Immer wieder, und umso dringlicher, nachdem das Dampfschiff SIRIUS am 18. Januar 1847 im dichten

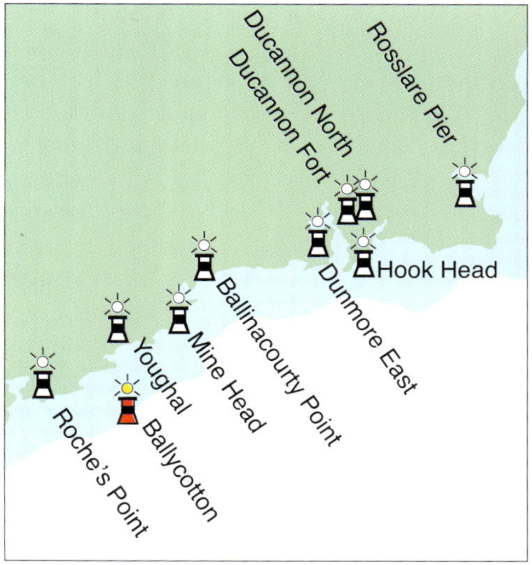

Ballycotton Island mit der Leuchtfeuerstation Ballycotton

Nebel auf Grund gelaufen und gesunken war, forderten die Admiralität und die Hafenbehörde Corks den Bau von zwei Leuchttürmen. Sie sollten vor dem gefährlichen Smith's Rock warnen und den nahezu regelmäßig wiederkehrenden Schiffsunglücken im Küstenabschnitt zwischen dem Old Head of Kinsale und Hook Head vorbeugen. Die Sirius war berühmt geworden, weil sie als erstes Dampfschiff 1838 nur mit Dampfkraft den Atlantik in westlicher Richtung überquert hatte. Als Standort für die Leuchtfeuer wurde u. a. Capel Island vorgeschlagen. Im März 1848 stimmte Trinity House dem Bau je eines Leuchtturms auf Ballycotton Island und weiter östlich am Mine Head zu. Beide Lichter wurden am selben Tag, dem 1. Juni 1851, in Betrieb genommen.

Der Grundbesitz für die Leuchtfeuerstation wurde durch das Dublin Ballast Board für je einen symbolischen Schilling vom Erzbischof von Dublin und vom Bischof von Cork erworben. Die Bauarbeiten begannen im November 1848 und dauerten bis Mai 1851, sie wurden von der Firma W. & P. Brash aus Cork nach den Plänen von George Halpin Senior ausgeführt. Als Baumaterial für den runden Turm (15 m hoch) und die Gebäude der Station verwendete Brash hauptsächlich roten Sandstein, der auf der Insel selber gewonnen wurde. Im Juli 1849 konnte das Laternenhaus aufgebaut werden. Als Abschluss erhielt die Laterne eine geschmiedete Kupferkuppel.

Die katadioptrische 920-mm-Optik wurde erst 1851 installiert. Es war eine ungewöhnliche Optik, die erste und einzige dieser Art an der irischen Küste. Sie bestand aus einer festen Gürteloptik mit oberen und unteren katadioptrischen Prismen, jedoch ohne dioptrischen Teil. Um diese Optik rotierten acht Diopter, jeweils mit oberen und unteren Verdichtungsprismen. Die Londoner Firma W. Wilkins hatte die Optik aus Frankreich importiert. Die „Illustrated London News" hatten schon im

Im Inneren der Station steht der 15 Meter hohe Leuchtturm

Ballycotton

Int. No.:	A 5774
Position:	51°49,5'N 007°59,1'W
Baujahr:	1848–1851
In Betrieb:	1851
Turmhöhe:	15 m
Feuerhöhe:	59 m
Kennung:	Fl.WR.10s
Tragweite:	Weiß 21 sm, Rot 17 sm
Optik:	PRB-21-AGA-Scheinwerferbatterie
Ingenieur(e):	George Halpin Senior

Oktober 1848, also noch vor Baubeginn des Leuchtturms, auf diese außergewöhnliche Optik hingewiesen. Als erste Lichtquelle wurde eine Öllampe mit mehreren Dochten verwendet. Über Jahrzehnte ist die Kennung immer gleich geblieben, nämlich ein Blitz bei einer Wiederkehr von 10 Sekunden. Nur die Dauer des Blitzes wurde verschiedentlich variiert. Heute zeigt Ballycotton einen weißen Blitz von 0,6 Sekunden Dauer. 1904 wurde die Öllampe durch einen Petroleumbrenner ersetzt.

Der zunächst vollkommen weiße Turm erhielt 1892 ein schwarzes Band, um eine Verwechslung mit dem Tagessichtzeichen auf Capel Island auszuschließen. 1902 wurde der Turm dann ganz schwarz gestrichen und die Mauern der Station als Kontrast weiß getüncht.

Ballycotton Island war Schauplatz verschiedener Rettungsaktionen. So war am 7. Februar 1936 das Feuerschiff der Station Daunt (seinerzeit die 1904 bei J. Reid in Glasgow gebaute Comet) in einem gewaltigen Sturm von seiner Ankerkette gerissen und drei Tage hilflos vor der Insel getrieben, bevor die Besatzung von der Mannschaft des Rettungsbootes Mary Stanford aus Ballycotton gerettet werden konnte. Im Anschluss wurde auch das Feuerschiff geborgen, das noch bis 1965 im Einsatz war. Eine 1974 herausgegebene Briefmarke der irischen Post zum 100-jährigen Bestehen der Irischen Gesellschaft zur Rettung Schiffbrüchiger erinnert an dieses Ereignis. Im Jahre 1963 beobachtete der diensthabende Leuchtturmwärter vom Laternenraum aus mit seinem Fernglas ein niederländisches Fischerboot, das in Seenot geraten war und hilflos im Sturm treibend schließlich an den Felsen der Insel zerschellte. Mithilfe der anderen Wärter gelang es ihm, unter Einsatz des eigenen Lebens, die vier Fischer zu retten.

1974 begann eine umfassende Modernisierung der gesamten Feuerstation. So wurden u. a. zusätzliche und wesentlich komfortablere Unterkünfte gebaut – ein Grund dafür, dass die Station bei den Wärtern sehr beliebt war und von ihnen den Beinamen „Ballycotton Hilton" erhielt. Im Zuge der Modernisierung erfolgte im Januar 1975 auch die Elektrifizierung und der Einbau einer neuen Optik. Heute verwendet der Irish Lighthouse Service auf Ballycotton eine PRB-21-AGA-Scheinwerferbatterie. Auf einer Feuerhöhe von 59 m zeigt das Feuer alle 10 Sekunden einen weißen und roten Blitz. Die Tragweite des weißen Feuers beträgt 21 Seemeilen, die des roten 17. Das rote

Feuer deckt den Bereich von 48° bis 238° ab. Als Reservefeuer hat die Leuchtfeuerstation zwei Tideland-ML-300-Laternen mit je einer 60-Watt-/10,3-Volt-Glühlampe, die wie anderenorts auf der Galerie des Leuchtturmes montiert sind.

Bis zum Jahre 2004 wurde der Strom für das Leuchtfeuer mithilfe von Dieselgeneratoren erzeugt, wobei ein Generator ständig lief und zwei in Reserve gehalten wurden. Am 17. Juli 2004 hat man dann vom Pier des Ballycotton-Hafens ein Unterwasser-Elektrokabel hinüber zur Insel verlegt. Die alten Dieselmotoren wurden entfernt und durch einen 10-Kilowatt-Generator ersetzt, der die Energieversorgung bei Stromausfall übernimmt. Zur Versorgung der Station und Ablösung der Leuchtturmwärtercrews wurde 1975 eine Hubschrauber-Landeplattform mit einem Durchmesser von 11 m gebaut.

Auch die Nebelsignale auf Ballycotton Island wurden im Laufe der Jahre immer wieder verändert. Nachdem der Reverend von Ballycotton, J. Hopkins, im Juni 1865 wegen des ständigen dichten Nebels vor der Insel nachdringlich und sogar von der Kanzel herab ein Nebelsignal gefordert hatte, erhielt die Station eine Nebelglocke. 1909 wurde diese Glocke durch ein mit Pressluft betriebenes Nebelhorn – ein „Reed Horn" (auch Zungenpfeife genannt) – ersetzt. Weil der alte Glockenturm nicht mehr tragfähig erschien, musste das Horn auf der Turmgalerie angebracht werden. Für die Erzeugung der Druckluft wurden zwei Crossley-Kompressoren im ersten Stockwerk aufgestellt. Alle zwei Minuten wurden sechs Schallsignale in kurzer Folge abgegeben. Weil immer wieder technische Probleme mit dem Nebelschallsignal auftraten, wurde es 1921 durch ein Typ-„A"-Diafon ausgetauscht. Die Kennung ist beibehalten worden. Anfang 1939 wurde ein technisch verbessertes und wesentlich leistungsstärkeres Typ-„G"-Diafon installiert, das am 16. Februar 1939 in Betrieb genommen wurde.

1991 erhielt Ballycotton Lighthouse sein heutiges, elektrisch betriebenes Nebelhorn mit einer Kennung von vier Schallsignalen von 1,5 Sekunden Dauer bei einer Wiederkehr von 90 Sekunden. Am 28. März 1992 ist die Leuchtfeuerstation automatisiert worden und wird seither von Dun Laoghaire aus überwacht. Zweimal im Monat sieht der Attendant Tony O'Driscoll nach dem Rechten.

Nachdem ich Ballycotton verlassen hatte, fuhr ich über Ladybridge (R 362), Castlematyr und Killeagh (N 25) zur circa 50 Kilometer östlich von Cork gelegenen Stadt Youghal. Direkt an der Haupt- und Durchgangsstraße der knapp über 5500 Einwohner zählenden Stadt steht die Leuchtfeuerstation **Youghal** (A 5776), wo ich bereits vom Attendant, Noel Scanlan, erwartet wurde.

Auch Youghal ist ein geschichtsträchtiger Ort, denn bereits vor 2200 Jahren kamen die Phönizier hierher, um Handel zu treiben. Youghal war über Jahrhunderte hinweg stets eine wohlhabende Handelsstadt und gehörte im Mittelalter zu den bedeutendsten Häfen der britischen Inseln. Nicht weit von der Leuchtfeuerstation liegen in der Church Street das Haus „Myrtle Grove" und der Garten von Sir Walter Raleigh, der 1588 Bürgermeister der Stadt war. Raleigh galt als zeitweiliger Favorit von Elizabeth I. und hatte von seiner

Der Leuchtturm Youghal: 1849–1852 erbaut

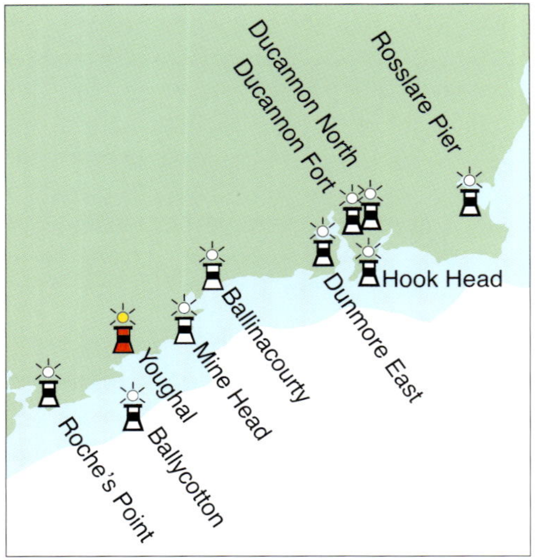

Königin für seine Verdienste um die Krone umfangreiche Ländereien erhalten. Später fiel er jedoch in Ungnade und wurde hingerichtet. Im besagten Garten baute er den ersten Tabak in Irland und die ersten Kartoffeln in Europa an, die er von seinen Fahrten mitgebracht hatte.

Der erste Leuchtturm in Youghal wurde bereits im Jahr 1190 von Maurice Fitzgerald gebaut, um normannische Schiffe sicher in den Hafen zu führen. Dieser Turm hatte eine Höhe von etwa 7,5 und einen Durchmesser von 3 m. Die Lichtquelle bildeten mehrere Fackeln, die bei Eintritt der Dunkelheit von den Nonnen des St. Anne's-Klosters angezündet wurden. Über 350 Jahre haben die Nonnen als Leuchtturmwärterinnen auf „The Nunnery", wie der Turm im Volksmund auch ge-

Youghal

Int. No.:	A 5776
Position:	51°56,5'N 007°50,5'W
Baujahr:	1849–1852
In Betrieb:	1852
Turmhöhe:	15 m
Feuerhöhe:	24 m
Kennung:	Fl.WR.2,5s
Tragweite:	Weiß 17 sm, Rot 13 sm
Optik:	Gürteloptik III. Ordnung
Ingenieur(e):	George Halpin Senior

nannt wurde, das Feuer betreut, bevor das Kloster 1542 aufgegeben wurde. Mit dem Weggang der Nonnen begann eine mehr als 300-jährige Phase der Dunkelheit, bis wieder ein Leuchtfeuer in Youghal brennen sollte.

Weil im Zeitraum von nur fünf Jahren (1823–1828) über 30 Schiffe im Küstenabschnitt zwischen Hook Head und Kinsale gesunken waren, startete Thomas Harvey, ein erfolgreicher Händler aus Youghal, 1828 auch hier eine Kampagne zur Errichtung eines neuen Leuchtfeuers. Die lokale Fischereiflotte war mittlerweile auf über 250 Boote angewachsen. Harvey forderte aber ein Leuchtfeuer auf Capel Island und nicht am Standort des alten Feuers. Es dauerte jedoch vier Jahre, bevor Trinity House 1832 überhaupt dem Bau eines Leuchtturms zustimmte, und es sollten noch weitere Jahre vergehen, bevor der Plan dann auch in die Tat umgesetzt wurde.

Erst im März 1846 wurde George Halpin Senior beauftragt, einen Entwurf vorzulegen. Dieser nahm die Planungen sofort in Angriff, doch der vorgeschlagene Standort Capel Island wurde von ihm schnell verworfen. Er kam zu der Überzeugung, dass mit den geplanten Leuchtfeuern auf Ballycotton Island und am Mine Head ein kleineres Hafenfeuer ausreichen würde, um den Hafen von Youghal zu befeuern. Und dieses Leuchtfeuer sollte an der Stelle des alten St. Anne's-Turms errichtet werden.

1849 erfolgte der erste Spatenstich. Bis zum Juli war der untere Teil des Leuchtturms bereits aus Backstein und Granit gebaut, und im Winter wurde das Laternenhaus aufgesetzt. Die kupferne Kuppel konnte aber nicht sofort fertiggestellt werden, da sämtliche Kupferschmiede der Gegend auf der Ballycotton-Baustelle beschäftigt waren. So konnte George Halpin erst im Juli 1851 vermelden, dass die Leuchtfeuerstation Youghal zur Abnahme durch die Leuchtturmbehörde bereit sei. Der neue Turm hatte nun vom Sockel bis zur Kuppel eine Höhe von 15 m und verfügte über drei Etagen. Am 1. Februar 1852 wurde Youghal endlich gezündet. Die erste optische Einrichtung bestand aus einer Gürteloptik mit 500 mm Brennweite und einer Petroleumlampe. Mit ihrer Hilfe wurde ein weißes Festfeuer auf einer Feuerhöhe von 24 m und mit einer Tragweite von 10 Seemeilen gezeigt.

1870 wurde ein festes rotes Tidenfeuer für das westliche Fahrwasser 4,5 m unterhalb des Hauptfeuers eingerichtet. Es wurde zwei Stunden vor Hochwasser gezündet und 1,5 Stunden nach Hochwasser wieder gelöscht. Tagsüber wurde ein Sig-

nalball aufgezogen. Zusätzlich gab es in einem kleinen Gebäude östlich vom Turm ein weiteres Tidenfeuer für das östliche Fahrwasser. Für jedes der Feuer wurde eine Öllampe mit einem versilberten Parabolspiegel verwendet. Die Tidenfeuer wurden bis in die erste Hälfte des 20. Jahrhunderts betrieben, wann sie genau gelöscht wurden, ist nicht mehr nachzuvollziehen.
In den Stationsbüchern der Leuchtfeueranlage ist 1896 als ein besonderes Ereignis und nahezu revolutionärer Fortschritt der Anschluss an die öffentliche Wasserversorgung verzeichnet. Tatsächlich hatten sich damit die Lebens- und Arbeitsbedingungen für die Leuchtturmwärter entscheidend verbessert. Ein richtiges Badezimmer oder gar eine moderne Toilette mit Wasserspülung wurde aber erst 62 Jahre danach auf der Leuchtfeuerstation Youghal eingebaut. 1923 kamen die ersten Pläne für eine Automatisierung der Station auf, sie wurden aber zunächst wieder verworfen. Nachdem der Chefingenieur Mr. Tonkin im Juli 1929 nach einer Inspektionsreise eine Erhöhung der Lichtstärke und erneut die Umstellung auf elektrische Energie vorgeschlagen hatte, wurde dieser Plan wieder aufgegriffen. Bei der Frage der Lichtverstärkung und der gleichzeitigen Elektrifizierung stellte sich aber heraus, dass keine passende elektrische Glühlampe gefunden werden konnte. Darüber hinaus wurden die Energiekosten im Vergleich zur Nutzung etwa von Azetylengas in dieser Zeit noch als deutlich höher eingeschätzt. Schon damals musste die Leuchtturmbehörde spa-

Der Leuchtturm Youghal

ren, und so wurden schließlich zwei Moyes-Generatoren zur Produktion von Azetylengas und die entsprechenden Brenner beschafft und eingebaut. Die Lichtstärke konnte auf 2500 Candela gesteigert werden. Am 21. Dezember 1939 wurde die Station Youghal automatisiert.
Für über 20 Jahre taten die Azetylenbrenner gute Arbeit. Im Rahmen einer weiteren Inspektion empfahl der neue Chefingenieur A. D. H. Martin endgültig die Umstellung auf Elektrizität. Eine Philips-„Argenta"-100-Watt-Glühlampe in einem 3-fach-Glühlampenwechsler ersetzte nun den Azetylenbrenner, wobei dieser für Notfälle im Turm in Reserve gehalten wird.
Das neue elektrische Feuer ging am 26. Mai 1964 mit einer erhöhten Lichtstärke in Betrieb. Die Lichtstärke des weißen Feuers betrug nun 4000 statt 2500, die des roten Feuers nun 800 statt 500 Candela. Zur Erweiterung der Tragweite wurden die „Argenta"-Glühlampen durch zwei elektrische 100-Volt-/1000-Watt-Glühlampen (Typ L 11) in einem LC-15-Lampenwechsler ersetzt. Das weiße Feuer hat jetzt eine Tragweite von 17 und das rote eine von 13 Seemeilen. Im Zuge der Modernisierung wurden zwei rote Sektoren eingerichtet. Die Kennung ist aktuell ein Blitz von 0,5 Sekunden Dauer bei einer Wiederkehr von 2,5 Sekunden.

Mine Head – Hook Head

Der bereits mehrfach bei der Beschreibung der Leuchtfeuerstationen Ballycotton und Youghal erwähnte Leuchtturm **Mine Head** (A 5778) liegt in der Nähe des Dorfes Old Parish, einige Kilometer südlich des Helvick Head an der äußersten Südspitze der Dungarvan-Bucht. Die Zufahrt zum Leuchtturm ist nur schwer zu finden, da keinerlei Wegweiser vorhanden sind. Obwohl schon von Weitem zu sehen und vermeintlich zum Greifen nahe, wird die Anfahrt aufgrund der vielen kleinen und größtenteils unübersichtlichen Wege zu einer regelrechten Irrfahrt. Das letzte Stück des Weges ist ein Privatweg, der über das Gelände eines Bauernhofes führt.
Nachdem auf Betreiben der lokalen See- und Kaufleute, aber entgegen der Empfehlung von George Halpin Senior, zunächst die Bauarbeiten für einen Leuchtturm zur Befeuerung dieses Küstenabschnitts auf Capel Island begonnen hatten, änderten sie dann doch ihre Meinung. Nach einer

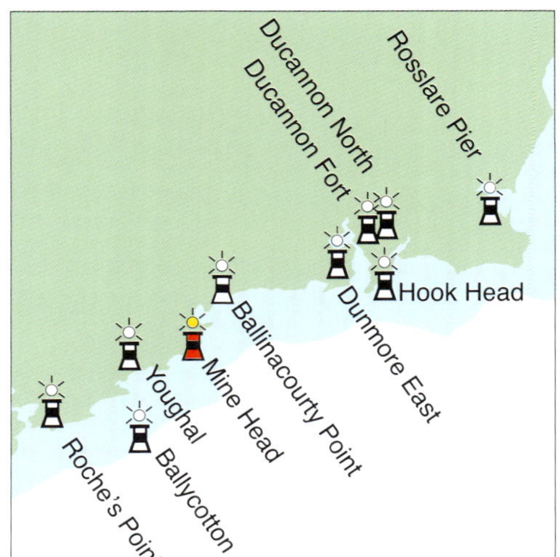

Mine Head

Int. No.:	A 5778
Position:	51°59,6'N 007°35,2'W
Baujahr:	1850/51
In Betrieb:	1851
Turmhöhe:	21 m
Feuerhöhe:	87 m
Kennung:	Fl(4)W.20s
Tragweite:	28 sm
Optik:	Katadioptrische Optik I. Ordnung
Ingenieur(e):	George Halpin Senior

Mine Head-Laterne mit 920-mm-Optik und Reservefeuer

Leuchtturm Mine Head an der Südspitze der Dungarvan-Bucht

längeren Debatte der Gremien von Trinity House wurde im Sinne von George Halpins Empfehlung entschieden. Der Bau auf Capel Island wurde abgebrochen und stattdessen die Errichtung eines neuen Leuchtturms am Mine Head genehmigt. George Halpin konnte damit seine ursprünglichen Pläne sozusagen aus der Schublade ziehen und bereits 1850 den Startschuss für den Beginn der Bauarbeiten geben.

Halpin hatte einen 21 m hohen Steinturm entworfen. Als hauptsächliches Baumaterial verwendete er den in dieser Gegend typischen roten Sandstein. Die Grundfarbe des gesamten Turmes ist weiß. Zur besseren Identifizierung am Tage hat er, etwa auf halber Höhe, ein breites schwarzes Band. Die Galerie rund um das Laternenhaus ist auch hier im für Irland typischen Signalrot gestrichen.

Mit einer Feuerhöhe von stolzen 87 m ist Mine Head das am höchsten gelegene Leuchtfeuer Irlands. Es übertrifft Blackrock Mayo damit um etwa 1 m. Nach der Abnahme durch die Seezeichenbehörde wurde Mine Head nach eineinhalbjähriger Bauzeit am 1. Juni 1851 zeitgleich mit Ballycotton Island in Betrieb genommen. In der Laterne befindet sich eine katadioptrische 920-mm-Optik. Die Umstellung auf Elektrizität wird mit September 1964 angegeben.

Mithilfe moderner L-24-Lampen in einem LC-15-Lampenwechsler werden nun seit dem 10. September 2003 alle 20 Sekunden vier weiße Blitze bis zu 20 Seemeilen über das Wasser geworfen. Auf der Galerie ist als Reservefeuer eine Tideland-ML-300-Laterne mit einer 60-Watt-/10,3-Volt-Glühlampe angebracht. Mine Head war eine der wenigen irischen Stationen, die nur zwei ständige Leuchtturmwärter hatte. Nur in den langen Winternächten wurde ein zusätzlicher dritter Keeper eingesetzt. Am 20. August 1973 wurde die Leuchtfeuerstation automatisiert und die Besatzung abgezogen. Als Attendant ist heute Paul Morrissey für die Betreuung des Mine Head zuständig.

Zu einem weiteren Leuchtfeuer in diesem Küstenabschnitt, **Ballinacourty Point** (A 5782), gelangte ich über das lebhafte Hafenstädtchen Dungarvan an der Mündung des Calligan. Die Stadt und die Bucht verdanken ihren Namen dem heiligen Garvan, der dort im 7. Jahrhundert ein Kloster gegründet hatte. Das gälische „Dùn" bedeutet dabei so viel wie Burg oder Festung. Im Süden wird die Dungarvan-Bucht von den Drum Hills und im Norden von den Monavullagh und den Comeragh Mountains eingerahmt.

Ballinacourty Point (13 m hoch) ist seit dem 1. Juli 1858 in Betrieb

Ballinacourty Point

Int. No.:	A 5782
Position:	52°04,7'N 007°33,1'W
Baujahr:	1858
In Betrieb:	1858
Turmhöhe:	13 m
Feuerhöhe:	16 m
Kennung:	Fl(2)WRG.10s
Tragweite:	Weiß 10 sm, Rot u. Grün 8 sm
Optik:	Katadioptrische Optik III. Ordnung
Ingenieur(e):	George Halpin Junior

Ballinarcourty Point sichert den Schiffsverkehr n die Bucht. Gegen Ende des Jahres 1851 richteten die Seefahrer und Kaufleute von Dungarvan eine Petition an die Seezeichenbehörde, in der sie trotz des neuen Leuchtturms am Mine Head ein zusätzliches Feuer forderten, denn die Stadt hatte sich seit Beginn des 19. Jahrhunderts zu einem blühenden Hafen entwickelt. Knapp sieben Jahre später wurde dieser Forderung stattgegeben. Um zu der Station zu gelangen, folgt man in Ballinacourty der Ausschilderung zum Golf Coast Club. Unmittelbar neben dem Golfplatz liegt die vergleichsweise kleine und bescheiden wirkende Anlage.

Die Leuchtfeuerstation wurde von George Halpin Junior entworfen und gebaut. Baubeginn war

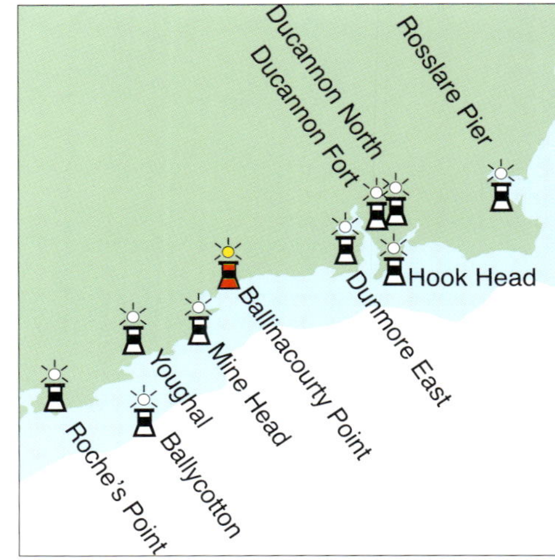

1858. Als Standort hatte Halpin das Nordufer der Bucht ausgewählt, weil das Licht nach seinen Berechnungen von dort aus eine optimale Wirkung entfalten konnte.

Der runde, etwas gedrungen wirkende Leuchtturm ist 13 m hoch und aus Kalkstein gebaut. Sein aktueller Anstrich ist weiß. Für das mittlerweile verlassene Wohngebäude und die verschiedenen Schuppen wurde Backstein verwendet. Nach weniger als einem Jahr waren die Arbeiten abgeschlossen, und das erste Feuer auf dem Ballinacourty Point konnte am 1. Juli 1858 gezündet werden.

In älteren Leuchtfeuerverzeichnissen wird das Leuchtfeuer noch als „Dungarvan, auf Ballinacourty Point" benannt. Es zeigte anfangs mithilfe eines Parabolspiegels und einer Öllampe ein weißes Festfeuer mit einer Tragweite von 10 Seemei-

Ballinacourty Point – früher auch „Dungarvan, auf Ballinacourty Point" genannt

len sowie ein rotes Festfeuer über dem Carrickapane Rock und ein grünes Festfeuer über der Untiefe östlich der Landzunge Ballinacourty Point. Wahrscheinlich wurde der heutige offizielle Name erst nach dem Ersten Weltkrieg eingeführt.

Die heute verwendete katadioptrische 500-mm-Optik kam mit der Umrüstung auf Elektrizität im Februar 1929 auf den Turm. Zurzeit verwendet der Irish Lighthouse Service eine 35-Watt-/12-Volt-Halogenlampe in einer 4-fach-Wechselvorrichtung zur Lichterzeugung. Die Kennung ist heute ein Blitz von 0,5 Sekunden Dauer, Dunkelphase von einer Sekunde, Blitz von 0,5 Sekunden und wieder eine Dunkelphase von 8 Sekunden. Der ursprüngliche rote und grüne Sektor wird auch heute noch gezeigt. Gleichzeitig mit der Modernisierung der Leuchtfeueranlage erfolgte auch die Automatisierung. Die Überwachung des Leuchtfeuers geschieht vom Kontrollzentrum in Dun Laoghaire.

Von Ballinacourty ging es weiter auf der R 675 in Richtung Tramore, dessen Name so viel wie „Großer Strand" bedeutet. Tatsächlich hat die Stadt einen fünf Kilometer langen Sandstrand und ist seit Mitte des 19. Jahrhunderts ein beliebtes Seebad und einer der Hauptferienorte der Insel. Mit dem Vergnügungspark „Celtworld", in dem man keltische Mythen und Legenden nacherleben kann, einer Pferderennbahn und einem 18-Loch-Golfplatz wird den Feriengästen ein reichhaltiges Unterhaltungsprogramm angeboten.

Etwa 15 Kilometer weiter östlich steht an der Westeinfahrt des Hafens von Waterford auf der Ostmole von Dunmore das nächste interessante

Ballinacourty Point-Laterne mit der 500-mm-Optik

Leuchtfeuer: **Dunmore East** (A 5800) ist ein Ansteuerungsfeuer für den Hafen von Waterford. Dunmore ist wegen seiner reizvollen Lage zwischen den roten Sandsteinklippen und den sandigen Buchten eines der schönsten Fischerdörfer im gesamten Waterford County. Nachdem Dunmore von der Britischen Post als Station für die von Milford Haven in Wales kommenden Postschiffe ausgewählt worden war, erhielt der Schotte Alexander Nimmo 1822 den Auftrag zur Modernisierung des Hafens und zum Bau einer neuen Mole. Zu diesem Gesamtprojekt gehörte auch die Errichtung einer Hafenbefeuerung, und hier hatte sich der Architekt etwas Besonderes einfallen lassen.

Der von ihm in den Jahren 1825 bis 1826 aus Granit und Sandstein gebaute, 16 m hohe Leuchtturm an der Westseite der Einfahrt zum Hafen ähnelt einer flötenartigen dorischen Säule und ist in seiner Form einzigartig unter den irischen Leuchtfeuern. Der Turm selber ist naturbelassen und grau, die eiserne Laterne ist weiß und deren Galerie rot gestrichen. Nach eineinhalbjähriger Bauzeit wurde

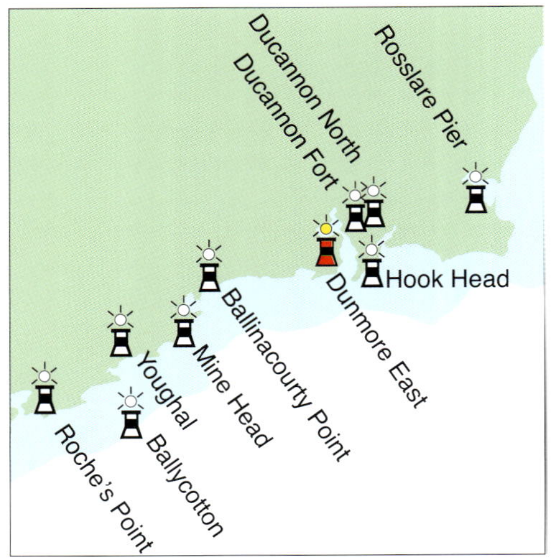

Dunmore East am 10. Juni 1826 in Betrieb genommen. Anfangs wurde ein weißes und rotes Festfeuer gezeigt. Der weiße Sektor deckte den Bereich nördlich der Landungsbrücke ab, der rote Sektor war sichtbar nach See.
Bis 1922 bestand die optische Einrichtung aus Öl-

Alexander Nimmos Leuchtturm Dunmore East

Dunmore East

Int. No.:	A 5800
Position:	52°08,9'N 006°59,13'W
Baujahr:	1825/26
In Betrieb:	1826
Turmhöhe:	16 m
Feuerhöhe:	13 m
Kennung:	Fl.WR.8s
Tragweite:	Weiß 17 sm, Rot 13 sm
Optik:	Gürteloptik IV. Ordnung
Ingenieur(e):	Alexander Nimmo

lampen und versilberten Kupferreflektoren. Dann erfolgte der Einbau eines Azetylengasbrenners. Ab dem 15. Juni des gleichen Jahres war kein Leuchtturmwärter mehr ständig vor Ort. Im Regelfall musste dieser nur noch alle sechs Monate den Gasvorrat kontrollieren. Im Januar 1964 wurde das Leuchtfeuer an das örtliche Stromnetz angeschlossen. Als Attendant ist heute Bertie McNamara für Dunmore East zuständig.
Dunmore East hat heute eine 250-mm-Gürteloptik und vier M-33-Hallogenlampen mit je 250 Watt/ 24 Volt. Damit zeigt das Feuer auf einer Höhe von 13 m alle 8 Sekunden einen weißen und roten Blitz von 1,7 Sekunden Dauer. Die Tragweite des Feuers ist mit 17 Seemeilen für den weißen Sektor bzw. 13 Seemeilen für den roten Sektor verzeichnet. Dunmore East steht heute unter Denkmalschutz. Im Frühjahr 2004 wurden von der Hauptzentrale Dublin aufwendige Restaurierungsarbeiten veran-

Dunmore East ist das Ansteuerungsfeuer für den Hafen von Waterford

lasst, nachdem Wasser durch die Außenwand eingedrungen war. Für die Erneuerung der Verfugung wurde ein spezieller Mörtel verwendet, der es Gebäuden erlaubt, einerseits zu atmen, der anderseits aber auch das Eindringen von Feuchtigkeit verhindert. Nach vollständigem Austrocknen des Turmes konnten diese Arbeiten im Mai 2004 erfolgreich abgeschlossen werden.

Von Dunmore musste ich nun zunächst in Richtung Waterford fahren, das um 835 von den Wikingern am südlichen Ufer des Suir unter dem Namen „Vadrefjord" gegründet worden ist. Die heute fünftgrößte Stadt Irlands gründet ihren Wohlstand seit dem 18. Jahrhundert auf ihre Glasindustrie. Weltweit bekannt und ein wahrer Exportschlager sind Waterfords Kristallprodukte. Etwa 13 Kilometer östlich liegt der kleine Hafen „Passage East", von wo aus eine kleine Autofähre nach Ballyhack und in die Grafschaft Wexford am anderen Ufer des Hafens von Waterford führt.

Ich fuhr dann auf der R 733 am Ostufer des Hafens in südlicher Richtung weiter zur Halbinsel Hook. Nach etwa vier Kilometern erreicht man das Seebad Duncannon, wo sich mit dem Duncannon

Das alte Unterfeuer Duncannon Fort

Duncannon Fort	
Int. No.:	A 5806
Position:	52°13,2'N 006°56,2'W
Baujahr:	1838
In Betrieb:	1838
Turmhöhe:	8 m
Feuerhöhe:	13 m
Kennung:	Oc.WRG.4s
Tragweite:	Weiß 11 sm, Rot u. Grün 8 sm
Optik:	AGA-Scheinwerferbatterie
Ingenieur(e):	–

Fort-Unterfeuer und Duncannon North-Oberfeuer gleich zwei Leuchtfeuer befinden, die bis 1990 eine Richtfeuerlinie bildeten und die Schiffe an der „Dumroe-Bank" oder auch „Duncannon-Sandbank" vorbeiführten. Beide Feuer wurden am 1. Juni 1990 von den Commissioners of Irish Lights aufgegeben. Das Unterfeuer wird seit dieser Zeit von den Waterford Harbour Commissioners weiterbetrieben.

Das Unterfeuer **Duncannon Fort** (A 5806) steht auf dem Gelände eines historischen Forts, das im 12. Jahrhundert von den Anglo-Normannen errichtet worden ist. 1588 wurde das Fort zusätzlich ausgebaut und befestigt, um die Gegend vor den Angriffen der spanischen Armada zu schützen. Die Festung wurde Ende der 90er-Jahre des vorigen Jahrhunderts vollkommen restauriert und in eine Museumsanlage umgewandelt.

Das erste Feuer soll hier bereits um 1744 gebrannt haben. Es handelte sich hierbei vermutlich um zwei Laternen mit je einer Kerze in einem Fenster des Forts. 1838 wurde der heutige runde Backsteinturm gebaut. Er steht in einer Ecke der Wehranlage direkt an einem kleinen Häuschen, das zur Lagerung von Brennmaterialien und Ersatzteilen diente. Der Leuchtturm hat eine Höhe von 8 m, und seine Feuerhöhe liegt bei 13 m. Unterhalb des Hauptfeuers leuchtete im gleichen Turm ein Nebenfeuer mit derselben Kennung. Um 1861 verfügte das Duncannon Fort-Leuchtfeuer über eine Optik III. Ordnung und einen Petroleumbrenner. Es zeigte damals ein festes weißes Feuer. 1937 erfolgte die Umstellung auf Azetylengas als Leuchtmittel, und am 24. Mai 1971 wurde das Leuchtfeuer elektrifiziert.

Gegen Ende der 80er-Jahre des vorigen Jahrhunderts trug der weiße Turm noch ein senkrechtes rotes Band in der Mitte, jetzt ist er lediglich weiß. Bei der Übernahme durch die Waterford Harbour

Commissioners im Juni 1990 bestand die optische Einrichtung des Hauptfeuers aus einer AGA-Scheinwerferbatterie und einer 6-fach-Lampenwechselvorrichtung mit zweimal drei 40-Watt-/12,5-Volt-Halogenglühlampen. Das Nebenfeuer besteht aus einer 250-mm-Wallace & Tiernan-Laterne mit einer 12-Volt/2,03-Ampere-Signallampe. Duncannon Fort zeigt ein unterbrochenes weißes Feuer mit einem roten und grünen Sektor. Ein Blink von 3 Sekunden Dauer wird gefolgt von einer 1 Sekunde andauernden Dunkelphase.

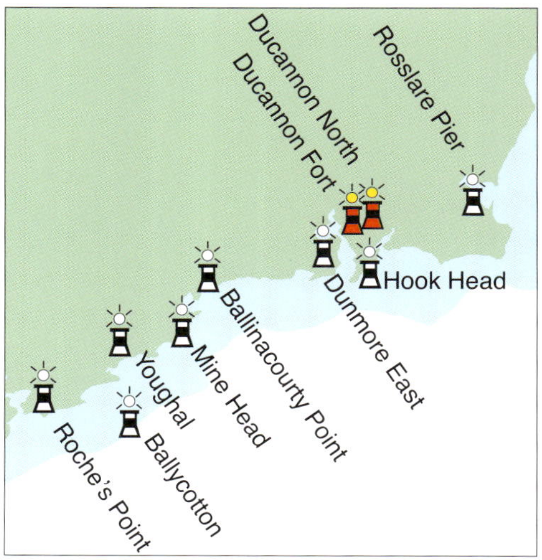

4,5 Kilometer nordöstlich des Unterfeuers steht das Oberfeuer **Duncannon North** (alt A 5806.1). Die Leuchtfeuerstation befindet sich am Abhang des sogenannten Black Head, von wo man einen herrlichen Überblick über den Hafen von Waterford

Das Leuchtfeuer Duncannon North am Black Head

hat. In alten Leuchtfeuerverzeichnissen ist Duncannon North nach seinem Standort auch als Black Head verzeichnet.

Von 1817 bis 1838 stand der Leuchtturm am Roche's Point und befeuerte den Hafen von Cork. 1838 wurde der von George Halpin Senior erbaute Turm komplett abgebaut und samt der Optik an seinen jetzigen Standort transportiert. Duncannon North ist aus Granit gebaut und hat bei einer Höhe von 11 m einen Durchmesser von nur 1,8 m. Die erste optische Einrichtung bestand aus zehn Argand'schen Öllampen und katoptrischen Reflektoren aus poliertem Kupfer. Am 14. April 1838 wurde das wiederaufgebaute Leuchtfeuer erneut in Betrieb genommen.

Aufgrund seiner Hanglage hatte Duncannon North eine Feuerhöhe von 39 m. 1937 erfolgte die Umstellung auf Azetylengas, die Elektrifizierung fand im Mai 1971 statt. Bei der Außerdienststellung im Juni 1990 bestand die optische Einrichtung aus einer AGA-Scheinwerferbatterie und einer 10-fach-Lampenwechselvorrichtung mit zweimal fünf 40-Watt-/12,5-Volt-Halogenglühlampen. Die Kennung bestand aus einem unterbrochenen weißen

Duncannon North	
Int. No.:	A 5806.1
Position:	52°14,2'N 006°56,2'W
Baujahr:	1838
In Betrieb:	bis 1990
Turmhöhe:	11 m
Feuerhöhe:	39 m
Kennung:	Oc.W.4s
Tragweite:	14 sm
Optik:	AGA-Scheinwerferbatterie
Ingenieur(e):	George Halpin Senior

Feuer mit einer Tragweite von 16 Seemeilen. Über lange Jahre war hier Bob White Leuchtturmwärter und später dann Attendant. Die Leuchtfeuerstation ist heute in Privatbesitz, aber der Inhaber erlaubte mir die Besichtigung des Turms. Mithilfe einer Stehleiter konnte ich in den engen kleinen Laternenraum gelangen, um mir die letzte Leuchtfeuereinrichtung anzuschauen. Auch dieser heute weiße Turm hatte gegen Ende der 80er-Jahre des vorigen Jahrhunderts einen senkrechten roten Streifen.
Nächstes Ziel war einer der ältesten Leuchttürme auf den Britischen Inseln: **Hook Head** (A 5798), der den sicheren Weg hin zum Hafen von Waterford

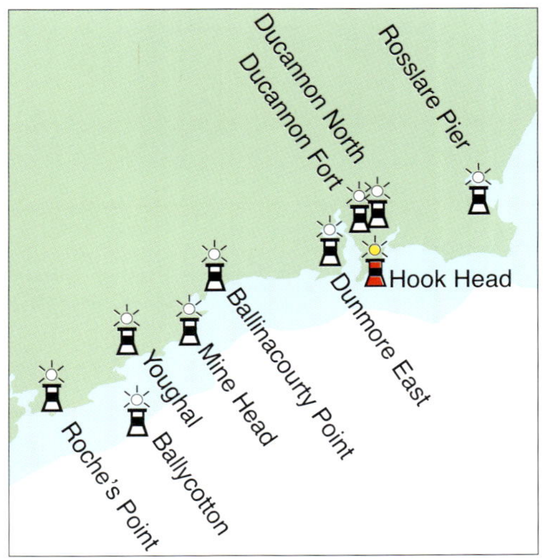

Duncannon North – der ehemalige Roche's Point-Leuchtturm von 1817

Seine heutige ovale Form erhielt Hook Head nach einem Umbau durch Sir Robert Reading im Jahre 1667

Hook Head

Int. No.:	A 5798
Position:	52°07,3'N 006°55,7'W
Baujahr:	1172/1791/1859
In Betrieb:	1172
Turmhöhe:	35 m
Feuerhöhe:	46 m
Kennung:	Fl.W.3s
Tragweite:	24 sm
Optik:	Katadioptrische Optik III. Ordnung
Ingenieur(e):	Raymond Le Gros und Thomas Rogers

Leuchtfeuerstation Hook Head an der Südküste von Irland

weisen soll. Vor der Landspitze zeigt sich viel schäumende Brandung an Felsen und Riffen, „White Water", wie es im Englischen heißt. Der Meeresgrund wird auch in diesem Küstenabschnitt nicht umsonst „Friedhof der tausend Schiffe" genannt. Die Namen der „Grabsteine", die den Schiffen in diesen Wassern immer wieder zum Verhängnis wurden, sind die „Coningbeg Rocks", „Saltee Island" und „Tuskar Rock". Und so erzählt auch der Attendant Tomás Tweedy, genannt Tucks, seinen Besuchern die Geschichte von der ROYAL ARTHUR, die in Südafrika Elfenbein geladen hatte und auf dem Weg nach Liverpool war. In einem Orkan war sie 1895 am Hook Head zerschollen, und noch Monate später fanden Strandgutsammler angetriebene Elfenbeinzähne.
Ich hatte Tucks Tweedy per Handy über meine bevorstehende Ankunft informiert, und er hatte spontan seine Arbeit in der Stadt unterbrochen und war zu mir hinaus zur Leuchtfeuerstation gefahren. Tucks sieht sich als „Hüter des Lichts", der zweiten Schöpfung Gottes nach der Urflut. Wie er weiter erzählt, steht er in der Tradition und Nachfolge des walisischen Mönchs Dubhán, der im 5. Jahrhundert ein Kloster gründete, dort, wo heute die alte Kirche von Churchtown steht.
Nachdem Dubhán um 452 nach Christus die ersten toten Seeleute und Schiffbrüchigen am Strand geborgen und die Toten anschließend beerdigt hatte, soll er an der Landspitze der Halbinsel auf einem Steinhaufen das erste Leuchtfeuer angezündet haben. In einem Eisenkorb verbrannte er zur Lichterzeugung Holz oder Torf. Die Landspitze hatte ursprünglich den Namen „Rinn Dubhán" oder auch „Point of Dubhán". Das Wort Dubhán bedeutet so viel wie Angelhaken, im Englischen also „Fishing Hook". Nach der anglo-normannischen Invasion wandelte sich „Dubhán" in „Hook" und der „Point of Dubhán" zum „Point of Hook" und schließlich zum heutigen „Hook Head". In älteren Leuchtfeuerverzeichnissen wird der Leuchtturm mit Hook Point bezeichnet. Der heilige Dubhán ist heute der Schutzpatron des Irish Lighthouse Service. Nach seinem Tod übernahmen die Mönche seines Klosters die Betreuung des Leuchtfeuers.
Um 1172 ließ wahrscheinlich Raymond Fitzgerald,

Die großenteils abgeblendete Laterne mit dem Reservefeuer und Funknavigationsanlagen (links); die Optik III. Ordnung von Hook Head

auch Raymond Le Gros und in Deutsch Raymond der Dicke genannt, ein Normanne aus Pembrokeshire und Mann von Strongbows einziger Schwester Basilia, den ersten richtigen Turm bauen, der zugleich Leucht- und Wehrturm war.

Die Aufgabe der Leuchtfeuerwärter wurde weiterhin von den Mönchen wahrgenommen. Der erste Leuchtturm am Hook Head war etwa 18 m hoch und hatte einen Durchmesser von circa 8,5 m. Auch dieses Leuchtfeuer wurde weiterhin mithilfe eines offenen Kohlefeuers in einem Eisenkorb betrieben.

Im ersten Stockwerk des Turmes befanden sich die Wohnküche der Mönche mit einem breiten Kamin und einige extrem enge Alkoven, die als Meditations- und Gebetszellen für die Mönche dienten. Die Decke des Raums ist schwarz vom offenen Kaminfeuer. Auch im zweiten Stockwerk waren weitere Gebetszellen für die betenden Leuchtturmwärter eingerichtet.

Weit über die Zeit der Unterdrückung und Auflösung der Klöster in Irland durch Heinrich VIII. hinaus wurde der Leuchtturm durch die Mönche betreut. Erst mit Ausbruch des Bürgerkrieges 1641 verließen die Mönche Churchtown. In diesem Bürgerkrieg kämpften katholische Rebellen gegen die nordirischen Protestanten. Am 23. Oktober 1641 veranstalteten sie ein fürchterliches Massaker in Portadown am Blackwater. Hunderte protestantische Frauen, Kinder und Männer wurden umgebracht. Noch heute tragen viele Banner, die auf den Umzügen des „Orange Order" durch nordirische Städte getragen werden, als Mahnung die Aufschrift „Portadown 1641". Oliver Cromwell schlug die irische Rebellion brutal und erbarmungslos nieder.

Unter Cromwell war das Leuchtfeuer außer Betrieb, und erst mit Sir Richard Reading wurde das Feuer um 1667 am Hook Head wieder angezündet. Reading erhöhte den Turm auf 24 m und umgab ihn mit einer neuen Außenwand. Seit dieser Zeit ist der Turm nicht mehr richtig rund, sondern leicht oval geformt. Reading soll auch eine erste nach oben teilweise geöffnete Laterne gebaut haben, um das Feuer vor Sturm und Wind zu schützen. Der Leuchtturm Hook Head ist heute nach mehr als 830 Jahren in einem tadellosen Zustand und kann ohne Probleme noch Hunderte weiterer Jahre stehen. Er ist ein Beleg für die damalige solide und durchdachte Baukunst. Trotz der dicken Kalksteinmauern sind allerdings die Innenwände des Treppenhauses von einer kristallenen Salzkruste überzogen. Das ist aber auch mehr oder weniger der einzige Tribut an die jahrhundertelangen Witterungseinflüsse hier direkt am Wasser.

1791 baute Thomas Rogers dann ein richtiges Laternenhaus mit einem Durchmesser von 3,65 m auf den Turm. Rogers, ein in London geborener Glaser, der zunächst zwischen 1780 und 1792 Leuchtturmapparaturen für Trinity House lieferte, arbeitete nach seiner Übersiedlung 1792 nach Irland als Architekt für das Ballast Board. Als optische Einrichtung im Hook Head-Leuchtturm installierte er zwölf Argand'sche Öllampen mit dazugehörenden Kupferreflektoren.

1859 wurde der Leuchtturm noch einmal und dieses Mal auf seine aktuellen 35 m erhöht. Fünf Jahre später bekam er auch eine neue Laterne und eine feste dioptrische Optik. 1871 erfolgte die Umstellung auf Kohlegas. Diese Energiequelle zur Lichterzeugung wurde bis 1910 genutzt. Zum Jahresbeginn 1911 wurde Hook Head schließlich mit der aktuellen 500-mm-Optik III. Ordnung ausgestattet. Das Licht erzeugte man nun mittels einer Matthew-Petroleumdampflampe. Mit der Umstellung auf elektrische Energie erhöhte sich 1972 die Lichtstärke des Leuchtfeuers auf 480 000 Candela. Als Lichtquelle dient heute eine elektrische 1000-Watt-MBI/BD-Glühlampe. Sie zeigt alle 3 Sekunden einen weißen Blitz von 0,1 Sekunden Dauer. Die

Feuerhöhe beträgt 46 m, die Tragweite 23 Seemeilen. Als Reservefeuer hat der Leuchtturm zwei Tideland-ML-300-Laternen mit je einer 60-Watt-/10,3-Volt-Glühlampe. Bis 1933 hatte der Leuchtturm drei horizontale rote Bänder. Heute ist Hook Head weiß mit zwei schwarzen Bändern.
Als erstes Nebelsignal erhielt Hook Head 1838 eine eiserne Nebelglocke, die dann 34 Jahre später von einer Nebelkanone abgelöst wurde. 1905 erfolgte der Ersatz des bei unsichtigem Wetter oder Nebel mit dieser Kanone abgegebenen Signals durch ein Explosivsignal, das mit zwei schnell aufeinanderfolgenden Knallsignalen und einer Wiederkehr von 7,5 Minuten die Seefahrer warnte. Auch die Geschichte der Nebelsignalanlage verzeichnet bis heute noch mehrere weitere Kapitel. So erhielt zunächst das Explosivsignal 1937 einen zusätzlichen weißen Blitz zur optischen Identifizierung. Während des Zweiten Weltkrieges wurde dieser Blitz deaktiviert und erst 1949 wieder eingesetzt. 1975 wurde ein mit Druckluft betriebenes Supertyphon eingerichtet. Das heutige elektrische Horn befindet sich seit 1995 am Hook Head und gibt bei schlechter Sicht alle 45 Sekunden zwei Schallsignale von 1,5 Sekunden Dauer ab.
Am 29. März 1996 wurde die Leuchtfeuerstation schließlich automatisiert, und seit dieser Zeit arbeitet der ehemalige Leuchtturmwärter Tucks Tweedy auf „seinem" Leuchtturm als Attendant. Da Hook Head ein sehr beliebtes Ausflugsziel und damit Anlaufpunkt für viele Touristen ist, wurde mittlerweile auf dem Gelände der Station ein Kultur- und Besucherzentrum eingerichtet. Auf der zweiten Etage des Leuchtturms wird eine Audioshow über die Geschichte des Leuchtfeuers und das Leben und die Legende des heiligen Dubhán präsentiert. In den ehemaligen Wärterhäusern befinden sich ein Café sowie ein Kunstgewerbe- und Andenkenladen.

Wicklow – Rosslare

Nach dem Besuch dieses auf der Welt wohl einzigartigen Leuchtturms begann die letzte Etappe meiner Leuchtturmreise: Die Südostküste Irlands stand auf dem Plan.
Bevor ich jedoch die nächste Leuchtfeuerstation ansteuerte, wollte ich noch in die Hauptstadt Dublin, den Ausgangspunkt meiner Rundreise, zurückkehren, um die Hauptverwaltung der Commissioners of Irish Lights in der Lower Pembroke Street No. 16 zu besuchen. Dazu ging es von der Halbinsel Hook auf der R 734 und R 738 über Wellingtonbridge zunächst einmal nach Wexford, dem Hauptort der gleichnamigen Grafschaft am Südufer des Slaney, der im Hafen in das Meer mündet. Im Jahr 950 unter dem Namen „Waesfjord" („Sumpfige Mündung") als Wikingersiedlung gegründet, wurde diese um 1169 von den eingefallenen Anglo-Normannen ausgebaut und befestigt. 1317 erhielt Wexford das Stadtrecht. Während der Rebellion der „United Irishmen" im Jahre 1798 war die Stadt eine der Hochburgen der Aufständischen. Lange war Wexford ein blühender Hafen gewesen, der jedoch seit der Viktorianischen Zeit wegen der sich regelmäßig wiederholenden Versandung immer mehr an Bedeutung verlor. Das Ausbaggern der Hafeneinfahrt war auf Dauer zu aufwendig und zu kostenintensiv. Heute ist Wexford eine lebendige Stadt mit ca. 10 000 Einwohnern und bekannt für die bunte Kunstszene.
Mehr als eine kurze Teepause blieb leider nicht, und es ging weiter auf der gut ausgebauten E 1 nach Arklow am Südufer der Avoca-Mündung, das ebenfalls auf eine Wikingersiedlung zurückgeht. Arklow verfügt heute über einen großen Fischereihafen, dort ist auch die Mehrzahl der irischen Küstenmotorschiffe registriert. Einen Besuch wert ist das Schifffahrtsmuseum, das von einer langen Tradition des Segelschiffbaus zeugt.
Nach weiteren 90 Minuten Fahrzeit traf ich schließlich in der Hauptstadt der Republik Irland und der Zentrale der Commissioners of Irish Lights ein. Ziel meiner kurzen Visite war es, mich beim Information Officer, Mr. David Bedlow, für die wirklich außergewöhnliche Unterstützung im Vorfeld und während meiner zweiwöchigen Rundreise zu bedanken. Ausgestattet mit reichlich Informationsmaterial, ging es dann auf die Schlussetappe in Richtung des Fährhafens Rosslare.
Etwa 11 Kilometer vom Zentrum Dublins entfernt, aber mittlerweile mit den äußeren Gebieten der Hauptstadt verwachsen, liegt **Dun Laoghaire,** der größte Personenfähr- und Yachthafen und eine der ältesten Städte Irlands. Die Stadt ist benannt nach der Festung, Laoghaire, die der König von Irland im 5. Jahrhundert errichten ließ. Von dort hatte er auch seine Raubzüge nach Frankreich und England gestartet. Der Sage nach soll der König aufrecht in seiner Rüstung in Tara, der legendären Kultstätte, begraben sein; immer bereit, seinen

Der festungsartige Molenkopf mit dem Leuchtfeuer Dun Laoghaire Breakwater East

Feinden entgegenzutreten. Im 18. Jahrhundert wurde aus dem kleinen Fischerdorf ein lebhafter Hafen. Von 1821–1920 hieß Dun Laoghaire zu Ehren König Georg IV. „Kingstown“, bevor es seinen keltischen Namen wieder zurückerhielt. Von den Engländern wird die Stadt heute „Dun Leary“ genannt.

Das erste Leuchtfeuer im Hafen von Dun Laoghaire brannte 1813. Vier Jahre später begann der Bau des heutigen Hafens. Bis zum Abschluss des riesigen Projektes sollten ganze 25 Jahre vergehen. Der Architekt John Rennie verbaute mithilfe von 600 Arbeitern Tausende Tonnen von Granit aus den Steinbrüchen von Dundalk. Die Baukosten erreichten die für die damalige Zeit unvorstellbare Summe von über einer Million Pfund Sterling. Beide Hafenmolen umfassten nach ihrer Fertigstellung ein etwa einhundert Hektar großes Hafenbecken. Während der Bauzeit wurde auf den Molen ein provisorisches Leuchtfeuer auf einem Holzgerüst aufgestellt, das mit jedem Baufortschritt wieder verschoben werden konnte. Die Ost- und Westmole wurden nacheinander gebaut. Nach ihrer Fertigstellung hatte die Ostmole eine Länge von 1,6 Kilometern, die Westmole ist noch gut 200 m länger.

Das heutige **Dun Laoghaire Breakwater East** (A 5872) wurde 1847 gebaut und noch am 1. Oktober des gleichen Jahres in Betrieb genommen. Der Entwurf für den runden und zunächst 9 m hohen

Turm stammte ursprünglich von George Halpin Senior und wurde mit einigen Abänderungen von Jacob Owen, einem weiteren Ingenieur der Seezeichenbehörde, ausgeführt. Die Leuchtfeuerstation ist durch eine graubraune Steinmauer und ein Eisentor abgeschlossen. Dahinter befinden sich auch die Wohngebäude für zunächst nur zwei Leuchtturmwärter und ihre Familien. Erst ab 1949 war die Station mit drei Wärtern besetzt, der Principal Keeper wohnte jedoch privilegiert für sich im verwaisten Wohnhaus auf der Westmole. Um sich einen langen Fußweg zu ersparen, setzte er von dort zur Arbeit mit einem Ruderboot auf die andere Hafenseite über. Dun Laoghaire East zeigt sich in der natürlichen Farbe seiner Granitsteine. Bis 1998 war die Laterne weiß, heute ist sie signalrot gestrichen.

Nach zahlreichen Beschwerden wurde der Molenturm 1892 um 3 m auf seine aktuelle Höhe von

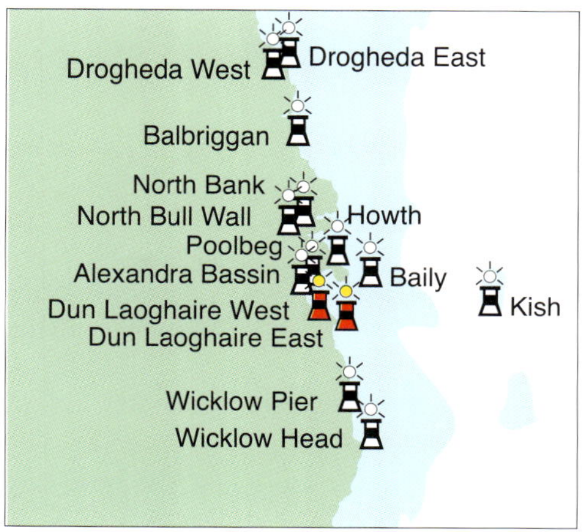

Dun Laoghaire Breakwater East

Int. No.:	A 5872
Position:	53°18,1'N 006°07,6'W
Baujahr:	1847
In Betrieb:	1847
Turmhöhe:	12 m
Feuerhöhe:	16 m
Kennung:	Fl(2)R.10s
Tragweite:	17 sm
Optik:	Gürteloptik V. Ordnung
Ingenieur(e):	George Halpin Senior und Jacob Owen

12 m aufgestockt, um seine Effektivität und Reichweite zu erhöhen. Gleichzeitig erhielt das Hafenfeuer eine dioptrische Optik mit einer Petroleumlampe. Später wurde bis 1968 eine Petroleumdampflampe und danach Elektrizität zur Lichterzeugung genutzt. Heute werden eine Gürteloptik mit 187,5 mm Brennweite und elektrische L-3-Glühlampen in einem 2-fach-Lampenwechsler verwendet. Zwei rote Blitze alle 10 Sekunden reichen bis zu 17 Seemeilen weit. Am 31. Oktober 1977 wurde die Leuchtfeuerstation automatisiert.

Das östliche Leuchtfeuer hatte mit der Inbetriebnahme eine Nebelglocke, die im September 1852 durch eine neue, größere Glocke ausgetauscht wurde. Sie trug die Inschrift „SHERIDAN DUBLIN MAKER 1852". 1969 erhielt die Leuchtfeuerstation eine Sirene, die als Kennung ein Schallsignal von 3 Sekunden Dauer bei einer Wiederkehr von 30 Sekunden hatte. Bei einer Störung wurde die alte Glocke mit der gleichen Kennung wie 1909, ein Schlag alle 6 Sekunden, reaktiviert. 2005 bekam Dun Laoghaire East schließlich ein elektrisches Horn, die Kennung blieb gleich. Interessanterweise wird die Nebelglocke immer noch als Reserve bereitgehalten. Sie befindet sich auf einem Geländer der Mole in unmittelbarer Nähe zum Molenturm.

Laterne Dun Laoghaire Breakwater East mit Nebelschallsender

Dun Laoghaire Breakwater West ist seit 1852 in Betrieb

Dun Laoghaire Breakwater West	
Int. No.:	A 5874
Position:	53°18,2'N 006°07,8'W
Baujahr:	1852
In Betrieb:	1852
Turmhöhe:	9 m
Feuerhöhe:	11 m
Kennung:	Fl(2)G.7,5s
Tragweite:	7 sm
Optik:	Tideland-ML-300-Laterne
Ingenieur(e):	George Halpin Senior

Fünf Jahre nach dem Ostmolenfeuer wurde das **Dun Laoghaire Breakwater West** (A 5874) gebaut und am 29. September 1852 in Betrieb genommen. Auch hier wurde Granit als Baumaterial verwendet. Das Hafenfeuer an der Spitze der Mole ist rund und mit 9 m niedriger als sein Gegenüber. Der heute frei stehende Turm ist ebenfalls naturfarben, seine ursprünglich weiß gestrichene Laterne ist seit 1998 grün. Auf Antrag der „London and North Western Railway Company", die sich später sogar an der Finanzierung beteiligte, erhielt der Molenturm 1909 ein handbetriebenes Nebelhorn, um u. a. die einlaufenden Postschiffe der Gesellschaft bei schlechter Sicht warnen zu können. Der

Das Feuerschiff Kittiwake II *im Hafen von Dun Laoghaire*

Dun Laoghaire Breakwater West, im Hintergrund das östliche Molenfeuer

für das Nebelsignal zuständige Leuchtturmwärter erhielt für seine zusätzliche Arbeit einen Extralohn von fünf Pfund pro Jahr.
Am 31. März 1930 erfolgte die Automatisierung des Leuchtfeuers. Nachdem bis 1999 Azetylengas als Leuchtmittel verwendet worden war, wurde mit Beginn des neuen Jahrtausends die Energieversorgung von Dun Laoghaire West auf Solarenergie umgestellt. Mithilfe der über die vier 38 Watt starken Solarpanele gespeicherten Energie werden nun in einem 6-fach-Lampenwechsler angebrachte 12-Volt-/20-Watt-Tungsten-Halogenlampen in einer Tideland-ML-300-Laterne betrieben. Als Kennung hat das Leuchtfeuer zwei grüne Blitze alle 7,5 Sekunden mit einer Tragweite von 7 Seemeilen.
Im Hafenbecken von Dun Laoghaire, eingerahmt von den beiden Leuchtfeuern, lag bei meinem Besuch gerade das Feuerschiff KITTIWAKE II vor Anker. Das Schiff ist nach der „Rissa tridactyla", einer schwarzfüßigen Dreizehenmöwe, benannt. Auf seiner Längsseite trug das Feuerschiff mit großen weißen Buchstaben den Schriftzug „CONINGBEG", der Station, auf der es zuletzt positioniert war.
Die KITTIWAKE II war im September 1957 von den Commissioners of Irish Lights mit weiteren Schiffen bei der Werft Philip & Son Ltd. aus Dartmouth (Devon) in England in Auftrag gegeben worden. Sie sollten die alten Holz- und Verbundstahlschiffe ersetzen, die über 50 Jahre in Dienst waren. Das neue rote Stahlschiff – bis 1955 waren die irischen Feuerschiffe schwarz mit einem weißen Längsstreifen – hat eine Länge von 35,5 m und eine Breite von 7,62 m, sein Tiefgang liegt bei 4,5 m. Die Baukosten der KITTIWAKE II betrugen ohne die optische Einrichtung 124 128 Pfund Sterling. Am 21. April 1959 fand der Stapellauf statt, und am 15. Juli wurde das Feuerschiff von der Seezeichenbehörde übernommen.
Mittschiffs befindet sich ein Stahlgitterturm, der als Feuerträger dient. Auf einer Höhe von 12 m über dem Wasser trägt er eine Laterne mit einer 360-mm-Drehoptik aus Pressglas mit sechs Linsenfeldern, wobei drei Linsenfelder verdunkelt sind. Als Lichtquelle wird eine Pharos-Marine-1000-Watt-/240-Volt-Bogenlampe verwendet. Ein Photosensor schaltet das Licht automatisch ein und aus. Als Ersatz dienen drei 180-Watt-/28-Volt-Reflektorlampen, die oberhalb des Hauptfeuers in der Laterne angebracht sind. Ein weiteres Notfeuer befindet sich oberhalb der Laterne. Die Energieversorgung für das Leuchtfeuer wird durch drei Ruston & Hornsby-Dieselgeneratoren sichergestellt, von denen einer ständig in Betrieb ist.
In den Jahren 1981/82 wurden die letzten beiden bemannten irischen Feuerschiffstationen CONINGBEG und SOUTH ROCK automatisiert. Die Commissioners of Irish Lights ließen hierzu die Schiffe GANNET II, KITTIWAKE II und SKUA zu voll automatisierten Feuerschiffen umrüsten. Um die drei Schiffe ohne größere Probleme austauschen zu können, erhielten sie die gleiche optische Einrichtung und die

Die Kittiwake II mit dem Stationsnamen Coninbeg

gleiche Kennung. Die Kennungen der Stationen unterscheiden sich nur darin, dass South Rock ein rotes Feuer zeigt und dadurch eine geringere Tragweite als Coningbeg hat. Allerdings sind die Nebelschallsignale unterschiedlich.

Die Schiffe, ohne eigenen Fahrmotor, wurden für Wartungsarbeiten zusätzlich mit einer Hubschrauberplattform am Heck ausgestattet, sie werden von einem vier Tonnen schweren Anker auf Position gehalten. Zwei der so umgerüsteten Feuerschiffe waren seit dieser Zeit im Einsatz, ein Schiff stand als Reserveschiff, z. B. hier im Hafen von Dun Laoghaire, zur Verfügung. Die Skua wurde jedoch mittlerweile außer Dienst gestellt und von der Dubliner Behörde zum Verkauf angeboten.

Seit dem 8. Dezember 2004 befindet sich die Kittiwake II mit neuem Namenszug auf der Station South Rock (A 5966, Position 54°24,5'N 5°21,9'W), die seit 1877 den von Thomas Rogers gebauten gleichnamigen Leuchtturm ersetzt. Die Kennung der Station ist drei rote Blitze von jeweils 0,4 Sekunden Dauer bei einer Wiederkehr von 30 Sekunden. Wie auch Coningbeg ist es ein Tagesfeuer, d. h. es brennt 24 Stunden. Die Kennung des Nebelschallsignals ist jedoch unterschiedlich. Coningbeg sendet mit seinem Nebelhorn alle 60 Sekunden drei Schallsignale von jeweils 1,5 Sekunden Dauer, während South Rock alle 45 Sekunden ein Schallsignal von 1,5 Sekunden Dauer abgibt.

Zu Beginn der zwanziger Jahre des vorigen Jahrhunderts verfügte die Feuerstation Coningbeg über drei Schallsignale. Mithilfe einer Nebelsirene wurden alle zwei Minuten zwei Signale von jeweils 2,5 Sekunden Dauer abgegeben. Als Ersatz wurde eine Zungenpfeife bereitgehalten. Zusätzlich war am Feuerschiff unterhalb der Wasserlinie eine Glocke angebracht, die alle 20 Sekunden sechsmal geschlagen wurde. Um 1928 wurde die Glocke durch einen mit Druckluft betriebenen Vibrator ersetzt. Mithilfe eines Unterwassermikrofons konnten die sich annähernden Schiffe die Entfernung zum Feuerschiff bestimmen. Diese aufwendige Methode der Positionsbestimmung hat sich jedoch nicht durchgesetzt. Auch die Station South Rock hatte 1928 eine Unterwasserglocke, die einmal alle 3 Sekunden geschlagen wurde.

Meine letzte Leuchtfeuerstation auf dem irischen Festland war **Wicklow Head** (A 5850), drei Kilometer südöstlich von Wicklow, dem Hauptort der gleichnamigen Grafschaft. Im 5. Jahrhundert hatte der heilige Mantan dort eine Kirche gebaut, bevor dänische Wikinger dann im 9. Jahrhundert einen

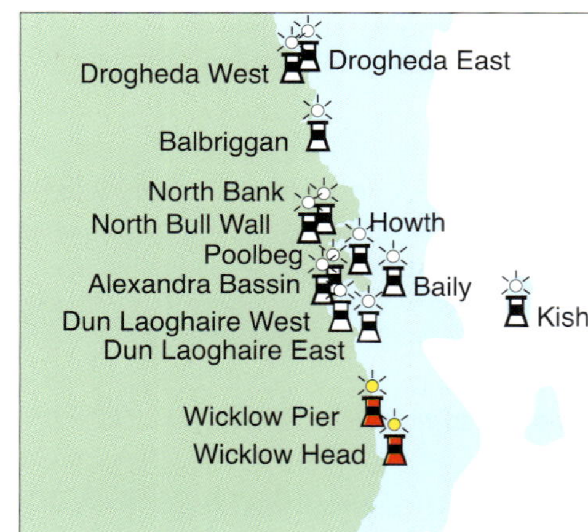

Links das erste (1781) und rechts das zweite (1818) Wicklow-Oberfeuer

Wicklow Head

Int. No.:	A 5850
Position:	52°57,9'N 005°59,8'W
Baujahr:	1816–1818
In Betrieb:	1818
Turmhöhe:	14 m
Feuerhöhe:	37 m
Kennung:	Fl(3)W.15s
Tragweite:	23 sm
Optik:	Katadioptrische Optik III. Ordnung
Ingenieur(e):	George Halpin Senior

Hafen einrichteten, der sich schnell zu einer bedeutenden Handelsniederlassung entwickeln sollte. Aus dieser Zeit stammt auch der Name der Stadt, der sich aus dem nordischen „Wykylo", „Viking's Loch", herleitet.

Die ersten beiden Leuchttürme auf der Anhöhe Wicklow Head wurden in den Jahren 1780/81 nach dem Entwurf von John Trail, Ingenieur der ab 1796 für die Leuchtfeuer in den Grafschaften Wexford, Mayo und Galway zuständigen Revenue Commissioners, gebaut. Das Oberfeuer errichtete er auf dem sogenannten „Long Hill" und das Unterfeuer auf dem Rücken der Anhöhe. Beide Feuer markierten die Landspitze und hatten die Aufgabe eines Wegweisers durch die Enge zwischen dem Südende der India-Sandbank und dem Nordende der Arklow-Sandbank. Durch die Einrichtung eines Doppelfeuers sollte gleichzeitig eine Verwechslung mit den Leuchtfeuern am Howth Head und Hook Head verhindert werden.

Auch wenn heute kaum mehr genaue bautechnische Quellen vorhanden sind, so war der hintere der achteckigen Backsteintürme wohl ca. 29 m hoch, der vordere Turm hingegen etwas niedriger. Die Wände beider Türme hatten eine Stärke von fast 2 m. Ab dem 1. September 1781 brannten in den ebenfalls achteckigen steinernen Laternen, die mehrere kreisrunde und verglaste Öffnungen zur Seeseite hin hatten, jeweils 20 Talgkerzen vor einem großen Spiegelreflektor.

Kurz nachdem die „Corporation for Preserving and Improving the Port of Dublin" (auch „Ballast Board" genannt) 1810 die Verantwortung für alle irischen Leuchtfeuer übernommen hatte, dachte man über den Bau von zwei neuen Leuchttürmen nach. Einerseits, weil die alten Leuchtfeuer aufgrund ihrer Höhenlage zu oft im Nebel lagen, und andererseits, weil die Türme bereits in einem jäm-

Das neue Unterfeuer am Wicklow Head wurde nach einem Entwurf von George Halpin Senior 1816–1818 gebaut.

merlichen Zustand waren. Die Laterne war darüber hinaus verrottet und rostig, die Reflektoren fast völlig blind. Doch die Mühlen der Bürokratie mahlten wie überall auch hier langsam, und so dauerte es fünf Jahre, bis Trinity House 1816 dem Bau der beiden neuen Türme stattgab. George Halpin Senior lieferte die Entwürfe und leitete auch die Ende des gleichen Jahres beginnenden Bauarbeiten. Die beiden neuen Feuer sollten dabei in der gleichen Peilung wie ihre Vorgänger liegen.

Das neue Oberfeuer (Höhe 23 m) wurde nahe dem alten Unterfeuer errichtet, welches dann in der Folge vollständig abgetragen wurde. Das alte Oberfeuer hingegen blieb wegen seiner besonderen Eignung als Tagessichtzeichen erhalten. Das neue Unterfeuer (Höhe 14 m) baute Halpin unterhalb der durchschnittlichen Nebelgrenze 37 m über Meereshöhe und wie einen Adlerhorst in die Klippen. Mit ihrer schneeweißen Farbe hebt sich die Station weithin sichtbar von dem felsigen Hintergrund ab. Die neuen Leuchtfeuer zeigten ein festes weißes Feuer, jedes hatte 15 Argand'sche Öllampen und die gleiche Anzahl von Reflektoren, die von der Messrs. Greenside Company aus Edinburgh geliefert wurden. Am 12. November 1818 wurden beide Feuer in Betrieb genommen.

In der Nacht des 10. Oktober 1836 schlug ein Blitz in das alte Oberfeuer ein. Das Feuer zerstörte die Laterne und die überwiegend hölzerne Inneneinrichtung in allen Stockwerken. Da der Turm nach Ansicht Halpins jedoch weiterhin eine wertvolle Tagesmarke darstellte, wurde er nicht abgerissen und erhielt, wenn auch spät, 1866 seine heutige Kuppel.

Nachdem am 30. Juni 1865 vor der Landzunge mit dem Wicklow Swash ein Feuerschiff stationiert worden war, wurde das neue Oberfeuer nicht mehr benötigt und daher gelöscht. Seit dieser Zeit ist am Wicklow Head nur noch einer der drei heute noch vorhandenen Leuchttürme in Betrieb. Das Feuerschiff zeigte sein Feuer an diesem Küstenabschnitt jedoch nur für kurze Zeit, denn bereits im Oktober 1867 wurde die Station wieder aufgegeben, als in der Nähe die Feuerschiffstationen CODLING und ARKLOW NORTH eingerichtet wurden. ARKLOW NORTH lag an der Nordspitze der Untiefe Arklow Bank. Die Südspitze war bereits seit 1825 durch das Feuerschiff ARKLOW SOUTH markiert worden. Die Station ARKLOW NORTH wurde 1920 aufgegeben. Die Feuerschiffe CODLING und ARKLOW SOUTH lagen bis 1976 auf ihren Stationen. Sie sind durch Großtonnen (LANBYs) ersetzt worden.

Gleichzeitig mit der Aufgabe des oberen Leuchtfeuers wurde das untere Feuer verbessert. Die Laterne von 1818 ersetzte die Leuchtturmbehörde durch eine aus Gusseisen bestehende Laterne der Firma Messrs. J. Edmundson & Co. aus Dublin, und der feste katoptrische Apparat wurde mit einer modernen Drehoptik I. Ordnung der Firma Chance Brothers aus Birmingham getauscht. Die dazu gehörende und nach einem Entwurf von Trinity House-Kapitän Nesbit gefertigte Öllampe lieferte die Firma W. Wilkins aus London. Wicklow Head war die letzte Leuchtfeuerstation Irlands, auf der bis zu diesem Zeitpunkt noch Kerzen als Lichtquelle genutzt wurden. Wie auch auf allen anderen Stationen wurden im Laufe der Jahre und mit der Weiterentwicklung der Leuchtfeuertechnik immer wieder neue Leuchtmittel genutzt.

Am 4. Januar 1868 fand so im Zuge der bereits beschriebenen Wigham-Experimente auf der Station Baily, nördlich von Dublin, auch hier die Umstellung auf Kohlegas statt. Auf dem Wicklow Head wurde ebenfalls ein Gasbrenner mit 108 Düsen bzw. Flammen verwendet. Mithilfe eines Uhrwerks, das die Gaszufuhr regelte, wurde in regelmäßigen Abständen ein Blitz von 10 Sekunden Dauer erzeugt. Die Dunkelphase betrug nur 3 Sekunden. Gas wurde bis August 1906 verwendet, bevor eine erneute Umstellung, diesmal auf eine Petroleumdampflampe, erfolgte. Zur gleichen Zeit erhielt Wicklow Head eine neue Chance-Brothers-500-mm-Drehoptik mit einem David Brown-Uhrwerk. Die Kennung bestand zu diesem Zeitpunkt aus drei weißen Blitzen bei einer Wiederkehr von 10 Sekunden.

Elektrische Energie wird seit März 1976 verwendet. In der heute noch vorhandenen Optik brennt aktuell eine MBI-/BD-1000-Watt-Glühlampe. Mit ihr werden alle 15 Sekunden drei weiße Blitze mit einer Tragweite von 23 Seemeilen über die Irische See geschickt. Als Notfeuer dienen, wie bei fast allen irischen Leuchttürmen, zwei Tideland-ML-300-Laternen mit je einer 60-Watt-/10,3-Volt-Glühlampe. Am 31. März 1994 wurde die Leuchtfeuerstation automatisiert. Die Überwachung erfolgt aus dem Depot der Seezeichenbehörde in Dun Laoghaire, die Betreuung vor Ort hat ein Attendant übernommen.

Im Hafen von Wicklow steht am Ende der Ostmole seit 1884 **Wicklow East Pier Head** (A 5854), ein runder, 6 m hoher Eisenturm, der von den Wicklow Harbour Commissioners betrieben wird. Es zeigt ein Blitzfeuer, weiß über dem Hafen und rot seewärts. Bis in die Mitte des vorigen Jahrhunderts hatte der Molenturm auch eine Nebelglocke, die im Abstand von 11 Sekunden zweimal und mit einer Wiederkehr alle 48 Sekunden geschlagen wurde.

Wicklow East Pier Head steht seit 1884 auf dem Kopf der Ostmole im Hafen von Wicklow

Von Wicklow ging es nun zum Endpunkt meiner Leuchtturmreise rund um die irische Küste. Über Arklow – Enniscorthy – Wexford fuhr ich auf der Europastraße 1 zum Fährhafen Rosslare, von wo ich eine Passage nach Pembroke in Südwales gebucht hatte. Nach dem Niedergang des alten

Der Molenturm Rosslare, seit 1906 in Betrieb

Wikingerhafens von Wexford hatte Rosslare Harbour dessen Rolle übernommen. Mittlerweile ist Rosslare Irlands wichtigster Fährhafen geworden. Von dort verkehren verschiedene Schifffahrtslinien nach Südwales und Nordfrankreich, und von hier starten auch die meisten motorisierten Irlandbesucher ihre Rundreise auf der „Grünen Insel“. Die Überfahrt mit den Irish Ferries nach Pembroke dauert vier Stunden, die Alternativroute nach Fishguard mit Stena Sealink etwa 3,5 Stunden.

Die Fährkosten einer einfachen Fahrt für einen Pkw und zwei Personen liegen bei ungefähr 200 Euro. Mit der Schnellfähre spart man circa eine Stunde, zahlt aber dafür einen deutlichen Aufpreis. Der Fährhafen selber liegt acht Kilometer südlich des kleinen Städtchens Rosslare, einem der sonnigsten Orte Irlands. Ein gut neun Kilometer langer Sandstrand lockt jedes Jahr viele Urlauber an.

Rosslare Harbour wird von einem 5 m hohen runden und roten Metallturm, **Rosslare Pier Head** (A 5842), befeuert, den die Fähren beim Auslaufen in unmittelbarer Nähe passieren. Ein erstes Leuchtfeuer soll hier bereits 1884 gebrannt haben. Der aktuelle Turm am Kopf der Mole wurde im Juli 1906 in Betrieb genommen. Im Oktober des gleichen Jahres erhielt das Leuchtfeuer zusätzlich ein handbetriebenes Reedhorn, um die Dampfer der „Fishguard and Rosslare Railway and Harbours Company“ bei Nebel und schlechter Sicht zu warnen. Die Signale begannen eine halbe Stunde vor der erwarteten Ankunft der Schiffe und endeten mit dem Einlaufen. Heute verfügt der Molenturm über kein Nebelsignal mehr.

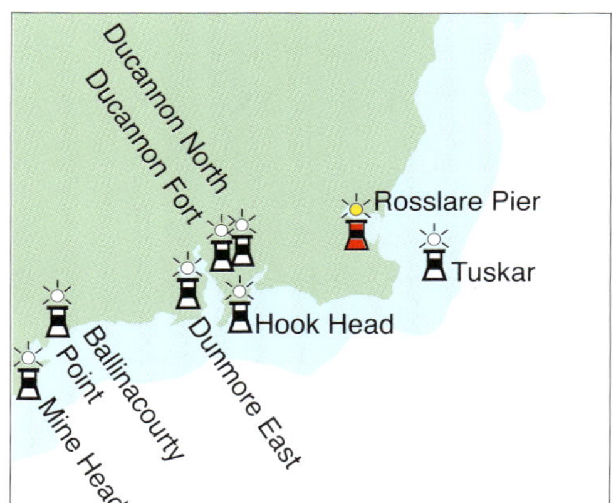

Tuskar Rock

Das „Boarding“ in Rosslare erfolgte um 20:45 Uhr, und um 21:30 Uhr lief die Fähre aus. Nur wenige Minuten nach der abendlichen Abfahrt passierte das Schiff den letzten irischen Leuchtturm auf meiner Reise. **Tuskar Rock** (A 5838) grüßte mit seinen

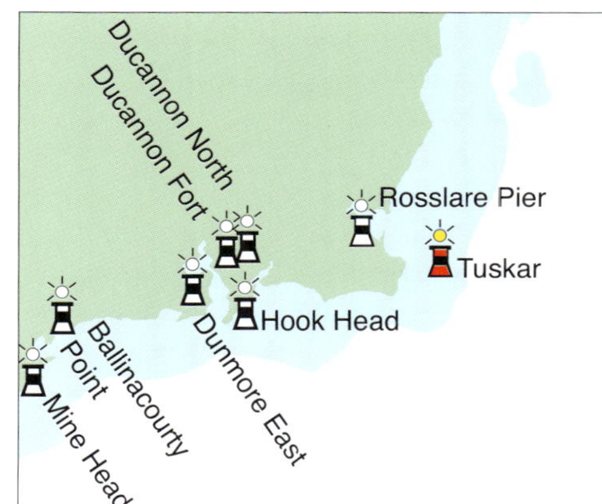

Tuskar Rock steht etwa 11 Kilometer vor der Südostspitze Irlands

zwei weißen Blitzen, und ich erwiderte an Deck mit einem letzten Glas Guinness.

Die Tuskar Rocks, eine gefährliche Felsformation etwa elf Kilometer vor der Südostspitze Irlands und nur gut 56 Kilometer von der walisischen Küste entfernt gelegen, haben vermutlich mehr Menschen- und Schiffsopfer gefordert als jeder andere Küstenabschnitt des Landes. So wurden auch bereits 1810 die ersten massiven Forderungen nach einer Befeuerung gestellt. Im August 1881 landete George Halpin Senior mit drei weiteren Fachleuten der Seezeichenbehörde auf den Tuskar Rocks, um sich vor Ort ein Bild von der Beschaffenheit der Felsformation und ihrer Eignung für den Bau eines Leuchtturms zu machen. Da die Felsen ihm grundsätzlich als Standort geeignet erschienen, entwarf er nach seiner Rückkehr nach Dublin sogleich einen Turm, ähnlich des dort 1768 auf der Südmole errichteten Leuchtturms Poolbeg und des South Rock-Leuchtturms. Seine Behörde billigte seinen Entwurf und legte die Pläne zur Prüfung und end-

Blick auf Tuskar Rock von der Fähre

Tuskar Rock

Int. No.:	A 5838
Position:	52°12,2'N 006°12,4'W
Baujahr:	1811–1815
In Betrieb:	1815
Turmhöhe:	34 m
Feuerhöhe:	33 m
Kennung:	Q(2)W.7,5s
Tragweite:	24 sm
Optik:	Gürteloptik III. Ordnung
Ingenieur(e):	George Halpin Senior

gültigen Genehmigung in London bei Trinity House vor. Halpins Entwurf wurde von dort überraschenderweise jedoch nicht akzeptiert, u. a. weil der Turm nach Londons Bewertung nicht die erforderliche Höhe hatte. Stattdessen wurde der Bau eines Leuchtfeuers nach dem Vorbild des Leuchtturms South Stack empfohlen, der 1809 nahe Holyhead auf der Halbinsel Anglesey in Nordwales gebaut worden war. Als Vorgabe oder Anleitung erhielt Halpin eine Mappe mit Zeichnungen, die D. A. Alexander, ein Landvermesser von Trinity House, angefertigt hatte. George Halpin konstruierte daraufhin einen neuen runden und 34 m hohen Granitturm. Dieses Mal fanden seine Pläne Zustimmung, und die Bauarbeiten konnten beginnen.

Die Arbeiten fanden unter extrem schwierigen Bedingungen statt. Auf dem nackten glatten Felsen waren die Arbeiter ständig Wind, Wellen und dem regelmäßig wiederkehrenden Hochwasser ausgesetzt. Die Arbeiten mussten so immer wieder unterbrochen werden und waren im Winter, zur Zeit der großen Stürme, völlig unmöglich. Eigentlich setzten Halpins Männer jeden Tag ihr Leben aufs Spiel, und so ereigneten sich während der vierjährigen Bauzeit auch zwei tragische Unglücke. In der Nacht des 18. Dezember 1812 wurde in einem gewaltigen Sturm die komplette Bauhütte weggerissen und mit ihr die 24 zu dieser Zeit auf der Baustelle eingesetzten Arbeiter. Zehn Männer fanden in dieser Nacht den nassen Tod, die 14 Überlebenden klammerten sich zwei Tage an den kalten und glatten Felsen fest, bevor sie unter der Leitung eines Mr. W. Johnson aus Wexford gerettet werden konnten. Nach einer kurzen Erholungsphase waren die Geretteten wieder auf den Tuskar Rocks, um ihre begonnene Arbeit zu vollenden. Die Witwen und Mütter der Toten erhielten eine Rente von spärlichen sechs Pfund und jedes Kind eine Rente von drei Pfund pro Jahr.

Das zweite Unglück ereignete sich am 22. August 1814, als ein ungesicherter Steinmetz aus 22 m Höhe in den Tod stürzte. Beide Vorfälle sind in der Geschichte des Leuchtturmwesens keine Einzelfälle. Immer wieder kamen rund um die Welt Arbeiter beim Bau der Leuchtfeuer, insbesondere bei den Felsentürmen, ums Leben. Die Tragödie vom Dezember 1812 bildete zugleich das größte Unglück in der irischen Leuchtturmgeschichte.

Zum Jahresbeginn 1815 waren Turm und Laterne so weit fertiggestellt, dass die optische Einrichtung installiert werden konnte. Tuskar Rock bekam eine katoptrische Drehoptik von der Firma Messrs. G. Robinson aus London. Als Lichtquelle wurden zunächst Argand'sche Öllampen genutzt. Am Turm wurde zur Warnung bei schlechter Sicht zusätzlich eine Nebelglocke angebracht. Am 4. Juni 1815 konnte Tuskar Rock dann zum ersten Mal gezündet werden.

Im Jahre 1821 kam es zu einem weiteren erwähnenswerten Ereignis auf der Leuchtfeuerstation. Aus Le Havre in Frankreich kommend, landeten Schmuggler auf der Felsengruppe und versteckten dort mit Wissen und Duldung der Leuchtturmwärter ihre aus Brandy, Tee, Seide und Spielkarten bestehende Schmuggelware. Anschließend fuhren sie in aller Seelenruhe mit ihrem Kutter SHARK nach Wexford, wo ihr Boot, natürlich ohne Erfolg, von der wartenden Küstenwache und dem Zoll durchsucht wurde. Tage später kehrten die Schmuggler dann nach Tuskar Rock zurück und brachten ihre Waren unbeobachtet an Land. Bei ihrer Rückkehr auf die Leuchtturminsel fanden sie allerdings die beiden Leuchtturmwärter vollkommen betrunken vor. Diese hatten sich an den Brandyfässern reichlich bedient. Aufgekommen ist dieser Vorfall, weil genau zu dieser Zeit die königliche Yacht mit König George IV. an Bord auf dem Weg nach Dun Laoghaire war und Tuskar Rock nicht ausmachen konnte. Stattdessen musste der Kapitän aus Sicherheitsgründen, geführt vom Feuer des Felsenleuchtturms Smalls, Milford Haven in Wales anlaufen. Die betrunkenen Keeper hatten vergessen, das Leuchtfeuer bei Einbruch der Dunkelheit zu entzünden und stattdessen ihren Rausch ausgeschlafen. Natürlich erfolgte sofort die Meldung des Kapitäns an die Leuchtturmbehörde, und unverzüglich wurden Ermittlungen eingeleitet, an deren Ende der Principal Keeper M. Wiseheart degradiert und sein Assistant Keeper C. Hunter zunächst als Leuchtturmwärter entlassen, dann aber aus sozialen Gründen in seinem früheren Beruf als Schmied weiter beschäftigt wurde. Wenige Jahre später stürzte der ehemalige Principal Keeper auf seiner neuen Station Skellig Rocks zu Tode, als er Futter für seine Kuh schneiden wollte.

Nachdem die Leuchtturmwärterfamilien zunächst an Land gewohnt hatten, wurde von ihnen ab 1834 verlangt, auf dem Felsmassiv zu leben. Ziel dieser Bestimmung war es, durch die Nähe zu ihren Familien die Dienstmoral der Wärter zu heben. Da die Lebensbedingungen auf Tuskar Rock aber mehr als spartanisch und familienunfreundlich waren, scheiterte dieses Experiment schon bald und führte letztendlich dazu, dass dort nur Leuchtturmwärter mit kleiner oder gar keiner Familie stationiert wurden. Schließlich wurden 1886 vier Wohnhäuser auf dem Festland gebaut, wo die Familien ab 1890 unter annehmbaren Verhältnissen leben konnten.

1879 wurde die Nebelglocke am Leuchtturm durch ein Knallsignal ersetzt. Alle fünf Minuten wurde ein Schuss abgegeben. Im Sommer 1885 begannen unter der Leitung des Chefingenieurs William Douglass umfangreiche Modernisierungsarbeiten am Tuskar Rock-Leuchtturm. Für die Dauer der Arbeiten wurde ein Feuerschiff als Ersatz für das

Luftaufnahme des Leuchtturms Tuskar Rock

gelöschte Feuer stationiert. Erneuert wurde die komplette Laterne einschließlich der optischen Apparaturen. Die Argand'schen Lampen und Reflektoren wurden durch zwei übereinander angebrachte Optiken I. Ordnung der Firma Edmundson (Dublin) und modernere Öllampen mit mehreren Dochten ersetzt. Am 20. November 1885 wurde der umgerüstete Leuchtturm wieder in Betrieb genommen und das Feuerschiff abgezogen.
25 Jahre später, am 20 Mai 1910, hatten auch die mehrdochtigen Öllampen ausgedient. An ihre Stelle traten 35-mm-Petroleumdampflampen, die dann bis zur Umstellung auf Elektrizität am 7. Juli 1938 in Betrieb waren. Tuskar Rock war nach Donaghadee (1934) und Chaine Tower (1935) das dritte irische Leuchtfeuer überhaupt und das erste nicht auf dem Festland stehende Leuchtfeuer, das auf Elektrizität umgestellt wurde. Mit der Umstellung erhielt der Leuchtturm erneut eine modernere optische Einrichtung. Jetzt brannte eine 3000-Watt-Glühlampe in einer 500-mm-Gürteloptik der Firma Chance Brothers. Den Strom produzierten drei National-D-2-Dieselgeneratoren. Die Kennung bestand aus zwei weißen Blitzen alle 7,5 Sekunden.
Im Zweiten Weltkrieg wurde Tuskar Rock Schauplatz einer weiteren Tragödie. Eine Seemine hatte sich von ihrer Verankerung gelöst und war am 2. Dezember 1941 gegen die Felsen getrieben und explodiert. Die beiden Leuchtturmwärter Cahill und Scanlan wurden dabei schwer verletzt und mussten mit einem Rettungsboot aus Rosslare an Land gebracht werden. Scanlan erlag am Tag darauf im Krankenhaus seinen Verletzungen.
Um die mühseligen und oftmals nicht ungefährlichen Anlandungen bei der Ablösung der Wärter oder der Versorgung der Station einfacher zu gestalten, wurde 1972 eine Landeplattform aus Beton auf die Felsformation gebaut. Ihr Durchmesser beträgt 10 m. 1974 erhielt die Leuchtfeuerstation mit einem Diafon ein neues Nebelsignal, das aber bereits vier Jahre später durch das heute noch existente elektrische Nebelhorn ersetzt wurde. Bei schlechter Sicht sind bei einer Wiederkehr von 45 Sekunden vier Schallsignale von jeweils einer Sekunde Dauer zu hören. Am 31. März 1993 wurden die letzten beiden Leuchtturmwärter, Oliver Hickey und John Butler, abgezogen und die Station vollkommen automatisiert. Zuvor wurde die 3000-Watt-Glühlampe noch durch eine 1000-Watt-MBI-Metall-Halogenlampe in einem Lampenwechsler ersetzt. Zusätzlich wurden auf der Galeriebrüstung zwei Tideland-300-mm-Laternen mit je einer 60-Watt-/10,3-Volt-Glühlampe und einer Reichweite von 6 Seemeilen als Notfeuer installiert, die sich automatisch einschalten, sollte das Hauptfeuer einmal ausfallen. Auf einer Feuerhöhe von 33 m zeigt das Hauptfeuer des Tuskar Rock zwei weiße Blitze mit einer Wiederholung alle 7,5 Sekunden. Die Tragweite ist in den Admiralty List of Lights mit 24 Seemeilen angegeben. Als Attendant betreut Oliver Hickey, unterstützt von seinem Assistenten Rayman Wickham, seit März 1994 seinen letzten Leuchtturm. Die Überwachung erfolgt ansonsten per Telemetrie vom Depot der Commissioners of Irish Lights in Dun Laoghaire. Tuskar Rock ist ein Tagesfeuer.
In den frühen Morgenstunden des nächsten Tages lief die Fähre in den Hafen von Pembroke ein. Auf direktem Weg zum Eurotunnel in Folkstone und der Rückkehr nach Deutschland nahm meine vierzehntägige Leuchtturmreise ihr Ende. Eine Reise, auf der ich nicht nur über 70 faszinierende Leuchttürme und kleinere Leuchtfeuer besichtigt hatte, sondern insbesondere auch zwei abwechslungsreiche Inseln mit ihren lebensfrohen und immer freundlichen Menschen kennen- und schätzen gelernt habe.

Leuchtturm Haulbowline im Carlingford Lough (siehe Seite 49)

Anhang

Glossar

Admiralty List of Lights and Fog Signals (ALL)
Leuchtfeuer- und Nebelsignalverzeichnis, herausgegeben von der Britischen Admiralität. Die Mitgliedsstaaten der IHO (International Hydrographic Organization) haben sich darauf geeinigt, die Nummern des britischen Verzeichnisses als international gültige Nummern zu verwenden (Int. No.).

Argand'sche Lampe
Die von dem Schweizer Physiker François-Pierre Aimé Argand (1755–1803) entwickelte Lampe ist eine Öllampe mit einem Hohldocht. Durch die im Inneren aufsteigende Luft wurde die Verbrennung erheblich verbessert. Ein darüber gestülpter Glaszylinder, von dem Franzosen Quinquet entwickelt, verstärkte durch seine Schornsteinwirkung den Luftstrom. Aufgrund dieser Entwicklungen wurde die Leuchtkraft von Öllampen erheblich verstärkt.

Assistant Keeper
Englische Rangbezeichnung für Leuchtturmwärter. Übersetzt bedeutet sie so viel wie Hilfsleuchtturmwärter. Er ist der Assistent des ersten Leuchtturmwärters, des „Principal Keeper". Im Northern Lighthouse Board wird die Bezeichnung „Assistant Lightkeeper" verwendet.

Association of Lighthouse Keepers (ALK)
Britische Vereinigung ehemaliger Leuchtturmwärter und Leuchtturmfreunde; es werden auch nicht-britische Mitglieder aufgenommen.

Attendant
„Hausmeister" bei automatisierten Leuchtfeuern. Häufig wird diese Aufgabe von ehemaligen Leuchtturmwärtern wahrgenommen.

Azetylen
Gas, das sich oberhalb von 305 °C entzündet und an der Luft mit leuchtender, stark rußender Flamme mit etwa 1900 °C verbrennt. Reines Azetylen ist geruchlos, wogegen technisches Azetylen unangenehm nach Knoblauch riecht. Es wird aus Carbid hergestellt und ist mit Phosphorverbindungen verunreinigt, was den typischen Geruch hervorruft. Die Entdeckung wird dem deutschen Chemiker Friedrich Wöhler zugeschrieben, dem 1862 die Herstellung durch die Behandlung von Calciumcarbid mit Wasser gelang. Die chemische Formel lautet C_2H_2.

Azetylengasbrenner
Der Brenner erzeugt eine relativ hohe Leuchtdichte mit hoher Flammentemperatur und hohem Kohlenstoffgehalt. Dadurch besteht große Verrußungsgefahr. Die Verrußung wird durch erhöhte Luftzufuhr beseitigt. Die Flammentemperatur beträgt 1900 °C. Löschen und Wiederanzünden des Brenners ist in kürzester Zeit möglich; dadurch können Blitze erzeugt werden.

Ballast Board
1704 übernahm eine Gruppe von Beauftragten der Königin Anne die Aufsicht über die Leuchtfeuer Irlands. Vier Jahre später wurde von der Dublin Corporation das sogenannte „Ballast Board" gegründet. 1786 entwickelte sich daraus die „Corporation for preserving and improving the Port of Dublin". 1810 erhielt die Corporation dann die Verantwortung für die gesamte irische Küste. Im sogenannten Dublin Port Act von 1867 erfolgte schließlich die Trennung bzw. Aufteilung der Zuständigkeiten in das „Dublin Port and Docks Board" und die „Commissioners of Irish Lights".

Bewachtes Feuer
Feuer, das durch einen Wärter bedient und unterhalten wird, der notfalls sofort eingreifen kann.

Blink
Lichterscheinung von mindestens 2 Sekunden Dauer aus einer im Verhältnis zur Lichterscheinung langen Dunkelheit.

Blinkfeuer
Feuer, bei dem die Pause einer regelmäßig wiederkehrenden Lichterscheinung länger ist als der Blitz. Die Pause muss aber länger sein als der Blink, der mindestens 2 Sekunden leuchten muss.

Blitz
Lichterscheinung von weniger als 2 Sekunden Dauer aus einer im Verhältnis zur Lichterscheinung langen Dunkelheit.

Blitzfeuer
Feuer, bei dem die Gesamtdauer der Lichterscheinungen innerhalb jeder Wiederkehr eindeutig kürzer ist als die Gesamtdauer der Verdunkelungen und bei dem die Lichterscheinungen (Blitze) alle von gleicher Dauer sind.

Brenner
Gerät, in dem Gas oder Dampf verbrennt, sodass eine Flamme erzeugt wird, die direkt oder zusammen mit einem Glühstrumpf als Lichtquelle dient.

Brennpunkt einer Optik
Punkt auf der Achse einer Optik, in dem sich parallel zur Achse in die Optik einfallende Strahlen vereinigen oder von dem sie nach der Brechung oder Reflexion durch die Optik auszugehen scheinen.

Leuchtturm Maughold Head (siehe Seite 17)

Brennweite
Als Brennweite bezeichnet man die Entfernung vom Mittelpunkt der Lichtquelle, die im Brennpunkt der Optik steht, bis zu dem Punkt, wo die Lichtstrahlen zum ersten Mal gebrochen werden.

Caisson
Senkkasten, der nach dem Prinzip der Taucherglocke Unterwasserarbeiten unter erhöhtem Druck ermöglicht. Innerhalb des Caissons können z. B. Grundierungs- oder Fundamentarbeiten am Meeresgrund ausgeführt werden. Durch nachträgliches Verfüllen des Caissons mit Sand oder Beton dient er dann als Fundament für Offshore-Bauwerke (Beispiel: Kish Bank oder Roter Sand).

Candela
Einheit für die Lichtstärke (cd).
Anmerkung: Kerze, Englische Kerze, Dezimalkerze, Hefner-Kerze, Carcel sind andere, veraltete Einheiten für die Lichtstärke. Sie sind durch Candela überholt. Ein moderner Autoscheinwerfer hat ungefähr eine Lichtstärke von 1500 Candela.

Commissioners of Irish Lights (C. I. L.)
Irische Seezeichenbehörde, Zuständigkeitsbereich: Irland und Nordirland einschließlich der Inseln; Sitz: 16 Lower Pembroke Street, Dublin, Ireland.

DGPS
Mithilfe einer „Differentielles GPS" genannten Technik (DGPS) können zivile Empfänger Genauigkeiten von fünf bis manchmal einem Meter erreichen. Bei DGPS wird ein zweiter stationärer GPS-Empfänger zur Korrektur der Messung des ersten eingesetzt. Ist die Position des zweiten stationären Empfängers sehr genau bekannt, so kann man mithilfe eines Langwellensenders ein Korrektursignal ausstrahlen, das von einem mit dem mobilen GPS-Empfänger verbundenen Gerät ausgewertet wird. Das Korrektursignal wird wie das GPS-Signal kostenlos ausgestrahlt. Die Ausstrahlung der DGPS-Signale beschränkt sich teilweise auf die Küstenregionen und wird häufig von der Küstenwache der einzelnen Länder vorgenommen.

Rosslare Pier Head (siehe Seite 120)

Diafon (Heuler)
Schallsender mit periodischem Austritt von Druckluft, wobei der Austritt durch einen mittels Druckluft betätigten, sich hin- und herbewegenden Verschluss bewirkt wird.

Dioptrisch
Eigenschaft von optischen Elementen, die die ursprüngliche Richtung eines Lichtstrahls nur durch Brechung ändern.

Drehfeuer
Anordnung eines oder mehrerer Linsenfelder, die um eine senkrechte Achse rotieren und eine Taktkennung erzeugen.

Entladungslampe
Lampe, in der das Licht durch eine elektrische Entladung in Gasen, Metalldämpfen oder einer Mischung aus beiden erzeugt wird.

Explosions-Schallsignal
Nebelsignal, bei dem das Signal mittels eines Explosionsknalls erzeugt wird. Meist wird zur Erzeugung des Knalls Sprengstoff verwendet.

Festfeuer
Feuer, dessen Licht einem Beobachter, der seinen Standort zum Feuer nicht verändert, ununterbrochen und gleichmäßig erscheint.

Feuerhöhe
Die Höhe der Lichtquelle über dem Meeresspiegel, bei tidenunabhängigen Gewässern bezogen auf den mittleren Wasserstand, in Tidengewässern bezogen auf das mittlere Hochwasser.

Fresnel, Augustin Jean
Französischer Physiker (1788–1827), der u. a. die Wellennatur des Lichts nachgewiesen hat. Er konstruierte 1820 unter Verwendung von Linsen und Prismen eine Optik für Leuchttürme. Die erste Optik dieser Art wurde 1823 auf dem Leuchtturm Corduan, Gironde-Mündung, in Betrieb genommen.

Fresnel-Linse
Stufenlinse, die durch Rotation eines Fresnel-Profils um die optische Achse entsteht, oder Gürtellinse, die durch Rotation eines Fresnel-Profils um die Achse einer Gürtellinse entsteht.

Fresnel-Profil einer Linse oder Gürtellinse
Stufenförmiges Linsenprofil, bestehend aus dioptrischen und katadioptrischen Elementen, wobei die dioptrischen Teile in Richtung zum Brennpunkt eine gerade Fläche haben.

Das alte Leuchtfeuer Howth (siehe Seite 39)

Funkelfeuer
Feuer, das sehr schnelle regelmäßige Wechsel von Lichterscheinungen und Verdunkelungen zeigt. Mindestens 40 Funkel (Blitze) pro Minute.

Galerie
Bei Leuchttürmen balkonartiger offener Vorbau, meist in Höhe des Laternenfußes, der die Laterne ganz oder teilweise umschließt. Hierdurch können Wartungs- und Reinigungsarbeiten an der Außenseite vorgenommen werden.

Gasentladungslampe
Lampe, bei welcher das Licht durch eine elektrische Entladung in einem Gas erzeugt wird (z. B. Xenon, Neon). Entladungslampen lassen sich im Allgemeinen nicht durch das Ein- oder Ausschalten des Lampenstromes takten. Entladungslampen, insbesondere Halogen-Metalldampflampen und Xenon-Hochdrucklampen, werden heute bevorzugt für große Lichtstärken eingesetzt. Sie haben gegen-

„Palmengarten“ Point of Ayre (siehe Seite 20)

Donaghadee South Pier Head (siehe Seite 52)

über den Glühlampen eine höhere Lichtausbeute und im Allgemeinen auch eine höhere Leuchtdichte sowie eine längere Lebensdauer.

General Lighthouse Authority (GLA)
Zusammenschluss/Arbeitsgemeinschaft der Seezeichenbehörden Trinity House, Northern Lighthouse Board und Commissioners of Irish Lights. Den Vorsitz der GLA hat Trinity House.

Gleichtaktfeuer
Taktfeuer, bei dem aufeinanderfolgende Lichterscheinungen und Verdunkelungen jeweils die gleiche Dauer haben.

Glühlampe
Durch elektrischen Strom zum Glühen gebrachter Faden, entweder Kohle- oder Metallfaden, überwiegend Wolfram, in einem meist luftleeren Glasmantel. Die Lebensdauer der Glühlampe ist durch die Verdampfung des Wolframfadens begrenzt. Diese Verdampfung wird bei Gasentladungslampen weitgehend reduziert.

Glühstrumpf
1885 von dem Wiener Chemiker Carl Auer von Welsbach erfunden. Er besteht aus einem losen Gewebe aus Naturfaser oder synthetischer Faser, imprägniert mit einer Lösung aus Thorium und Cernitrat, das durch eine Flamme zum Glühen gebracht wird und als Lichtquelle dient. Bei der Verwendung von Dampflampen oder Gasbrennern wird mit dem Glühstrumpf eine hohe und gleichmäßig verteilte Leuchtdichte erreicht.

Glühstrumpfbrenner
Brenner, der zur Aufnahme eines Glühstrumpfes geeignet ist. In Leuchtfeuern wurden Glühstrumpfbrenner hauptsächlich mit verdampftem Petroleum, Propan, Butan oder Azetylen gespeist.

GPS
Der eigentliche Name des Global Positioning Systems (GPS) ist NAVSTAR (Navigation System for Timing and Ranging). Das GPS-System ist ein vom amerikanischen Verteidigungsministerium ersonnenes, realisiertes und betriebenes System, das aus geplant 24 Satelliten besteht, welche die Erde in einer nominellen Höhe von 22 200 Kilometern umkreisen. GPS-Satelliten senden Signale aus, die die genaue Ortsbestimmung eines GPS-Empfängers ermöglichen. Die Empfänger können ihre Position ermitteln, wenn sie feststehend sind, sich auf der Erdoberfläche, in der Erdatmosphäre oder in niederen Umlaufbahnen bewegen. GPS wird sowohl in der Luft-, Land- und Seefahrtsnavigation eingesetzt. Das GPS-Signal wird jedem auf oder in der Nähe des Planeten kostenlos zur Verfügung gestellt, der einen GPS-Empfänger besitzt und eine uneingeschränkte „Sicht" auf die Satelliten hat. Ein GPS-Empfänger für die zivile Nutzung bietet eine Genauigkeit von bis zu wenigen Metern.

Gruppenfeuer
Manche Kennungen sind so angeordnet, dass die Lichterscheinung innerhalb einer Phase nicht nur einmal, sondern mehrmals in Gruppen auftritt. Man spricht dann von einem Feuer mit Gruppen von 2, 3 oder mehr Unterbrechungen, Blinken oder Blitzen. Die Abkürzung LFl(2) bedeutet ein Blinkfeuer mit einer Gruppe von zwei Blinken.

Gürtel (einer Gürtellinse)
Zentraler optischer Teil einer Gürtellinse, bestehend aus einem ringförmigen brechenden Element mit linsenförmigem Querschnitt.

Gürtellinse
Linse, die ringförmig und waagerecht um eine Lichtquelle angeordnet ist. Sie besteht aus einem Gürtel mit linsenförmigem Querschnitt und einer Anzahl von unmittelbar darüber und darunter dicht anschließenden Ringen mit Prismenquerschnitt und strahlt ein fächerförmiges Lichtbündel aus. Die Gürtellinse braucht nicht bis zu 360° ausgebaut sein, sondern kann auf einen Sektor begrenzt sein.

Halogen-Glühlampe
Gasgefüllte Glühlampe, die einen bestimmten Anteil an Halogenen enthält, in der in einem chemischen Kreisprozess die Kolbenschwärzung dadurch vermindert und die Nutzungsdauer verlängert wird, indem verdampftes Wolfram zum Leuchtkörper zurücktransportiert wird.

Halogen-Metalldampflampe
Entladungslampe, in der das Licht durch eine elektrische Entladung in einem Gemisch aus Halogenen und Metalldämpfen (z. B. Quecksilber oder Natrium) erzeugt wird. Diese Lampenart zeichnet sich durch hohe Lichtausbeute und Lichtdichte aus. Die Nutzungsdauer beträgt etwa 6000 Stunden. Halo-

Kilcredaune (siehe Seite 74)

Optik Black Head, Antrim (siehe Seite 54)

gen-Metalldampflampen können elektrisch nicht getaktet werden. Diese Lampenart kann erst nach einer Abkühlzeit von etwa 2–4 Minuten wieder gezündet werden. Kennungen können daher nur durch Einsatz mechanischer Hilfsmittel erzeugt werden.

Halpin, George Senior (1779–1854)
„Gründervater" des Irish Lighthouse Service; wurde 1800 vom Ballast Board als Nachfolger von Francis Turnstall ernannt. In seine Zuständigkeit fielen der Bau von 53 neuen und die Modernisierung von 15 bestehenden Leuchttürmen. 1830 wurde sein Sohn George Halpin Junior sein Assistent und nach seinem plötzlichen Tod im Juli 1854 sein Nachfolger.

Hohlspiegel
Nach innen gewölbter Spiegel. Parallel zur Haupt-

Optik Mine Head (siehe Seite 100)

achse einfallende Strahlen werden in einem Hohlspiegel durch Reflexion im Brennpunkt vereinigt. Bei großen Hohlspiegeln können Störungen bei den Randstrahlen auftreten, deshalb verwendet man häufig Parabolspiegel.

Katadioptrisch
Eigenschaft von optischen Elementen, die die ursprüngliche Richtung eines Lichtstrahles durch Brechung und Reflexion ändern.

Katoptrisch
Eigenschaft von optischen Elementen, die die ursprüngliche Richtung eines Lichtstrahles nur durch Reflexion ändern.

Kennung von Leuchtfeuern
Die Kennung ist die charakteristische Art eines

Optik Youghal (siehe Seite 97)

Leuchtfeuers, der Verlauf seiner Lichterscheinungen (zeitliche oder farbliche Änderungen) zur eindeutigen Identifizierung und Unterscheidung von anderen Leuchtfeuern.

Kennungsgeber (für Leuchtfeuer)
Vorrichtung, die die einer Lichtquelle zugeführte Energie (in Form von Brennstoffen oder Elektrizität) eines Taktfeuers so unterbricht, dass die gewünschte Kennung entsteht.

Kuppel
Bei Leuchttürmen nach oben die Laterne abschließendes Bauteil; oft in der Farbe von der Laterne abweichend.

Crookhaven: 4-fach Wechselvorrichtung mit 35-Watt-Halogenglühlampen (siehe Seite 84)

Optik Crookhaven bis 2004 (siehe Seite 84)

Lampenwechselvorrichtung
Meistens automatisch arbeitende Vorrichtung, die eine im Leuchtfeuer ausgefallene Glühlampe durch eine gebrauchsfähige ersetzt oder eine andere Lichtquelle (Gasbrenner) in den Brennpunkt der Optik dreht.

Laterne
Verglastes Gehäuse meistens zylindrischer oder vieleckiger Form, das die Optik eines Leuchtturmes, Feuerschiffes oder einer Leuchttonne umgibt und schützt.

Leuchtfeuer
Eine Anlage, deren mit bestimmter Kennung ausgestrahltes Licht bei Nacht und unter bestimmten Bedingungen auch bei Tag als Seezeichen dient.

Lichtstärke
Quotient aus dem von einer Lichtquelle in einem Raumwinkelelement um die betrachtete Richtung gestrahlter Lichtstrom und diesem Raumwinkelelement (Einheit = Candela). Die Lichtstärke ist das Maß für die Verteilung des Lichtstromes in verschiedene Ausstrahlungsrichtungen.

Linse
Durchsichtiges, optisch brechendes Element, meistens aus Glas oder Kunststoff, das von zwei rotationssymmetrischen Oberflächen mit gemeinsamer Achse begrenzt wird. Eine Linse hat einen Brennpunkt.

Metalldampflampe
Entladungslampe, in der das Licht durch eine elektrische Entladung in Metalldämpfen erzeugt wird.

Hafenfeuer Greenore (siehe Seite 48)

Metalldrahtlampe
Glühlampe mit einem Leuchtkörper aus Wolframdraht. Diese Glühlampenart wird in Einfachwendel- und Doppelwendellampen unterschieden.

Metall-Halogenlampe
Entladungslampe, in der das Licht aus der Strahlung einer Mischung eines Metalldampfes (z. B. Quecksilber) mit Dissoziationsprodukten von Halogensalzen (z. B. des Thalliums oder Natriums) stammt.

Mole
Stein- oder Betondamm, der eine Hafeneinfahrt gegen Seegang, Brandung, Strom und Versandung schützt. Auf dem Molenkopf ist oft ein Seezeichen errichtet.

Nebelglocke
Schallsender in Form eines hohlen Metallkörpers, der durch Anschläge zu Schwingungen angeregt wird.

Nebelhorn
Schallsender mit einem in Resonanz befindlichen Trichter, der an seinem engen Ende durch Druckluftimpulse angeregt wird, die durch eine elastische Membran gesteuert werden.

Nebelschallsignal
Schallsignal zur Warnung oder Leitung von Schiffen bei schlechter Sicht.

Nebelsignalkanone
Ende des 19. Jahrhunderts gebräuchliche, speziell konstruierte Kanone zur Erzeugung von Schallsignalen bei Nebel. Produziert einen Knall ähnlich einer herkömmlichen Kanone.

Nebelsirene
Schallsender mit periodischem Auslass von Druckluft durch einen rotierenden Verschluss.

Nenntragweite
Tragweite eines Feuers in homogener Atmosphäre bei einer meteorologischen Sichtweite von 10 Seemeilen.

Northern Lighthouse Board (NLB)
Schottische Seezeichenbehörde; Zuständigkeitsbereich: Schottland, Isle of Man und weitere schottische Inseln; Sitz: 84 George Street, Edinburgh, EH2 3DA, United Kingdom.

Optik
Anordnung bestehend aus optisch brechenden, reflektierenden oder brechenden und reflektierenden Elementen einschließlich ihrer Fassungen. Durch die Wirkung dieser Elemente werden von einer Lichtquelle ausgesendete Strahlen in neue, vorgegebene Richtungen gelenkt. Man unterscheidet die Gürteloptik und die Scheinwerferoptik.

Ordnung der Optiken
Leuchtfeueroptiken werden entsprechend ihrer Brennweite in sogenannte Ordnungen unterteilt. Diese Einteilung geht auf A. J. Fresnel zurück. Die

französischen Hersteller von Leuchtfeueroptiken einigten sich zunächst auf sechs Größenordnungen, denen sich später auch der englische Hersteller Chance Brothers anschloss. Die klassische Einteilung der Optiken reichte von 920 mm Brennweite (I. Ordnung) bis 150 mm (VI. Ordnung). Später wurden größere Brennweiten (hyperradial und mesoradial) sowie Zwischengrößen hinzugefügt, wobei diese keine Ordnungszahl erhielten.

Ordnung	Brennweite
Hyperradial	1330 mm
Mesoradial	1125 mm
	925 mm
I. Ordnung	920 mm
II. Ordnung	700 mm
III. Ordnung	500 mm
	400 mm
	375 mm
	300 mm
IV. Ordnung	250 mm
	200 mm
V. Ordnung	187,5 mm
	185 mm
VI. Ordnung	150 mm

Parabolspiegel
Spiegelart, die besonders in Scheinwerfern verwendet wird und deren reflektierende Oberfläche ein Rotationsparaboloid ist. Lichtstrahlen, die von einer im Brennpunkt des Paraboloids befindlichen punktförmigen Lichtquelle ausgehen, werden zur optischen Achse zurückgestrahlt.

Die landeinwärts abgeblendete Laterne von Black Head mit Optik I. Ordnung (siehe Seite 54)

Paraffin
Bezeichnung für ein festes oder flüssiges Gemisch gereinigter, gesättigter aliphatischer Kohlenwasserstoffe. Paraffine sind farb-, geruch- und geschmacklos. Es gibt je nach Dichte des Paraffins flüssige und feste Formen. Die flüssigen Paraffine werden im technischen Bereich zu den Mineralölen gezählt und als Paraffinöl oder Weißöl bezeichnet. In der Leuchtfeuertechnik wurde früher häufig Petroleum verwendet. Auch hierbei handelt es sich um ein Paraffin mit einer Dichte zwischen 0,820 und 0,880 sowie einem Siedepunkt < 300 °C.

Petroleumlampe
Lampe, bestehend aus einem Brennstoffbehälter für Petroleum und einem Docht, der zum Erzeugen einer Flamme dient.

Petroleumdampflampe
Glühstrumpfbrenner, in dem Petroleumdampf in der Luft verbrennt.

Principal Keeper
Englische Rangbezeichnung für Leuchtturmwärter. Er ist der „Erste" Leuchtturmwärter einer Leuchtfeuerstation. Im Northern Lighthouse Board wird die Bezeichnung „Principal Lightkeeper" verwendet.

Der Leuchtturm auf Ardnakinna Point (siehe Seite 81)

Projektionslampe (Lichtwurflampe)
Lampe, deren Lichtkörper so beschaffen ist, dass sie in ein optisches System passt, um das Licht in vorgewählte Richtungen auszustrahlen

Reedhorn (Zungenpfeife)
Nebelschallsignal, bei dem Pressluft gegen eine Stahlzunge geleitet wird, die hierdurch in Schwingung gerät und diese auf die austretende Luft überträgt. Die Kennung wird durch Ein- und Ausschalten eines Ventils erzeugt. Der Ton setzt plötzlich ein und hört ebenso plötzlich wieder auf.

Reflektor
Vorrichtung zum Verändern der räumlichen Verteilung des Lichtstromes einer Lichtfläche durch reflektierende Flächen.

Reservefeuer
Feuer, das in der Nähe des ständigen Feuers installiert ist, unabhängig von ihm ist und leicht in Betrieb genommen werden kann, wenn das ständige Feuer ausfällt. Das Reservefeuer kann oft automatisch in Betrieb gehen.

Reservelampe
Glühlampe, die bei Ausfall der regulären Glühlampe meistens automatisch mittels einer Wechselvorrichtung in Betrieb genommen wird.

Retained Lighthouse Keeper
Ehemalige Leuchtturmwärter, die seit 2004 im Northern Lighthouse Board die ortsansässigen Attendants einzelner Leuchtfeuer ersetzen und für mehrere Leuchtfeuer in einem bestimmten Küstenabschnitt oder auf einer Insel/Inselgruppe zuständig sind.

Richtfeuer
Zwei oder mehr Feuer, die so einander zugeordnet sind, dass eine oder mehrere Richtlinien gebildet werden. Eine durch zwei Feuer entstandene Richtfeuerlinie wird Richtfeuerachse genannt. Die englische Bezeichnung für Richtfeuer ist „Leading Lights", die amerikanische ist „Range Lights".

Sandbank
Untiefe; Teil eines Seegebietes mit geringerer als der allgemein vorhandenen Wassertiefe. Sandbänke entstehen durch Brandung, durch Meeresströmungen oder durch von Flüssen angeschwemmten Sand.

Scheinwerferlinse
Sie besteht im Gegensatz zur Gürtellinse aus einer meist plankonvexen Linse, die kreisförmig von dioptrischen Prismen umgeben ist. Meistens folgen anschließend katadioptrische Prismenringe. Alle Strahlen einer im Brennpunkt der Linse stehenden Lichtquelle, die auf diese Optik treffen, werden gebündelt und parallel abgestrahlt. Eine Scheinwerferlinse hat eine größere Lichtausbeute als eine Gürtellinse, gleiche Brennweite vorausgesetzt.

Schießbaumwolle
Nitrozellulose, löslich in Azeton oder Nitroglyzerin. Sie verbrennt mit rauchloser Flamme und dient zur Herstellung von Sprengstoffen. Wurde früher häufig als Nebelschallsignal verwendet.

Seemeile (sm)
Das nautische Längenmaß gilt seit 1928. Es ist aus dem Äquatorumfang abgeleitet und entspricht mit 1852,01 m einer Bogenminute (1/60 Grad). Aufgrund einer Übereinkunft des Internationalen Hydrographischen Büros wird der Wert mit 1852 m als internationale Seemeile angenommen. Aus der Seemeile ergibt sich die Geschwindigkeit. Seemeile pro Stunde (sm/h) oder Knoten (kn).
1 sm/h = 0,5145 m/s = 1 kn.

Sektor
Raum, der durch zwei Vertikalebenen durch die Mitte der Lichtquelle eines Sektorfeuers begrenzt ist und in dem Licht mit bestimmter Kennung ausgestrahlt wird.

Sektorfeuer
Feuer, das verschiedene Kennungen (meistens unterschiedliche Farben) über die verschiedenen Teile des Horizonts zeigt, die für die Navigation von Bedeutung sind.

Sichtweite
Die Sichtweite von Leuchtfeuern wird in Seemeilen angegeben; sie bezieht sich auf eine Augenhöhe von 5 m. Die Erdkrümmung verhindert, dass das Feuer weiter sichtbar ist als seine Sichtweite.

Auf dem Dach der Leuchtfeuerstation Baily (siehe Seite 41)

Von Robert Stevenson erbaut: das alte Oberfeuer Calf of Man (siehe Seite 27 ff.)

Signallampe
Lampe zur Übermittlung optischer Signale oder zur Anzeige von Betriebszuständen von Geräten.

Stevenson, Robert (1772–1850)
Robert Stevenson wurde in Glasgow geboren und durch seinen Stiefvater Thomas Smith, der seit 1787 Ingenieur bei den Commissioners of Northern Lighthouses (heute NLB) war, in das Leuchtfeuerwesen eingeführt. Robert Stevenson ist sozusagen der Gründervater der Stevenson-Leuchtturm-Ingenieurdynastie. Der bekannteste von ihm entworfene Leuchtturm ist wohl Girdle Ness; insgesamt baute er 18 Leuchttürme an der schottischen Küste.

Stevenson, Alan (1807–1865)
Ältester Sohn von Robert Stevenson, Ingenieur der Commissioners of Northern Lighthouses (heute NLB). Er baute zwölf wichtige Leuchttürme. Der bekannteste ist der Leuchtturm Skerryvore von 1844. Alan Stevenson verbesserte das dioptrische System in vielen Einzelheiten und war von allen Mitgliedern der Stevenson-Familie derjenige, der größten Wert auf die Architektur seiner Türme legte.

Stevenson, David (1815–1886)
Zweiter Sohn von Robert Stevenson. Zusammen mit seinem Bruder Thomas arbeitete er 30 Jahre für die Commissioners of Northern Lighthouses (heute NLB). Gemeinsam bauten sie 29 Leuchttürme, wobei Muckle Flugga, Dubh Artach und Chicken Rock die bekanntesten sind.

Stevenson, Thomas (1818–1887)
Sohn von Robert Stevenson, der zusammen mit seinem Bruder David als „Messrs. Stevenson" bekannt wurde. Er schrieb 1871 das Buch „Lighthouse Illumination", das das ganze leuchtfeuertechnische Wissen der damaligen Zeit zusammenfasste.

Stevenson, Robert Louis (1850–1894)
Sohn von Thomas Stevenson. Arbeitete zunächst auf Wunsch seines Vaters im Leuchtfeuerwesen. Später ging er dann seiner wahren Bestimmung nach und wurde Schriftsteller. Aus seiner Feder stammen so berühmte Werke wie „Die Schatzinsel" oder „Dr. Jekyll und Mr. Hyde". Robert Louis Stevenson starb an Tuberkulose auf Samoa.

Stevenson, David Alan (1854–1938)
Sohn von David Stevenson. David Alan baute für das Northern Lighthouse Board 22 Leuchttürme, viele davon auf kleinen Inseln. Der bekannteste Turm ist Rattray Head.

Stevenson, David Alan (1891–1972)
Neffe von David Alan Stevenson. Er war der letzte der Stevenson-Familie, der sich mit Leuchttürmen beschäftigte. Er ist Autor des Buches „The World's Lighthouses before 1820".

Supernumeracy Assistant Keeper
Englische Rangbezeichnung für einen neuen Leuchtturmwärter in Ausbildung und Probezeit.

Tageskennung
Ein Leuchtturm dient auch am Tage bei ausgeschal-

tetem Leuchtfeuer als Marke. Er ist so angestrichen, dass er sich von seiner Umgebung deutlich abhebt und gut zu sehen ist. Diesen auffallenden Anstrich, verbunden mit der Form des Leuchtfeuerträgers, nennt man auch Tageskennung.

Tragweite (eines Feuers)
Größte Entfernung, aus der ein Feuer gesehen werden kann. Sie wird durch die Lichtstärke des Feuers, den atmosphärischen Durchlässigkeitsfaktor und die Schwellenbeleuchtungsstärke am Beobachterauge bestimmt.

Trinity House (TH)
Kurzbezeichnung für „The Corporation of Trinity House". Erste offizielle Erwähnung als Seezeichenbehörde 1514, als die „Guild of the Holy Trinity" von König Heinrich VIII. mit einem königlichen Privilegium beliehen wurde. Zuständigkeitsbereich: England, Wales, Kanalinseln sowie Gibraltar; Sitz: Tower Hill, London, EC3N 4DH, United Kingdom.

Typhon
Nebelsignalanlage; mit Dampf betriebener Membransender, der einen kräftigen Ton erzeugt und ähnlich einem Schiffshorn klingt. Die in einem Schalltrichter befindliche Stahlmembran wird durch Dampf in Schwingung gebracht und unmittelbar auf die Luft übertragen. Die Kennung wird beim Typhon durch Öffnen oder Schließen eines Ventils erzeugt. Der Ton setzt schlagartig ein und hört schlagartig auf.

Unbewachtes Feuer
Feuer, das automatisch arbeitet und sich für längere Zeit automatisch warten kann, das jedoch routinemäßig überprüft wird.

Unterbrechung
Eine im Verhältnis zur längsten Lichterscheinung der gleichen Kennung relativ kurze Dunkelheit.

Optik Kilcredaune (siehe Seite 74)

Unterbrochenes Feuer
Feuer, bei dem die Gesamtdauer der Lichterscheinungen innerhalb jeder Wiederkehr eindeutig länger ist als die Gesamtdauer der Verdunkelungen und bei dem die Verdunkelungen alle von gleicher Dauer sind.

Vibrator (Elektromagnetischer Luftschallsender)
Schallsender mit einer in Resonanz befindlichen Membran, deren Schwingungen elektromagnetisch erregt werden.

Wechselfeuer
Taktfeuer, das Lichterscheinungen mit wechselnden Farben zeigt.

Wiederkehr
Die Zeit in Sekunden vom Eintritt einer bestimmten Kennung bis zum Wiedereintritt der nächsten gleichen Kennung bei Leuchtfeuern.

Wigham, John Richardson (1829–1906)
1829 in Edinburgh geborener Ingenieur der Dubliner Firma Edmundson & Co. Er entwickelte die nach ihm benannte Petroleum-Dauerlampe, die häufig in Leuchttonnen verwendet wurde. Experimentierte ab 1865 mit verschiedenen Gaslichtern auf den irischen Leuchtfeuerstationen Baily, Wicklow Head und Rockabill. Auf seine Anregung wurde die hyperradiale Optik entwickelt.

Leuchtfeuer Warren Point (siehe Seite 59)

Quellen- und Literaturverzeichnis

Adcock, Joy, Lighthouse Accomodation, 1999

Allardyce, Keith/Hood, Evelyn M., At Scotland's Edge, 1995

Allardyce, Keith, Scotland's Edge Revisited, 1998

Blackhurst, Derek, Philip & Son Ltd., Shipbuilders and Engineers, 2001

Blaney, Jim, South Rock Lightvessel, in BEAM, The Journal of the Irish Lighthouse Service, Volume 28, 2000

Butler, Gerald, History of the Galley Head, Ardfield/Rathbarry Journal No. 1, 1999

Cassells, Ian, No More Paraffin Oilers, 1994

Chadwick, Lee, Lighthouses and Lightships, 1971

Commissioners of Irish Lights, For the safety of all, 1997

Commissioners of Irish Lights, Lighthouses currently provided by the Commissioners of Irish Lights, 2004

Commissioners of Irish Lights, Ferris Point Lighthouse, Larne Buoy Depot and Larne Beacons, 2002

Commissioners of Irish Lights, Galley Head, 2002

Commissioners of Irish Lights: www.cil.ie

Costeloe, Michael, Youghal and Capel Island, 1972

Costeloe, Michael, St. John's Point Donegal Lighthouse, 1972

Day, Angélique/McWilliams, Patrick, Parishes of County Antrim III (1833, 1835, 1839/40) Larne and Island Magee, 2003

Douglas, Andrew/Basnett, Stan, Premier Guide Isle of Man, 2000

Douglas-Sherwood, Gerry, A Glossary of Lighthouse Service Terminology, 2001

Eagle, John, An Eagle's View of Irish Lighthouses, 1999, www.JohnEaglePhotography.com

Farelly, Michael, For the Safety of All, Images and Inspections of Irish Lighthouses, 2003

Findlay, Alexander George, The Lighthouses of the World with Introductory, Chapters, 1899–1900, 1899

Foran, Richard, Life as a Supernumary Assistant Keeper, in BEAM, The Journal of the Irish Lighthouse Service, Volume 25, 1997

Fox, Fred: http://hompages.manx.net/freddefault.htm
Gilligan, Harry, History of Dublin Ports, 1988
Graff, Heinrich (Hrsg.), Die Leuchttürme, Leuchtbaken und Feuerschiffe der ganzen Erde, 1859
Guichard, Jean, Leuchttürme des Nordatlantiks, 2004
Hellowell, John, A Tour of Manx Lighthouses, 1998
Hague, Douglas B./Christie, Rosemary, Lighthouses, 1975
Hawkins, Michael A., Childhood at Oyster Island, in BEAM, The Journal Irish Lighthouse Service, Volume 29, 2001
Hydrographic Office of the Navy, List of Lights, with Fogsignals of British Isles, English Channel and North Sea, Volume IV, 1920 and 1928
Imray, James, The Lights and Tides of the World, 1882
International Association of Lighthouse Authorities (IALA), International Dictionary of Aids to Maritime Navigation, Chapter 2, Visual Aids, 1970
International Association of Lighthouse Authorities (IALA), International Dictionary of Aids to Maritime Navigation, Chapter 3, Audible Aids, 1970
Irish University Press Series of British Parliamentary Papers, Reports from the Commissioners, Lights, Buoys and Beacons (1861), 1970
Irish University Press Series of British Parliamentary Papers, Reports from Select Committees on Lighthouses (1834), 1968
Kelly, William J., Irish Lights, in Sea Breezes January 1961, 1961
Klempau, Iris: www.feuerschiffseite.de
Lane, Anthony, Guiding Lights, 2001
Long, Bill, Bright, Light Water, 1993
Maguire, Frank, Tragedy at Fanad Head, in BEAM, The Journal of the Irish Lighthouse Service, Volume 26, 1998
McCarthy, Kevin M./Trotter, William L., Lighthouses of Ireland, 1997
Mercantile Marine Fund Committee, Report of the Committee of Inquiry, The President of the Board of Trade, 1896
Munroe, R.W., Scottish Lighthouses, 1979
Murphy, Kevin, Baily Lighthouse, in BEAM, The Journal of the Irish Lighthouse Service, Volume 25, 1997
Nicholson, Christopher, Rock Lighthouses of Britain, 1993
Northern Lighthouse Board: www.nlb.org.uk
O'Neill, Michael, Chairman´s Tribute to the Lightkeepers, in BEAM, The Journal of the Irish Lighthouse Service, Volume 26, 1998
Pelly, Frank, George Halpin Senior (1779–1854), Founding Father of the Irish Lighthouse Service, in BEAM, The Journal of the Irish Lighthouse Service, Volume 33, 2005
Pelly, Frank, Tuskar Rock Lighthouse, in BEAM, The Journal of the Irish Lighthouse Service, Volume 30, 2002
Plisson, Philip und Guillaume, Lichter über dem Meer, Leuchttürme des Atlantiks, 2001
Rhein, Michael J., Die Welt der Leuchttürme, 2002
Scheiblich, Reinhard/Staack, Hans-Helge, Leuchttürme Lexikon, 2002
Schulz, L. /Berthold, W./Koch, E., Technisches Leuchtfeuer Lexikon, Loseblattsammlung in der Zeitschrift „Leuchtfeuer"
Stevenson, D. Alan, The World's Lighthouses before 1820, 1959
Stevenson, Thomas, Lighthouse Construction and Illumination, 1880
Sutton-Jones, Kenneth, Pharos, 1985
Tag, Thomas A., Brilliance and Prejudice, The John R. Wigham Story, 2005
Taylor, Richard M., The Lighthouses of Ireland, A Personal History, 2004
Trinity House: www.trinityhouse.co.uk
United Kingdom Hydrographic Office, Admiralty List of Lights and Fog Signals, Volume A, British Isles and North Coast of France, 2006
Wickham, Ray, Two @ Tuskar, in BEAM, The Journal of the Irish Lighthouse Service, Volume 30, 2002
Wiedemann, Gerhard, Das deutsche Seezeichenwesen 1850–1990, 1998
Wilson, T. G. , The Irish Lighthouse Service, 1968
Zemke, Friedrich-Karl, Leuchttürme der Welt, Band 1, 1992
Zemke, Friedrich-Karl, Feuerschiffe der Welt, 1995

Register

Bibliografische Information der Deutschen Nationalbibliothek
Die Deutsche Nationalbibliothek verzeichnet diese Publikation in der Deutschen Nationalbibliografie; detaillierte bibliografische Daten sind im Internet über http://dnb.d-nb.de abrufbar.

1. Auflage
ISBN 978-3-89225-573-4

Raboisen 8, D-20095 Hamburg

Umschlag: Buchholz/Hinsch/Hensinger, Hamburg
Fotos: Jürgen Tronicke, bis auf:
P. Bowen: Seite 84, 96
John Bradley: Seite 45 li., 65 u. re.
Colin Day: Seite 132, 133
John Eagle: Seite 49, 68, 70, 95, 117, 121, 123
Kim Fahlen: Seite 38 li.
Fred Fox: Seite 11 re., 16 re., 19, 21 re., 23 li., 24 u., 29, 31, 34, 35
John Hellowell: Seite 32, 33
Klaus Napp: Seite 62, 63, 81, 136, 139
Peter Williams: Seite 45 re.
Lithografie Fotos: scanlitho.teams GmbH, Bielefeld
Druck und Bindearbeiten: Westermann Druck Zwickau, Zwickau

Printed in Germany 2007

Vertrieb: Delius Klasing Verlag, Siekerwall 21, 33602 Bielefeld
Tel.: 0521/559-0, Fax: 0521/559-115
E-Mail: info@delius-klasing.de
www.delius-klasing.de

Molenfeuer Wicklow East Pier Head
(siehe Seite 119)

N
ATLANTISCHER OZEAN
Fanad Head
Inishowen
Warren Point
Nordkanal
Dunree Head
Moville
Londonderry
Black Head (Antrim)
Ferris Point
NORD-IRLAND
St. John's Point (Donegal)
Donaghadee
Belfast
Metal Man
Sligo
St. John's Point (Down)
Oyster Island
Greenore
Ardglass
Haulbowline
Isle of Man
Drogheda West
Drogheda East
IRLAND
Balbriggan
North Bank
Sline Head
North Bull
Howth
Poolbeg
Galway
Baily
Alexandra Bassin
Kish Bank
Dublin
Black Head (Clare)
Dun Laoghaire West
Dun Laoghaire East
Wicklow Pier
Kilcredaune
Wicklow East Pier Head
Duncannon North
Duncannon Fort
Loop Head
Limerick
IRISCHE SEE
Tarbert Island
Rosslare Pier Head
Ross-lare
Tuskar Rock
Fort Cromwell Point
Killarney
Youghal
Cork
Ballinacourt Point
Dunmore East
Hook Head
Mine Head
Ardnakinna Point
Sankt-Georgs-Kanal
Ballycotton
Roche's Point
Charles's Fort
Mizen Head
Old Head of Kinsale
Galley Head
Crook-haven
50 KM